GOLDMANN

S. 109
S. 159
S. 161 ff
S. 175 ff

Buch

Dieses Buch bemüht sich um den Nachweis, daß der real existierende Kapitalismus der Vereinigten Staaten gescheitert ist. Rolf Winter spricht ihnen die Fähigkeit ab, sich im Inneren sozial zu engagieren, und vollends wendet er sich gegen den amerikanischen Anspruch, Schöpfer einer »Neuen Weltordnung« zu sein. »God's own country« entstand, wie Winter nachweist, in raffender Gewalt und hat seither von der Gewalt als Mittel der Politik nie gelassen. Detailliert schildert der Autor den politischen Ertrag der Gewalt, der sich in beispielloser Kriminalität – auch in der Wirtschaft – ebenso wie in der staatlichen Militanz spiegelt, die zuletzt im Golfkrieg 1991 demonstriert wurde. Tatsächlich, so Winters These, werden Kriege in den Vereinigten Staaten anders erlebt als in Ländern, die das Grauen des Massentotschlags auf eigener Erde spürten. Vor allem aber: Die großen Kriege dieses Jahrhunderts erwiesen sich sämtlich als materielle Wohltaten für das Land, das kriegerische Konjunktur immer dann genoß, wenn sich die Wirtschaft gerade in Rezessionen befand. Zudem beweist Rolf Winter, daß die Vereinigten Staaten nie dem Namen »freie Welt« verdient haben, denn schon immer waren sie ein von bösartigem Rassismus geprägtes, unfreies Land.

Autor

Rolf Winter, 1927 in Lübeck geboren, ist Journalist und wurde mit 24 Jahren erstmals Chefredakteur einer Tageszeitung. Anschließend arbeitete er zwanzig Jahre lang als Bonn- und Auslandskorrespondent sowie als Reporter für namhafte Blätter. Er gehörte zur ersten Chefredaktion von »Geo« und war Chefredakteur beim »Stern«.

Im Goldmann Verlag liegt außerdem vor:
Ami go home (11685)
Eine Kindheit in Deutschland (12383)

ROLF WINTER

★★★★★★★★★★★★★★★★★★★★★★★★★★

GOTTES EIGENES LAND?

★★★★★★★★★★★★★★★★★★★★★★★★★★

*Werte, Ziele und Realitäten
der Vereinigten Staaten von Amerika*

GOLDMANN VERLAG

Umwelthinweis:
Alle bedruckten Materialien dieses Taschenbuches
sind chlorfrei und umweltschonend.
Das Papier enthält Recycling-Anteile.

Der Goldmann Verlag
ist ein Unternehmen der Verlagsgruppe Bertelsmann

Genehmigte Taschenbuchausgabe 1993
© der deutschsprachigen Ausgabe 1991 by
Rasch und Röhring Verlag, Hamburg
Umschlaggestaltung: Design Team München
Druck: Presse-Druck, Augsburg
Verlagsnummer: 12384
Ba · Herstellung: Stefan Hansen
Made in Germany
ISBN 3-442-12384-4

10 9 8 7 6 5 4 3 2 1

INHALT

1. KAPITEL
DIE FORMATIVEN JAHRE

▬▬▬▬▬ Die Besiedlung der Vereinigten Staaten war nicht, wie es die Legende will, ein heroischer Akt der Demokratisierung, sondern raffgierige Vergewaltigung der Natur und die mutmaßlich größte ökologische Katastrophe ihrer Zeit. Die Raffgier von damals, der rücksichtslose Naturverbrauch, setzt sich bis in die Gegenwart fort. ▬▬▬▬▬▬▬▬▬▬

2. KAPITEL
DER STOLZ DER WELT

▬▬▬▬▬ Die Partikularisierung der Vereinigten Staaten schreitet fort. Die Reichen separieren sich vom Rest der Nation, das »öffentliche Interesse« wird vernachlässigt. Das vom Theologen Reinhold Niebuhr so genannte »räuberische Selbstinteresse« des Kapitalismus höhlt jeden Gemeinsinn aus. ▬▬▬▬▬

3. KAPITEL
DER REAL EXISTIERENDE KAPITALISMUS

█████████ 1991, als sich Präsident George Bush anschickte, eine amerikanisch inspirierte »Neue Weltordnung« zu schaffen, bestand die inneramerikanische Ordnung nur mehr in der Gewöhnung an das Unerträgliche. Gewalt – auf den Straßen ebenso wie in der Wirtschaft – kennzeichnete ein System, das durch Gewalt wurde, was es ist. ██████████████████ 107

4. KAPITEL
DER FÜHRER

█████████ Die Vereinigten Staaten, als sie sich erstmals für den Führer der »freien Welt« hielten, waren ein Land, in dem verbreitet Unfreiheit herrschte. Schwarzen wurden jene Bürgerrechte vorenthalten, die Washington von Moskau einklagte, Antisemitismus war verbreitet, und es ging etwas durch das Land, das einer stalinistischen »Säuberung« nicht unähnlich war: Linke wurden gejagt. ██████████████████████ 165

5. KAPITEL
DIE »FREIE WELT«

█████████ Vielleicht ist es übertrieben, die Bemühungen der Vereinigten Staaten, eine freie Welt zu organisieren, als Lumpensammlung zu bezeichnen, aber es ist nicht sehr übertrieben. Eine freie Welt, die diesen Namen verdiente, gab es im »kalten Krieg« nie. ██████████████████████ 209

6. KAPITEL
DER VATER GUTER DINGE

█████████ Kriege werden in den Vereinigten Staaten anders als in Ländern erlebt, die in Kriegen litten. Die gewaltbereite Militanz des Landes geht auch darauf zurück, daß alle Kriege dieses Jahrhunderts für das Land wirtschaftliche Wohltaten waren. ████ 251

7. KAPITEL
DIE WERTEGEMEINSCHAFT

██████ Niemand verhalf den Deutschen nach dem Zweiten Weltkrieg tatkräftiger zur Flucht aus der Vergangenheit als die Vereinigten Staaten. Wesensverwandte versöhnten sich. Die einen vergaßen den Holocaust an den Juden, die anderen den Genozid an den Indianern, und beide wußten, daß Vergangenheit nicht belasten muß. ██████████████████████ 291

▆▆▆▆▆ Aus einem Memorandum des US-General-majors Robert L. Ord III, das im April 1990 an Armee-offiziere verteilt wurde, die mit Personalangelegenheiten befaßt waren:

1. Die Armee war immer für ihren Korpsgeist bekannt; viele Einheiten haben ein spezielles Motto, das sie hervorhebt.

2. In dieser Tradition und um unsere Solidarität zu betonen, wird das militärische und zivile Personal von PERSCOM (Total Army Personnel Command) ermutigt, wann immer möglich das Motto »TOTAL ARMY/TOTAL VICTORY« zu benutzen. Zum Beispiel sollte ein PERSCOM-Soldat, wenn er die Ehrenbezeigung erweist, »TOTAL ARMY« rufen, und der gegrüßte Vorgesetzte sollte antworten: »TOTAL VICTORY.« Am Ende von Konferenzen sollte der leitende Offizier »TOTAL ARMY« sagen, und die anderen Teilnehmer sollten mit »TOTAL VICTORY« antworten.

3. Wie unsere ehrwürdigen Einheits-Insignien – der Globus, das Schwert und Pfeile – zeigen, sind wir eine Organisation, die weltweit jeden Soldaten und Zivilangestellten der Armee angeht.

4. Lassen Sie von nun an diesen Gruß eine ganz besondere Verbindung für alle bei PERSCOM sein:

    »TOTAL ARMY/TOTAL VICTORY.«

GOD'S OWN COUNTRY?
GROSSER SATAN?

EIN VORWORT

Dies ist, daß ich das nur gleich bekenne, im Jargon der Politik ein »antiamerikanisches« Buch, obwohl: »Antiamerikanismus« ist natürlich ein Unwort und ehrt jene nicht, die es erfanden, um es als verbalen Totschläger zu benutzen. Denn »gegen Amerika« ist, soweit ich sehe, niemand – wie sollte man auch? Ich für meinen Teil habe nichts gegen den Grand Canyon, auch nichts – mein geographischer Favorit – gegen die Everglades in Florida, auch nichts gegen die Badlands in Dakota. Ich mag das Land der Vereinigten Staaten von Amerika, die sich umgangssprachlich aber falsch zu »Amerika« verkürzten – denn Amerika ist der ganze Doppelkontinent –, und ich bin sicher, daß es vielen Menschen ähnlich geht, die gleichwohl die politischen Umstände dieses Landes mit Sorgen betrachten.

Allenfalls ist dies also ein »antikapitalistisches« Buch oder ein »antiimperialistisches« oder ein Buch, das sich gegen den Militarismus der Vereinigten Staaten wendet, gegen die Unerträglichkeit ihrer Kriegslust – aber »Antiamerikanismus«? Ich schlage vor, daß man solche Sprachtorheiten dem Herrn Dr. Kohl reserviert, der sich ihrer so gern bedient.

Dies ist auch – noch ein frühes Bekenntnis –, wie schon zuvor »Ami Go Home« und »Die amerikanische Zumutung«, ein im Zorn geschriebenes Buch. Nicht im Haß, aber im Zorn, den ich nicht unterdrücken kann, wenn ich maulflinken Anspruch und Wirklichkeit der Vereinigten Staaten miteinander vergleiche.

Und schließlich ist dies erneut ein »einseitiges« Buch, das verfaßt zu haben mir nach »Ami Go Home« häufig vorgeworfen wurde.

Nicht, daß ich diesen Vorwurf je verstanden hätte, denn: »Ami Go Home« vertrat die These – und belegte sie –, daß es sich bei den Vereinigten Staaten um ein gewalttätiges Land handelt. Zu dieser These gibt es kein »andererseits«. Die Vereinigten Staaten sind gewalttätig, basta. Wer diese These als einseitig denunziert, rechtfertigt die Gewalttätigkeit oder erweckt doch zum mindesten den Anschein, als sei es mit ihr gar nicht so schlimm oder als gäbe es irgend etwas, das die unerträgliche Gewalt aufwiegen könnte. »Es gibt doch auch«, haben mir Kritiker vorgehalten, »schöne Seiten der Vereinigten Staaten« – muß ich also wirklich, um dem Vorwurf der Einseitigkeit zu entgehen, zuerst auf die Gewalttätigkeit, dann aber auf die Fähigkeit der Nation eingehen, schönere Brücken oder Wolkenkratzer zu bauen oder besser Baseball spielen zu können als irgend jemand sonst?

Wie schon »Ami Go Home« nähert sich auch dieses Buch den Vereinigten Staaten nicht im Geist der von Herrn Dr. Kohl verordneten Staatsräson, die »Wertegemeinschaft« mit ihnen konstatiert; vielmehr soll dieses Buch die Unansehnlichkeit einer Macht enthüllen, die nicht schon deshalb zur Herstellung der Weltordnung taugt, weil sie den kalten Krieg gewann.

Es gäbe keine Basis für dieses Buch, würde es sich bei den Vereinigten Staaten nur einfach um ein Land neben anderen handeln, das in den internationalen Beziehungen seinen gleichberechtigten Part spielt. Aber offenkundig sind die Vereinigten Staaten ein so normales Land nicht. Sie sind ein Land der Weltmission. Der Globus ist ihnen Irredenta. Noch jeder ihrer Präsidenten hat Welterlösungsabsichten gepredigt. Die Vereinigten Staaten exportierten immer, sie exportieren auch heute – mag ihre Exportwirtschaft auch ein bißchen heruntergekommen sein – den »American way of life«, und sie exportieren ihn erfolgreich, wie jeder weiß, der sich in der Bundesrepublik Deutschland ein bißchen umschaut.

Die Sprache, die Werbung, insbesondere die soziale und wirtschaftliche Entwicklung, die Kultur und hier vollends der Rundfunk, das Fernsehen und das Kino, die Kriminalität, die Gewalttätigkeit – allenthalben finden sich eindeutige Indizien zunehmender Amerikanisierung dieser Republik, die stets alles begierig aufnahm, was von der anderen Seite des Atlantischen Ozeans kam, und zwar wirklich alles: den albernen Hula-Hoop-Reifen ebenso wie den Big Mac und die lärmgewordene Primitivität des Rocks, der in vielen – nicht in allen – Variationen soviel wie ein Kuhfladen mit Musik zu tun hat und gleichwohl ganze Heerscharen komisch ernsthafter Musikmoderatoren in deutschen Rundfunkhäusern beschäftigt.

Vor allem aber: So viel »American way of life« hat diese Bundesrepublik seit spätestens 1949 importiert, daß sie sich in Wahrheit nur mehr eine Republik der »sozialen Marktwirtschaft« nennt, während sie längst nach amerikanischem Beispiel auf krude Weise kapitalistisch wurde, wie man nicht erst weiß, seit sich Haie in der heimgeholten ehemaligen Deutschen Demokratischen Republik betätigen. Dies ist geworden, was die Vereinigten Staaten immer waren: ein Raffer-Land, das sich, wiederum ganz wie die Vereinigten Staaten, mit obszönem Reichtum oben und bedrückender Armut unten einrichtet, oder, wie es der Sozialwissenschaftler Huster formuliert: »Der wachsende Reichtum unserer Gesellschaft gerät in einen immer deutlicheren Kontrast zur ebenfalls zunehmenden Armut« – Aussagen wie diese formulieren des Sozialwissenschaftlers amerikanische Kollegen schon seit Ewigkeiten.

Nach den Angaben freier Wohlfahrtsverbände – Herr Dr. Kohl oder Herr Blüm würde uns solche Angaben schwerlich machen – leben etwa 15 Prozent aller westdeutschen Haushalte in Armut, und wie viele es 1993 in Ostdeutschland sein werden, wenn nur erst der aus den Vereinigten Staaten importierte große Ordnungsfaktor dieses Staatswesens, »der Markt«, sein Geschäft gemacht haben wird, weiß niemand.

Wir haben im Sommer 1991 in Westdeutschland eine Million Obdachlose; Prognosen sprechen von zwei Millionen im Jahr 2000, und wiederum: Wie viele unserer ehemaligen Brüder und

Schwestern aus der ehemaligen DDR wir hinzuaddieren müssen, weiß niemand, wohl aber kann man wissen, daß wir amerikanische Zustände haben werden – und vermutlich auch ihre Folge: die Gewöhnung einer in Sattheit rülpsenden Majorität an das Unerträgliche.

Die letzte Steuerreform des Herrn Dr. Kohl, die freilich inzwischen infolge seiner Kühnheit bei der Vereinnahmung der DDR längst Makulatur wurde, brachte eine Entlastung der Steuerzahler um 25 Milliarden DM, und mehr als die Hälfte dieses Betrages kam dem obersten Einkommensfünftel zugute – was ist das anderes als eine Bemühung um die Herstellung amerikanisch-kapitalistischer Zustände, in denen immer schon die Bedürfnisse der Betuchten mit denen des Staates identifiziert wurden?

Und andererseits: Die im Sommer des Jahres 1990 vorgenommene Korrektur des Sozialhilferechts bewirkte, daß pro Jahr 500 Millionen Mark weniger für die Armen dieser Gesellschaft zur Verfügung standen – tat nicht so etwas, und zwar mit großem Erfolg bei seinen zum Egoismus erzogenen Bürgern des real existierenden Kapitalismus in den Vereinigten Staaten, auch Mr. Reagan?

Und weiter: 1990 flossen nur mehr 62,7 Prozent des Volkseinkommens auf Arbeitnehmerkonten; das war der tiefste Stand seit dem Bestehen der Bundesrepublik Deutschland – ist nicht seit langem eine ganz ähnliche Entwicklung in den vulgär kapitalistischen Vereinigten Staaten zu beobachten, wo das Realeinkommen des »little guy« seit Ewigkeiten sinkt, während sich oben immer mehr Millionäre in Behaglichkeit räkeln?

In allen deutschen Großstädten, zunehmend aber auch in kleineren Gemeinwesen organisierten sich Kinderbanden – wundert das wirklich jemanden, der die Vergiftung von Kindern durch Fernsehdarbietungen beobachtet, die aus den Vereinigten Staaten kommen und Gewalt verherrlichen? Daß die deutschen Kinderbanden amerikanische Namen tragen – ist das nicht logisch? Daß in einem Jahrzehnt in Berlin die Zustände des heutigen Los Angeles herrschen, wo Banden von Kindern und Heranwachsenden jährlich ein paar hundert Leichen produzieren – ist das noch abwendbar?

Das organisierte Verbrechen, das die Vereinigten Staaten seit mindestens einem Jahrhundert kennen, nimmt in Deutschland mit zuvor nie beobachteter Geschwindigkeit zu, und die Innenminister der Bundesländer warnen vor »amerikanischen Zuständen« – aber wie sollten sich diese Zustände hier nicht etablieren, da doch der »American way of life« stets und grundsätzlich als Lebensstil einer »Wertegemeinschaft« eingeladen war?

Die Gewaltkriminalität in Deutschland steigt bedrohlich – und wie auch nicht? Sie ist legitimes Kind kapitalistischer Ordnung; die Vereinigten Staaten wissen das seit langem, denn es ist kein Zufall, daß sie in der Völkerrangliste der kriminellen Gewalttätigkeit ganz oben stehen.

Das Getto der Unterklasse, das man aus den Vereinigten Staaten kennt? Es formt sich nun mählich auch in deutschen Städten und wird die feinen Gebiete dieser Städte genauso terrorisieren, wie Harlem die Stadt New York terrorisiert – und hier wie dort wird dieser Terror auf eine gewisse Weise mit Gerechtigkeit zu tun haben.

Politische Korruption, die geradezu Merkmal amerikanischer Politik war, seit schon vor 200 Jahren George Washington die Fünf eine gerade Zahl sein ließ? Korruption, wie man weiß, frißt sich zunehmend auch in die westdeutsche Politik – bloß zufällig in Frankfurt, der amerikanisiertesten aller deutschen Städte, am intensivsten? Herr Lothar Späth könnte schon fast Mr. Spath heißen, und der Skandal der Parteienfinanzierung hatte schon fast amerikanische Dimensionen.

Die politische Macht, die sich mit »Big Money« verbindet, das in den Vereinigten Staaten regierte, seit sie sich etablierten? Das »Große Geld« ist längst auch in Deutschland wesentlicher Machtfaktor und stellt sicher, daß es gesetzgeberisch nicht geschädigt wird.

Das staatlich-institutionalisierte Unsoziale der Vereinigten Staaten? Auch was das angeht, stellt man in Deutschland »Wertegemeinschaft« her und weiß inzwischen, ganz wie in Washington, daß die Armen selber schuld sind und Arbeitslose bloß Drückeberger oder Schwarzarbeiter und Sozialhilfeempfänger nur Parasiten im sozialen Netz.

Der notorische »militärisch-industrielle Komplex« der Vereinigten Staaten? Er wächst in Deutschland, ganz wie »drüben«, in Kumpanei mit seinem generösen Staat doch wenigstens heran, wie 4 373 000 000 Mark beweisen, die von Daimler-Benz aus Steuergeldern vereinnahmt wurden, seit sich das Unternehmen entschloß, auch ein bißchen an »Verteidigung« zu verdienen.

»Insider trading« an den Börsen, die uralte und gelobte Einrichtung an der Wall Street, einen »fast buck« zu machen? So etwas ist in Deutschland noch nicht einmal strafbar. Der aus den Vereinigten Staaten kommende Wahn, den Sport in ein richtiges »business« zu verwandeln? Die Deutschen holen auf und zahlen schon mal 700 Millionen Mark für Fußballübertragungen im Fernsehen. Die Verschuldung des Staates, die in Wahrheit nach den Worten des »Chrysler«-Vorstandsvorsitzenden Lee Iacocca eine Kindesmißhandlung ist, denn die jetzt verantwortliche Generation wird diese Schulden nie begleichen? Nun, die Vereinigten Staaten sind in dieser Liga unangefochtene Champions, aber Deutschland nähert sich ihnen.

Und so fort. Die Anzeichen zunehmender Amerikanisierung sind unübersehbar: lauter kleine Etappen auf dem Weg zum »American way of life«, der sich in »Kapitalismus« übersetzt, und zwar in vulgären und nach innen und außen gleichermaßen habituell friedensunfähigen Kapitalismus.

Dieses Buch bemüht sich um den Nachweis, daß die amerikanische Variante des Kapitalismus, zu der Deutschlands »soziale Marktwirtschaft« mählich mutiert, kein erstrebenswertes Ziel für eine Gesellschaft ist, die zivilisiert zu leben wünscht; mehr: Dieses Buch bemüht sich um den Nachweis, daß der seit 200 Jahren währende Versuch, die Vereinigten Staaten kapitalistisch zu organisieren und aus ihnen eine beispielhafte Gesellschaft zu machen, auf eklatante und irreparable Weise gescheitert ist.

»God's own country« wurde keines; es wurde nur eines für

jene, die es besitzen. Es wurde ein Land, das seine Bürger auf unwürdige Weise zu bloßen Ökonomieobjekten degradierte. Sein Kapitalismus hat sich als Institut erwiesen, das – und zwar im Wortsinn – über Leichen geht: So fing es, wie man in diesem Buch lesen kann, mit ihm an, so setzte es sich in der Zeit der Industrialisierung fort, so geht es mit ihm auch heute noch. Daß in den Vereinigten Staaten mehr Menschen an ihren Arbeitsplätzen umkommen als irgendwo sonst, wo unter den Bedingungen einer Industriegesellschaft gearbeitet wird, ist sowenig Zufall wie die Spitzenposition dieses Landes bei der Gewaltkriminalität.

Also sind die Vereinigten Staaten gar nicht »God's own country«, sondern eher »der Große Satan«, als der sie vom Iran des Ajatollah Khomeini identifiziert wurden?

Das denn doch wohl eher nicht. Sie sind auch kaum »dieses Gangsterland«, das Thomas Mann, nachdem er ein paar Jahre in ihm gelebt hatte, »tief anwiderte«. Wahr ist nur, daß es in den Vereinigten Staaten immer ein paar mehr Gangster als woanders gab, was immerhin Schlüsse auf die Zivilisation des Landes und auf sein gesellschaftspolitisches Klima zuläßt, das offenkundig Gangstern – und zwar auf den Straßen und in den Büros gleichermaßen – stets bekömmlich war.

Was den »Großen Satan« angeht: Dazu fehlt der selbsternannten Weltordnungsmacht die Tiefe der Idee, ohne die selbst der Teufel nicht sein könnte, was er ist. Das Charakteristikum der Vereinigten Staaten ist aber gerade ihre Oberflächlichkeit. Es blieb nicht folgenlos, daß das Land weitgehend unter raffgieriger Anstrengung und ohne das Zutun von Geisteswissenschaften heranwuchs und in erster Linie das Produkt der Muskelkraft und des Colts war. Sein Sinnbild ist sehr viel eher Hopalong Cassidy als der gedankenschwere und auch zum Selbstzweifel fähige Philosoph oder Staatsmann. Das Symbol des Landes ist auch sehr viel eher ein »robber baron«, ein zupackender Raffke, als ein skeptischer Denker. Aber weder Hopalong Cassidy noch ein richtiger »robber baron« waren Teufel in Menschengestalt, sondern bloß, nach der Art des Landes, forsche Schlagetots.

Das Merkmal des Landes, kurz, ist der bare Materialismus, der das genaue Gegenteil gedanklicher Tiefe darstellt, ist auch eine Gefühlsoberflächlichkeit, der Mr. Bush beispielhaft Ausdruck gab, als er wenige Tage vor dem Ausbruch des Krieges am Persischen Golf im Januar 1991 nicht von der Unvermeidbarkeit der Tragik dieses Krieges sprach, sondern davon, »to kick ass«, nämlich Saddam Hussein in den Arsch zu treten.

Wenn man es genau betrachtet, hatten die Vereinigten Staaten nie eine andere Idee als die des Materialismus; ihre Freiheit war immer nur eine, die den rabiaten Verfolg des Materiellen unter ihren Schutz stellte und für ihn den ideologischen Unterbau lieferte. »Freedom« war immer nur eine Vokabel, die »ausgesorgt« meinte, und der »American dream« war stets ausschließlich einer der materiellen Erfüllung. Was die Freiheit in den Vereinigten Staaten in Wahrheit wert ist, beweisen die bösen Deformationen am Volkskörper, die Gettos, die Inseln der Dritten Welt, die Obdachlosen, die aus Heimen vertriebenen und im Land umherirrenden Geisteskranken, die Notkriminellen, die in Armut lebenden Kinder, die verfallenden Städte, die Arbeitslosen, von denen nur jeder dritte eine Unterstützung erhält – millionenfach lebende Dementis eines präsidialen Versprechens, das einmal »Freiheit von Not« verhieß.

Daß die amerikanische Freiheitsversion zu einer Gesellschaft geführt hat, welche »die gesamte westliche Welt in Gewalt, Kriminalität und Korruption anführt« – also mit brachialen Verhaltensweisen, die sämtlich auf Bereicherung, also auf Materielles, zielen –, weiß die Welt spätestens seit einem halben Jahrhundert von Gunnar Myrdal. Seither sind Gewalt, Kriminalität und Korruption auf eine Weise, die selbst der kundige Schwede kaum vorausgesehen hat, eskaliert und haben eine Gesellschaft geschaffen, die von einem Autor der »New York Times« als »unlebbar« beschrieben wird. Daß ein deutscher Bundeskanzler mit einer solchen Gesellschaft »Wertegemeinschaft« zu pflegen wünscht, ist so bemerkenswert wie die Tatsache, daß ausgerechnet diese Gesellschaft im Begriff steht, ihre Ordnungsvorstellungen global zu exportieren und einer »Neuen Weltordnung« vorzustehen.

Die Frage, ob die Welt in der Tat durch ein »amerikanisches Jahrhundert« behelligt werden wird, ist offen. Daran, daß imperial-amerikanischer Weltveränderungsdrang es will, besteht kein Zweifel, wohl aber an der Fähigkeit, das auch zu vollenden, denn zwar gibt es Hinweise darauf, daß der vulgär-vitale Kapitalismus erst am Anfang seiner weltweiten Expansion steht, aber andererseits lassen sich mindestens so viele Anzeichen dafür finden, daß die Weltordnungsmacht unheilbar an den Symptomen erkrankte, an denen schon das Römische Reich verschied.

Am Ende wird, wie es mit dem »amerikanischen Jahrhundert« geht, an der Frage entschieden werden, ob der »American dream«, dieses schöne Synonym für den raffenden Egoismus, auch in anderen Erdteilen geträumt wird, ob sie sich also so »amerikanisieren« lassen, wie Deutschland das zuließ, oder ob sich, zum Beispiel woanders in Europa, doch noch die soziale Aufklärung erhalten und stärken läßt, die etwas vom rechten Gebrauch der Freiheit weiß, von ihrem Ethos und ihrer Selbstbeschränkung, auch von ihrer Beschwerlichkeit, von der, mit einem Wort: Zivilisation.

Freilich verdanken die Vereinigten Staaten ihre heutige Größe und Bedeutung und die Fähigkeit, von einem »amerikanischen Jahrhundert« zu träumen, einem Zufall, nicht jedoch einer validen Weltführungsidee – die haben sie sich immer nur eingebildet, indem sie ihren Materialismus für Idee genug hielten und als Ideal den reichen Menschen ersannen.

Der Zufall war die geographische Lage des Landes, war die Tatsache, daß es sich unangreifbar isoliert kräftigen konnte, während andere Länder im Zweiten Weltkrieg ausbluteten, war ferner auch, daß es am Ende des Zweiten Weltkrieges allein den »big stick« besaß, den ganz großen Knüppel der Atombombe – sie, nichts vorbildhaft Staatsorganisatorisches, war der Magnet, der die »freie Welt« anzog, als die sich von Stalin und dessen Weltordnungsvorstellungen bedroht wähnte. Daß es den vom Krieg verschont gebliebenen Vereinigten Staaten gut erging, als andere Völker in der Folge des Krieges hungerten, daß sie Mais und Trockenmilch und schließlich Dollars verteilen und dafür Bündnisloyalität kaufen konnten, als woanders Trümmer geräumt wurden – das machte sie attraktiv und zum Führer, nicht ihre innere Befindlichkeit, die, wie an einer anderen Stelle dieses Buches geschildert wird, eher abstoßend war und blieb.

Nichts, außer schierer Stärke, eignete den Vereinigten Staaten damals, das sie als legitimierten Weltführer hätte ausweisen können, nichts eignet ihnen heute und seit mindestens einem Jahrzehnt noch nicht einmal mehr ihr Reichtum, denn aus dem ehedem wohlhabenden Land des Kriegsgewinnlers wurde mittlerweile eines der horrenden – und in Wahrheit nie mehr rückzahlbaren – Verschuldung, die nur erneut beweist, daß raffgieriger Kapitalismus mit Geld nicht umgehen kann. Das Land ist finanziell wie sozial gleichermaßen zerrüttet. Würden morgen Asiaten, Europäer und Ölscheichs aufhören, amerikanische Schuldpapiere zu kaufen, der Riese würde augenblicklich verfallen, denn seine Größe ist gepumpt, und überdies: Seine Größe wird eigentlich nur mehr durch die vielfachen Variationen des »big stick« dargestellt, die er sich zulegte, durch seinen unvergleichlichen militärischen Machtapparat.

Wohl wahr: »antiamerikanische« Töne.

Nur: Solche Töne werden natürlich, und zwar täglich, auch in den Vereinigten Staaten angeschlagen, denn auch insoweit ist die Wortkreation des deutschen Bundeskanzlers, wenn ich das mal in plattem Deutsch ausdrücken darf, der reine Quatsch. Es gibt natürlich »die Amerikaner« als Summe politischer Individuen sowenig, wie es »die Deutschen« oder »die Kameruner« oder »die Mongolen« gibt. Es gibt Amerikaner, die sich über die sozialen Ungerechtigkeiten ihres Landes empören, es gibt natürlich auch Amerikaner, die unter der schmetternden Militanz ihres Landes leiden, und, vor allem: Insbesondere die wissenschaftliche Kommunität der Vereinigten Staaten ist voll von gleichermaßen klugen und mutigen Frauen und Männern, in deren Schuld ich mich befinde, denn sie haben mich mit ihren Einsichten in den Stand gesetzt, »Ami Go Home« und »Die amerikanische Zumutung« und nun »Gottes eigenes Land?« zu schreiben.

Freilich hat liberal-soziale Opposition in dem Land, das sich der Kapitalismus aneignete, nie eine wirkliche Chance gehabt, schon gar nicht die Opposition jener, die sich tapfer der Militanz ihres Landes erwehren. Sie haben in den vergangenen zwei Jahrhunderten nie verhindern können, daß sich charakteristische politische Verhaltensweisen der Vereinigten Staaten ausbildeten und durch die Zeiten zogen: neben ihrer Militanz ihre Gemeinschaftsunfähigkeit, neben ihrem Rassismus ihr verbiesterter Mammonglaube und vor allem ihre Weltmissionsidee.

Aber das alles, wenn es nach Herrn Dr. Kohl geht, ist tabu. Seit er – er erinnert sich häufig und stets mit belegter Stimme daran –, einmal als Schulkind eine Trockenmilchsuppe aß, die aus amerikanischen Spenden stammte, verbat er sich »Antiamerikanismus« jedweder Art.

Aber genau das ist natürlich die Crux: diese sklavisch-ahnungslose Identifizierung mit einer Macht, mit der sich, um das Mindeste zu sagen, ganz außerordentlich Fragwürdiges verbindet, und zwar was ihre innere Beschaffenheit wie ihren Auftritt nach außen angeht. Was ist es, wenn nicht plattes Vasallentum, das Herrn Dr. Kohl und seine Freunde daran hindert, ein nur einfach unbefangenes Verhältnis zu den Vereinigten Staaten zu haben, eines, das sie in ihren Wirklichkeiten erkennt? Diese sonderbar borniierte, durch keinerlei Tatsachen beeinflußbare Amerikaphilie, die ständig die Augen vor der Evidenz verschließt – was ist das, da es Politik selbst nach den bescheidenen Maßstäben nicht sein kann, die Herr Dr. Kohl an dieses Geschäft legt?

Es geht darum, daß nicht nur Deutschland, sondern daß Europa im Umgang mit dem amerikanischen Ziehvater erwachsen werden muß, urteilsfähig, auch couragiert. Es geht um eine innereuropäische Ordnung, die Amerikanisierung verhindert. Es geht auch, zum Beispiel, um die im Frühjahr 1991 von Jacques Delors, dem Präsidenten der EG-Kommission, aufgeworfene und in der Tat überfällige Frage, ob sich Europa für die Dauer damit abfinden will, daß die Vereinigten Staaten die Rolle des Weltpolizisten spielen, der jederzeit über ein paar europäische Hilfssheriffs verfügen kann.

Darum geht es, ob im »europäischen Haus«, wie Herr Genscher dringlich anregt, für die Ewigkeit ein amerikanisches Apartment reserviert bleibt. Und es geht, blutig konkret, um die Frage, ob sich Europa, wie im Golfkrieg des Jahres 1991, auch in der Zukunft als bloßes Militäranhängsel der Vereinigten Staaten empfinden oder eine eigene, das heißt aber: eine von den besorgniserregend militanten Vereinigten Staaten unabhängige Rolle spielen will, und eine Rolle, die aus dem erlittenen Wissen kommt – über das die Vereinigten Staaten nicht verfügen –, daß der Krieg, jeder Krieg, ein Verbrechen gegen die Menschlichkeit ist.

Es geht aber auch, wie immer in der Politik, um Hygiene: Es ist keine periphere, sondern es ist eine für das Selbstverständnis Europas zentrale Frage, wie es mit widerwärtig obszönen, wesentlich von der Rüstungsindustrie finanzierten »Siegesparaden« des Bündnisführers leben will, der den Totschlag im Irak des Jahres 1991 tumultuös und trunken auf der »Constitution Avenue« in Washington und im »Canyon der Helden«, dem Broadway in Manhattan, mit Luftballons und Schmettermusik und Schunkeln und Konfetti und Volksvergnügen zelebriert – darin, im Ernst, kann Herr Dr. Kohl, kann Europa einen »Wertegemeinschafts«-Partner erkennen? Das, diese ausgelassenen Orgiasten, die einen blutigen Krieg wie eine erfolgreiche Hasenjagd mit Schampus feiern, sind »unsere amerikanischen Freunde«, denen wir verbunden zu sein haben? 150 000 Tote, mindestens 150 000, und die Täter amüsieren sich köstlich, als wäre Karneval – das ist, was Europa auch künftig führen soll? Und Mr. Bush, der, während er seine »Helden« feiert und defilieren läßt, schon mal gleich vom nächsten Krieg spricht – das ist, das bleibt unser, nämlich der »freien Welt« oberster Feldherr?

Die vergangenen zwei Jahrhunderte belegen, daß die Vereinigten Staaten in ihrem Inneren nie sozial- und friedensfähig waren, und mindestens die vergangenen fünf Jahrzehnte beweisen, daß sie, seit sie die »Number one« der Welt wurden, nach außen nie wirklich in Friedens-, sondern in Wahrheit immer nur in Vorkriegszeiten lebten. Dafür, daß sie auch in den kommenden, sagen wir, fünf Jahren wieder irgendwo auf dem Globus einen Kriegsgrund finden, spricht die schreckliche Regelmäßigkeit, mit der dieses fatal an der Gewalt erkrankte Land seine »Helden« selbst noch in die entlegensten Ecken der Welt schickt, um schießend und bombend, also mordend, herzustellen, was man in Washington für Ordnung hält. Dabei will Europa Partner sein? Zu diesen, wie Herr Dr. Kohl das nennt, »Friedensmissionen« sollen Europas junge Männer kommandiert werden?

Wer, wie Herr Dr. Kohl und seine Freunde, braver Gefolgsmann der Vereinigten Staaten und gar Imitator ihrer Werte ist, muß wissen, daß er sich an der Pest des Kriegerischen infiziert. Beim nächsten »Irak«, das blutiger werden mag, so weit hat es Herr Dr. Kohl gebracht, sind junge Deutsche dabei, und dann werden manche von ihnen in Zinksärgen oder »body-bags« heimkommen – das ist dann ein amerikanischer Nachvollzug, der Deutschland bisher in der Tat noch fehlte.

Europa braucht Distanz, kritische Distanz und Souveränität, und die Welt braucht endlich den funktionsfähigen Weltordnungshüter, die Vereinten Nationen nämlich, die in die Lage versetzt werden müssen, notfalls auch einer Macht zu widersprechen, notfalls auch einer Macht in den ständig bewehrten und drohenden Arm zu fallen, die sich nun lange genug wie ein 600 Pfund schwerer Gorilla in der Weltpolitik bewegt und seit 1945 mit ihren militärischen Interventionen rund um den Globus nichts, absolut nichts zum Guten gewendet hat – und daraus nie etwas lernte.

Wenn denn das »Antiamerikanismus« ist – sei's drum. Er wäre so legitim und so moralisch geboten, wie es über dunkle Jahrzehnte Osteuropas hindurch der »Antikommunismus« war. Frevelhafter Militarismus und arroganter Imperialismus verkehren sich nicht schon dadurch zu Zivilisationswohltaten, daß Kapitalisten, nicht mehr Kommunisten, sie exekutieren.

»Großer Satan«? »God's own country«?

Einen gleichsam aus Versehen groß und mächtig gewordenen Staat haben wir vor uns, der etwas merkwürdige Umgangsformen pflegt, aber keinen Dämon. Mit einem Koloß auf tönernen Füßen haben wir es zu tun, dessen »Helden« man neuerdings mieten kann, aber nicht mit einem Teufel. Mit einem Staat haben wir es zu tun, der wohl noch an seiner Vernarrtheit in den Materialismus verenden mag, aber auch das macht ihn noch nicht zu einer Höllengeburt. »Der Große Satan«, das ist hassend so unfüglich wie andererseits die flunkernde Verklärung, die Herr Dr. Kohl und seine Freunde – insbesondere auch die publizierenden Freunde – dem selbsternannten Gottesland angedeihen lassen.

Ein bißchen arg unansehnlich ist der Weltenführer, das ist wahr, ein bißchen sehr in seinem »Wilden Westen« geblieben, obwohl sein Außenminister nicht mehr die ganze Montur, sondern nur noch gern die Cowboystiefel trägt. Ein bißchen vollmundig ist er, ein bißchen rüde, und er hält halt immer noch, wie damals Tom Mix und Wyatt Earp, einen Schuß für ein Argument.

Aber das alles kann man nicht ändern. Er ist seit 200 Jahren so und stolz darauf und, wie er das gern formuliert: »You can't teach an old dog a new trick.« Man kann nur darüber befinden, ob man mit Herrn Dr. Kohl werden will wie er, und darüber, ob man sich weiterhin seiner Führung – auch in die Wadis von Saudi-Arabien zum Zweck der Kriegführung – anvertrauen will.

Ist ein Wort über die Position des Autors erlaubt, der sich so beharrlich und so kritisch – und mit einer ihm selber schon fast befremdlichen Produktivität – der Vereinigten Staaten annimmt?

Ich bin ein journalistisches Auslaufmodell, aber als Journalist empfinde ich mich gleichwohl, und das heißt, daß ich kritische Opposition bin, immer, grundsätzlich und allem und jedem gegenüber. Ich sitze, wenn mir mein Leser dieses Bild gestattet, auf dem Zaun und betrachte, was in der Politik links und rechts passiert, was in anderen Worten sagen soll: Ich bin kein »Linker«, freilich auch kein »Rechter«.

»Links« sah ich wie jedermann, daß endlich, endlich der »real existierende Sozialismus« zerbrach, der freilich in Wahrheit gar kein Sozialismus war, sondern bloß das monströse Gebilde politischer Unholde und Hochstapler, die ihre Nomenklatur vom Sozialismus raubten. Was ich vom »real existierenden Sozialismus«

hielt, habe ich in Serien eines großen deutschen Magazins und dann auch in einem Buch berichtet, das »Die ärmliche Weltmacht« hieß, und was der »real existierende Sozialismus« von mir hielt, machte er deutlich, als er mich am Ende einer langen Reportagereise in Taschkent auf der Straße verhaftete, in einen Keller sperrte und dann auswies.

Aber es wird eben nicht aus jemandem, der den »real existierenden Sozialismus« für verachtenswert hielt, notwendig jemand, der seinen Antipoden, nämlich den real existierenden Kapitalismus der Vereinigten Staaten, für rühmlich oder auch nur für akzeptabel halten muß. »Zwischen entweder und oder«, wußte ein Weiser »führt so manches Gäßchen.« Ich fühle mich in diesen Gäßchen wohl. Man ist ein bißchen einsam in ihnen, aber ein richtiger Journalist taugt ohnehin nicht für das Rudel.

Braderup/Sylt, im Sommer 1991   Rolf Winter

I. KAPITEL
DIE FORMATIVEN JAHRE

██████ Die Besiedlung der Vereinigten Staaten war nicht, wie es die Legende will, ein heroischer Akt der Demokratisierung, sondern raffgierige Vergewaltigung der Natur und die mutmaßlich größte ökologische Katastrophe ihrer Zeit. Die Raffgier von damals, der rücksichtslose Naturverbrauch, setzt sich bis in die Gegenwart fort.

Es war immer ein bißchen schwierig, die Tatsache zu verbergen, daß diese Nation in Gewalt entstand, daß ihre Geburt von Mobs und Raub begleitet wurde und daß auf dem Volk die Last liegt, ihre Rebellion gegen gesetzliche Ordnung gutzuheißen.

David Brian Davis, Historiker
an der »Yale University«

Sie wollten das Land, aber sie wollten es anders, ganz anders. Sie wollten »God's own country«, aber sie wollten es nach ihrem, nicht nach Seinem Bild. Sie wollten sich auch nicht nur »die Erde untertan« machen, sondern sie wollten sie ausbeuten.

Sie wollten nicht mit der Natur leben, die sie empfing, sondern sie wollten die Natur bekriegen, auch die menschliche Natur, die hier seit Jahrtausenden siedelte und, ohne das zu ahnen, vor ihrem blutigen Ende stand. Sie wollten Wohlstand, nein: Sie wollten Reichtum, und sie wollten das schnell; Wohlstand, schließlich, war das einzige Motiv, das sie bewogen hatte, die Alte Welt zu verlassen und nach einer riskanten Reise über den Ozean die Neue Welt zu erreichen.

Nie sind Menschen begehrlicher über ein Land hergefallen, nie so ungetarnt in ihrer Eigenschaft als Ausbeuter, nie war alles, was sie sahen, nur potentieller Profit. Sie waren, findet der Nestor der amerikanischen Historiker, Henry Steele Commager von der New Yorker »Columbia University«, »das gesetzloseste Volk ihrer Zeit«, das sich auf das Land stürzte wie der Mob auf das Sortiment eines Kaufhauses im Schlußverkauf.

Ein Volk?

Sie waren nicht eigentlich ein Volk, denn der Gemeinsinn, der einem Volk eignet, ging ihnen ab. Sie waren sich jeder selbst der Nächste. Sie kannten kein anderes Recht als jenes, das sie für sich selber reklamierten. Sie waren auch nicht durch gemeinsame Herkunft miteinander verbunden, denn sie kamen aus aller Herren Länder, sie waren frische Einwanderer und entschlossen, ihr Glück zu machen, und sie waren ebenso entschlossen, in jedem einen Feind zu sehen, der sich ihrem Glück in den Weg stellte.

Das war nichts für sanfte Gemüter. Schon die Auswanderung, schon der Entschluß zur Auswanderung war Mutprobe, und dann die Seefahrt: gefährlich, lebensbedrohend gefährlich, niemand hat die Tragödien gezählt, die sich auf dem Atlantischen Ozean ereigneten, niemand die Leichen, die über Bord geworfen wurden, niemand die Tränen, die vergossen wurden. Sie hockten in erbärmlichen Seelenverkäufern unter Deck, erlitten jede Seemeile, die sie ihrem Ziel näher brachte, erbrachen sich seekrank, zählten die endlosen Tage auf dem verfluchten Ozean, zitterten in schwer in Stürmen rollenden Schiffen.

Wenn sie es durchstanden, mußte sich das Abenteuer lohnen. Wenn sie in New York ankamen, blickten sie auf das Land wie der Prospektor auf die Fläche, unter der er Schätze vermutet. Hatten sie, sie alle, nicht vom Glück gehört, das sich in »Amerika« machen ließ? War nicht das Land »up for grabs«, wie sie bald zu sagen lernten? War es nicht eine gigantische Einladung, zuzupacken, auch zuzuschlagen und ein ganz neues Leben anzufangen, eines, von dem man in der alten Heimat noch nicht einmal träumen durfte?

Es hatte kein Ende mit den Strapazen, wenn sie in New York an Land gingen; sie begannen recht eigentlich erst. Das Land war wild und wies die Fremden ab – es war ein Feind. Und sonderbares Getier gab es, ganz unbekannt, vermutlich gefährlich – noch ein Feind. Und unheimliche, nämlich physisch ganz andere Menschen lebten in dem Land – ebenfalls Feinde. Und Feinde waren auch jene, die ebenfalls vom Schiff kamen und ihr Glück machen wollten und nun nicht mehr Leidensgenossen waren, sondern Konkurrenten.

Nein, ihnen wurde nichts geschenkt, aber was sie nicht umbrachte, machte sie härter, immer härter. Da sie sich von lauter Feindseligkeit umgeben wähnten, bewaffneten sie sich, denn eigentlich war, worin sie sich nun befanden, Kriegsgebiet, und ihr Treck war ein Eroberungsfeldzug, und auf einem richtigen Eroberungsfeldzug wurde Pardon nicht gegeben.

Nicht am Ende des 20. Jahrhunderts, wie amerikanische Soziologen beklagten, lebte die erste, ganz dem Egoismus verfallene »me generation«, die immer nur an sich selber dachte und sich um den Nachbarn nicht kümmerte, sondern damals, als aus Europa die ersten »settlers« kamen, die »pioneers«, die gierigen Glücksritter, die verbiesterten Wohlstandssucher, die Lohn für die Qual ihrer Auswanderung wollten. Sie machten sich wie zerstörerische Heuschrecken über das Land her.

So entstand das Land, das heute Vereinigte Staaten von Amerika heißt. Es entstand unter einer gewaltigen Woge raffender Feindseligkeit. Der Akt der Staatswerdung vollzog sich nicht in Philadelphia: Dort wurden nur feierliche Reden gehalten und schöne Papiere gefertigt und demokratische Ideale beschworen und Theorien diskutiert. In Wahrheit entstand der Staat in Chaos und Blut und Neid und Rache und Gier und Tragik an der »frontier«, im »Wilden Westen« – und das war anfangs alles, was ein bißchen weiter westlich der Ostküste lag –, und der Akt der Entstehung war so erhebend wie ein Schlachtfest.

Niemand kann die Vereinigten Staaten des späten 20. Jahrhunderts verstehen, der nicht ihre Genesis kennt, das Jahrhundert ihrer formativen Ära, die ersten originären Regungen spezifisch amerikanischer Verhaltensweisen und den Stolz, mit dem sich die werdende Nation in der Rauhbeinigkeit des erobernden »pioneer« erkannte. Er personifizierte Werte, während die »founding fathers« in Philadelphia nur Werte schreibend und redend paraphrasierten. Er war ein »hero«, und seine Rücksichtslosigkeit gegen jedermann und alles war früher Patriotismus. Seine Gewalt war eine ganz und gar produktive, eine staatsschaffende, eine sogar von Gott gesegnete Gewalt. Sein Egoismus war Baustein zu der Grundlage, auf der einmal die Nation fußen würde. Sein Mord an Mensch oder Natur war nicht Mord, sondern Fortschritt.

Und ferner: Niemand kann die gegenwärtigen Vereinigten

Staaten verstehen, der nicht begreift, daß die gloriose Ära der »pioneers« nicht im geschichtlichen Dunkel liegt, sondern im historischen Gestern. Nicht vom Mittelalter ist die Rede, nicht von Zeiten, die sich der wirklichen Belebung entziehen und bloß noch zu blutlosen Namen reduzieren oder zu Jahreszahlen. Sondern die »pioneers« sind zeitlich nahe, sie leben gleichsam noch, der Stolz auf sie ist frisch. Erst 1890 war die »manifest destiny« erfüllt und die Besiedlung des riesenhaften Landes von Küste zu Küste abgeschlossen und der blutige Triumphzug beendet – man kann sich noch identifizieren mit etwas, das erst ein Jahrhundert zurückliegt, und vollends kann man das, wenn es so epochal war wie der mähliche Treck durch das Land.

Er war in Wahrheit der Beginn des materialistischen Zeitalters und ein quälender Prozeß raffender Gewalt, aber kaum etwas anderes in der amerikanischen Geschichte, noch nicht einmal die bewaffnete Erhebung gegen die Krone der Kolonialmacht, wird in den Vereinigten Staaten so verklärt, so patriotisch überhöht, so hymnisch besungen, ja, so geheiligt wie die Geschichte der Besiedlung des Landes. Niemand kann mehr die Bücher und Filme, die Rundfunk- und Fernsehbeiträge und die Zeitungsartikel zählen, die das hohe Lied der »pioneers« und »settlers« singen, der mutigen und tatkräftigen Menschen an der fortgesetzt weiter nach Westen drängenden »frontier«, niemand die Schüsse, die in Filmen fallen, deren Botschaft die Heroisierung des Unerlaubten war, des Sündhaften und der Ausbeutung der Natur.

Noch heute vergeht kein Tag, an dem nicht amerikanische Fernsehstationen für tief angerührte und gefesselte Zuschauer das schöne und immer wieder bewegende Bild unter das Volk bringen: wie sich die »pioneers« tapfer und mühsam ihr Land erringen. Wie sie abweisende Wüsten und dichte Wälder queren. Wie sie gefahrvoll Flüsse überwinden und kalte Höhen. Wie sie im Planwagen durch unerschlossenes Land rollen, dem großen Lebensglück entgegen. Wie sie Opfer und Strapazen auf sich nehmen, um das Lebensziel zu erreichen und einer Nation zur Geburt zu verhelfen. Wie sie irgendwo heimisch werden und den ersten

Spatenstich tun, die erste Hütte bauen, den ersten Zaun ziehen, das erste Stück Wild erlegen, den ersten Indianer auch. Und wie sie dann, Mann und Frau und Kinder, unmenschlich hart arbeiten und die erste Ernte einfahren und im Abendrot fromm ihrem Schöpfer danken.

Gewiß hat es unter den Millionen, die sich über das Land hermachten, auch so idyllische Variationen gegeben, gewiß auch demütig Dankbare, gewiß auch Menschen, die sich mit ihrer neuen Heimat zu arrangieren bemühten, aber typisch waren sie nie. Charakteristisch war vielmehr, was ein amerikanischer Historiker so beschreibt: »Sie kamen und nahmen die Sahne vom Boden, aus den Wäldern und aus den Minen, und dann zogen sie weiter und suchten neue Sahne und neue schnelle Profite; das Entsahnte interessierte sie nicht mehr«, denn sie waren nicht gekommen, um Heimat zu haben, bloßes Auskommen und solide Existenz, sondern zum Raffen waren sie gekommen, zum geschwinden Raffen, an jeder Stelle, die sich zum Raffen eignete, konnte nur einer der erste sein und »die Sahne« abschöpfen, man mußte seine Chance nutzen, wach- und wehrsam sein und immer einen neuen Coup suchen.

Ja, viele waren erfolgreich. Ihre Strapazen zahlten sich aus. Die Qualen im Auswandererschiff, die in New York, die auf dem Treck versilberten sich, und wenn man das ganz große Glück hatte, vergoldeten sie sich sogar. Was aus dem Land wurde, aus dem sie ihren Erfolg holten, war gleichgültig, auch was aus den Menschen wurde, die bislang von diesem Land genügsam gelebt hatten. Und selbst wer wirklich nur seine Landstelle suchte und fand, bearbeitete seine Erde nicht, sondern powerte sie aus, damit sie möglichst rasch möglichst große Profite abwürfe. »Zuerst fällten sie die Wälder«, beschreibt der amerikanische Historiker Carter, was in den Zeiten der »pioneers« geschah, »und dann das Büffelgras, und nach einem Jahrhundert war ein Drittel des reichen Mutterbodens ins Meer gespült«, aber Nachfolgende mochten für sich selber sorgen, man mußte dem Boden das Maximum abtrotzen, Weitsicht war Unfug, man lebte schließlich nur einmal.

So, nicht dadurch, daß Politiker dem Land den Kapitalismus als Staatsform verordneten, entwickelte es die Prinzipien, nach denen es immer verfahren würde. Die »pioneers« waren im Bewußtsein ihrer Nachfahren nicht nur vorbildhafte Helden, die den Baumstamm so ungerührt wie den widerstehenden Indianer fällten, sondern sie lehrten auch, daß man nicht morgen, sondern heute Profit machen mußte, und nicht einfach Profit, sondern den größtmöglichen Profit. Das Leben, lehrten sie, war nicht eine Langstrecke, auf die man sich einrichtete, indem man seine Kräfte einteilte und sie mit vernünftigem Maß überwand, sondern das Leben war ein Sprint, war vorüber, ehe man noch damit rechnete, war im glückhaften Fall eine Chance, die nur der Narr vertat, indem er ihren denkbaren Ertrag auf Zeiten verteilte.

Natürlich, es gab damals keine »Ökologen«, es gab sie nirgendwo, es hatte sie auch nicht in den Ländern gegeben, aus denen die neuen Amerikaner kamen. Gewiß wäre es ungerecht, das Raffke-Verhalten der »pioneers« an den Maßstäben zu messen, die man heute anlegt, da man zu begreifen beginnt, daß sich Natur zu rächen vermag. Aber selbst nach den damals geltenden Einsichten in die Gesetze der Agronomie war das Verhalten der »pioneers« beispiellos. Nirgendwo in der Alten Welt ging man so rücksichtslos, so vehement zerstörerisch mit Erdboden um, nirgendwo wurde er so sehenden Auges gemordet, nirgendwo so skrupellos zum bloßen Profitmacher degradiert, nirgendwo sonst war Natur weniger respektiert als in dem Land, das in ihr nur einen Dollarproduzenten sah.

Alexis de Tocqueville, der in der ersten Hälfte des 19. Jahrhunderts die Vereinigten Staaten bereiste, staunte über die Fixierung der Menschen auf das Geld und notierte: »Allem, was die Amerikaner tun, liegt ihre Liebe zum Reichtum zugrunde«, und: »In ihrer angespannten und ausschließlichen Sorge, ein Vermögen zu machen, verlieren sie die enge Verbindung aus den Augen, die zwischen dem privaten Vermögen und dem allgemeinen Wohlstand besteht«, und bei den »pioneers« beobachtete er: »In Europa reden die Menschen viel über die Wildnis in Amerika, aber die

Amerikaner selber denken nie an sie. Sie sind unsensibel für die Wunder der unbewohnten Natur, und man könnte von ihnen sagen, daß sie die mächtigen Wälder, von denen sie umgeben sind, gar nicht wahrnehmen, bis die Bäume unter den Schlägen der Äxte stürzen.«

So waren sie. Wenn sie den Blick erhoben, sahen sie Geld – oder Belebtes, das sie daran hinderte, Geld zu machen, und dann wurde es getötet. Das war Freiheit, das war der hart erkämpfte Lohn der Auswanderung, das war der frühe »American way of life«.

Schon am Ende des 17. Jahrhunderts arbeiteten allein an der Massachusetts Bay im Nordosten des Landes mehr als 50 große Sägewerke und fraßen mit verblüffender Geschwindigkeit die Wälder fort, die über die Jahrtausende gewachsen waren und dem Land ihren Charakter gaben. Zeitzeugen berichten, daß die Indianer dieser Region mit fassungslosem Entsetzen zusahen, wie die weißen Invasoren das Antlitz der Erde veränderten und mit den Wäldern wie mit totem Inventar umgingen, wie sie geradezu lüstern ins Lebende schlugen, Tag für Tag und Jahr für Jahr, und dann, gerade 100 Jahre nach der Landung der ersten Europäer, waren sie, wie der Historiker Kirkpatrick Sale referiert, »in ihrem Prozeß weit fortgeschritten, die uralten Waldländer des Ostens von Maine bis zum Mississippi in der größten Entwaldung der Menschheitsgeschichte vor dem 20. Jahrhundert abzuholzen«.

Niemand hinderte sie, denn auch das war Freiheit. Es gab keine Regularien, keine Vorschriften, keine Begrenzungen, und hätte es sie gegeben: Die »pioneers« waren nicht von der Art, die Obrigkeiten respektiert hätte. In ihren Herkunftsländern waren sie lange genug Untertanen gewesen, gebüttelt und gegängelt, dies war verboten und jenes auch, und für Wilderei ließ die herzogliche Obrigkeit einsperren und für unerlaubten Holzeinschlag auch, aber dies war Amerika, das Land der Freien, wo jeder sein Glück machte, wenn er nur tatkräftig war und couragiert. Dies war Demokratie, und sie kannte keine Obrigkeit, und wo sie sich doch etablierte, galt sie wenig. Dies war Volksimperialismus, anarchischer Volksimperialismus, und wehe dem, der sich den Imperialisten in den Weg stellte: Sie hatten nicht durchlitten, was sie zu durchleiden hatten, um nun, da das Glück zum Greifen nahe lag, vor einredenden Obrigkeiten zu kuschen. Sie waren wie eine Lawine, die mächtig vom Berg kommt, unaufhaltsam – und zerstörerisch wie sie. Eine Autorität war, wenn sie zu bremsen versuchte, auch nur wie eine Klapperschlange oder wie ein Braunbär oder wie ein Indianer, wenn die den Zugang zum Profit erschwerten; sie mußte weg, aus dem Weg, alles mußte aus dem Weg.

Arthur Young hat die »pioneers« beobachtet, wie sie verbissen und rücksichtslos jagten, was sie für ihr Glück hielten. Young befaßte sich ein Leben lang mit der frühen amerikanischen Landwirtschaft und mit jenen, die sie betrieben. Sie waren, fand er, eine sehr besondere Spezies Mensch. »Menschen«, schrieb Young, »die auswandern, sind nach der Natur der Umstände die aktivsten, härtesten, mutigsten, sie sind kühn und resolut – und wahrscheinlich auch die renitentesten«, und so sah ihr Zug durch das Land auch aus. Der amerikanische Historiker Richard Hofstadter fand, ganz ähnlich wie Young, »daß die abenteuerlustigsten und die mit Visionen, die ungeduldigsten und jene, die auf Autorität mit Widerspenstigkeit reagieren, daß die entfremdetsten, die verzweifeltsten und verschrobensten Menschen am ehesten bereit waren, Europa zu verlassen, was zum mindesten der ursprünglichen Bevölkerung der amerikanischen Kolonien einen starken Hang zur Verachtung jeder Autorität gab«.

Sie vererbten auch das, und das Erbgut wirkt bis heute. Ihre »Verachtung jeder Autorität« hat am Ende des 20. Jahrhunderts etwas zivilisiertere Formen angenommen, aber immer noch steckt in jedem »red-blooded American« die Gewißheit, daß Autorität, auch demokratische Autorität, die Selbstverwirklichung verhindert und, da sie Steuern erhebt, Diebstahlsinstitution ist, Parasitismus, Übel. Waren nicht die Vereinigten Staaten nur geworden, was sie schließlich wurden, weil damals Individuen und eben nicht von Autoritäten geführte »Ordnungen« das Land eroberten und profitabel entfalteten? War nicht die von niemandem angefochtene Freiheit die einzige, die diesen Namen wirklich verdiente?

Ja, sie waren frei, damals, wirklich ganz frei, ihre Freiheit war grenzenlos. Das Recht waren sie selber, jeder für sich, und wenn es zu exekutieren war, mit dem langläufigen Gewehr oder mit dem Colt, dann war es eben zu exekutieren. Es mochte ein Indianer sein, der zu exekutieren war, oder ein Kuhdieb oder ein Nachbar, der einen Fluß anzapfte, das machte kaum einen Unterschied. Freiheit war wesentlich auch die, den Abzug zu betätigen und anschließend nicht behelligt zu werden.

Aber vor allem war Freiheit die generelle Erlaubnis, mit der Natur zu machen, was man wollte. Die Natur, sozusagen, war der schatzgefüllte Tresor, um den der Raubzug ging, an dessen Ende allenthalben Sternenbanner festlich im Wind wehten.

Schon einige der ersten Einwanderer hatten gelehrt, wie man mit der Natur verfuhr, um die Einwanderung zu rechtfertigen. Auf dem Gebiet des heutigen Staates Virginia befanden sie sich, und sie erkundeten, daß sich der Boden zum Tabakanbau eignete, also ließen sie das Kraut wachsen und verkauften es mit großartigen Profiten, und sie wurden, ganz wie sie es erträumt hatten, nicht nur reich, sondern steinreich, denn das Rauchkraut war gut und die Nachfrage stürmisch, und es war, als hätten die Tabakanbauer eine Genehmigung zum Gelddruck erhalten, aber dann, nach nur sechs Jahren, war der Boden erschöpft, er gab nichts mehr her, er war vom Profit ermordet worden. »Es ist vielleicht ganz passend«, kommentiert der Historiker Kirkpatrick Sale, »daß die erste Kolonie auf dem Gebiet, aus dem später die Vereinigten Staaten von Amerika werden würden, gänzlich von einem Produkt geprägt wurde, das Menschen und Umwelt gleichermaßen schwächt.«

Aber wo Boden nichts mehr hergab, war irgendwo anderer Boden verfügbar; das Land war riesig, und irgendwie ging es immer weiter. Natur mußte man ernten und versilbern, und wenn eine Silberquelle versiegt war, erschloß man eine andere. Dies war nicht die Alte Welt, in der man sein Leben verbrachte, wo man geboren wurde, sondern hier war man mobil, mußte auch mobil sein, denn immer war möglich, daß von großartigen Chancen weiter westlich gerüchtweise die Rede war, und dann mußte man den Planwagen wieder beladen und weiterziehen und eine neue Silberquelle anzapfen, bis auch die am Ende war.

Im Nordosten des Landes hatten sie in kurzer Zeit eine Biberpopulation von annähernd 60 Millionen Tieren umgebracht und versilbert, und dann hatten sie sich, denn »such is life«, anderen Einnahmequellen zugewandt. Phänomenale Vermögen waren dabei entstanden, darunter auch das der aus Deutschland zugewanderten Familie Astor, die, obschon sie doch nichts anderes als massenhaft Tiere hatte totschlagen oder fangen lassen, seither einen großen und bewunderten Namen besaß. Und dann hatten sie auf Astors lukrativen Spuren den Wolf ausgerottet, auch den Otter, den Nerz, die Antilope, den Waldbison, fast auch das Reh und den Elch, denn alles ließ sich versilbern, und was sie trieben, war auch im Verständnis der »pioneers« nicht Ausrottung, sondern Ernte, war vernünftiger Weg zum Profit, zum Glück, auch der massenhafte Waldschlag war Ernte, alles war Ernte, was man mit der Erde tat, und alles war gut.

Nur ein toter Biber, der bei den feinen Leuten in New York oder in den europäischen Handelsstädten als Mantel oder Hut getragen wurde, war ein guter, nämlich ein profitabler Biber, und deshalb war der »Trapper«, der auf Wildfang ging, ein besonders hoch angesehener »pioneer«. Und weiter im Süden, in der sonderbaren, wasserbestandenen, aber doch auch bewachsenen Landschaft der Everglades in Florida, war nur ein toter Reiher ein guter Reiher, zu Millionen wurden sie getötet, denn Reiherfedern waren ein glänzendes Geschäft, feine Damen in der ganzen Welt waren schier verrückt nach ihnen.

Nichts, was lebte, war vor den »pioneers« sicher. Sie fühlten sich wie Kinder, denen man einen Spielzeugladen geschenkt hatte: Alles gehörte ihnen. Das Land war wie ein gigantisches Casino, in dem täglich irgendwo die ganz großen Preise ausgespielt wurden, und wenn man ein bißchen Glück hatte, gehörte man zu denen, die ausgesorgt hatten, ein für allemal.

Was unter den raffenden Händen der »pioneers« vor sich ging, ein rundes Jahrhundert lang, nennt Sale »den raschesten und dramatischsten ökologischen Wandel, der auf diesem Planeten je von Menschen herbeigeführt wurde«. Besonders aber war er ein dramatischer Wandel der bis dahin auf dem Halbkontinent heimischen menschlichen Lebensgewohnheiten.

Denn ein eklatanterer Gegensatz läßt sich nicht denken, als der zwischen der Lebensphilosophie der hier siedelnden Indianer und jener Weißen, die in ihr Land kamen, um – und zwar sofort – aus ihm Geldwert zu machen. Die Indianer hatten Natur immer respektiert, denn Natur: Das waren auch sie selber. Sie waren nicht Herren der Natur, sondern nur eines ihrer Glieder und in ihrer Existenz abhängig von natürlicher Harmonie. Bäume waren Brüder und Schwestern in anderer als menschlicher Form, auch Tiere waren Brüder und Schwestern, denn alles, was lebte, war Kind einer »großen Mutter«, gegen deren Schöpfungen man sich nicht verging.

»Wir glauben«, bekannten die im Nordosten des Landes heimischen Haudenosaunee-Indianer, »daß alle Elemente der natürlichen Welt zum Segen aller lebenden Dinge geschaffen wurden und daß wir als Menschen eines der schwächsten Geschöpfe der ganzen Schöpfung darstellen, weil wir für unser Überleben von der ganzen Schöpfung abhängig sind«, und Luther Standing Bear, der Sprecher der weiter westlich lebenden Oglala Sioux, sagte: »Der Indianer, genauso wie andere Kreaturen, die geboren wurden und wuchsen, wurde von einer gemeinsamen Mutter ernährt – der Erde. Er war also mit allen lebenden Dingen verwandt, und er gab deshalb allen lebenden Dingen die gleichen Rechte wie sich selber. Die Gewißheit der Verwandtschaft mit allen Kreaturen der Erde, des Himmels und des Wassers war ein wirkliches und aktives Prinzip«, aber damit, natürlich, war es vorbei, als die Weißen kamen – und mit ihnen gleich 93 Krankheiten, die es zuvor bei den Indianern nicht gegeben hatte und gegen die es in ihren Organismen keinen Schutz gab, so daß viele starben.

Sosehr sich auch, als die Tragödie der Indianer vorüber war, die weiße Wissenschaft bemühte: Sie fand auf dem nordamerikanischen Halbkontinent nicht ein einziges Indianervolk, das auch nur den Begriff des individuellen Landeigentums kannte. Nichts lag ihnen ferner als der Gedanke, aus der Erde einen privaten Profit zu ziehen. Man sammelte und jagte, aber immer nur in Maßen und so, daß die Erträge gerade zum Leben reichten. Man baute auch ein bißchen Mais an, aber immer nur in der Absicht, ernährt zu sein; man »verkaufte« Mais nicht, man machte nicht »Geschäfte« mit dem, was »Mutter Erde« gegeben hatte.

Sie waren Kommunisten, und sie waren das ganz ohne den Gedankenqualm, unter dem Weiße später in der Welt ihren doktrinären Kommunismus erdachten. Die Indianer waren Gemeinschaft. Land gehörte der gemeinsamen Mutter, und was es hergab, war für alle gleichermaßen da, und wenn einer bei Ernte oder Jagd besonderes Glück gehabt hatte, gab es, wie bei den Indianern an der Nordwestküste, das »potlach«: Man gab selbstverständlich jenen, die weniger gut versorgt waren. Das war nicht Zwang, das war Bedürfnis. Das war nicht Caritas, das war Natur. Niemand drückte sich vor den Arbeiten, die zu verrichten waren, aber andererseits exzellierte auch niemand bei ihnen, denn es gab keinen »Bonus« für »Überstunden«.

Sie waren genügsam, und sie waren das gewesen, seit sie vor Tausenden von Jahren über die im hohen Norden gelegene Beringstraße in den amerikanischen Kontinent eindrangen, aber sie waren in ihrer Genügsamkeit zufrieden. Was immer sie taten, taten sie mit dem Willen, sich mit der Natur zu arrangieren. Sie entwickelten, so findet der amerikanische Historiker Albert Cowdrey, »das effizienteste aller ökonomischen Systeme, was die Nutzung von Energie angeht«, und sein Kollege Carl Sauer konstatiert: »Die Indianer lebten in ihrem generösen Land gut, und sie nutzten es kompetent und ohne ihm Schäden zuzufügen«, und der Historiker Dary McNickle schließlich ermittelte einen Tatbestand, der den rabiaten Landraub der weißen Invasoren entscheidend begünstigen würde: daß nämlich 70 Prozent aller Indianervölker auf dem Territorium der heutigen Vereinigten Staaten pazifistisch waren.

Ob nun aber Meister im Umgang mit der Natur oder wehrhaft oder pazifistisch: Dem Ansturm der muskulösen »pioneers«, ihrer militanten Gier, ihrem zerstörerischen Kapitalismus konnten die

Kommunisten, die von den Weißen so genannten »savages«, die »Wilden«, die »Primitiven« nicht gewachsen sein. Sie waren verloren, als der erste Weiße einen Fuß auf den Kontinent setzte und Raub im Sinn hatte, wenn er vielleicht auch »Zivilisierung« sagte, vielleicht auch »Christianisierung«. Die Begegnung war ungleich, denn sie führte Naivität und Brutalität zusammen, Genügsamkeit und Begehrlichkeit, Natürlichkeit und eine Kultur, die nur die Ausbeutung als natürlich empfand. Die Begegnung mußte enden wie der Wald, den die ersten Einwanderer sahen.

Das hatten auf tragische Weise schon die Powhatans nachgewiesen, die ersten Zeugen der Ankunft der weißen Zivilisation.

Die Powhatans siedelten an der Chesapeake Bay, in der Nähe der heutigen Bundeshauptstadt Washington D. C. dort, wo am 26. April des Jahres 1607 die ersten Engländer landeten und ihr Jamestown gründeten, die Vorhut der britischen Kolonie. Die Weißen, natürlich, kamen als Herren, als Masters, und die Indianer, natürlich, waren unerwünscht und »underlings«, wenn sie auch anfangs freundlich und naiv genug waren, den Weißen mit Mais auszuhelfen und so das Überleben der Eindringlinge zu sichern.

Aber nur drei Jahre währte die Zeit einer ungewissen Koexistenz, dann, 1610, erklärten die Weißen den ersten Krieg, und das Kriegsziel bestand darin, die Powhatans »auf Zwangsarbeit zu reduzieren«. Nach der Beendigung der Feindseligkeiten und einem erneut ungewissen Nebeneinander brach der zweite Krieg im März 1622 aus. Diesmal dauerte er drei Jahre, aber nach dem Willen des neuen Landeigentümers, der »Virginia Company«, war er »ein ewiger Krieg ohne Frieden oder Waffenstillstand«, der die Ausrottung der verhaßten Nachbarn zum Ziel hatte, und er war auch ganz so, wie man ihn später kannte, ein »totaler Krieg«, denn Powhatan-Frauen wurden ebenso umgebracht wie die Kinder des kleinen Volkes, und schließlich hatten die weißen Landräuber ihren Frieden, und wie sie ihn erreichten, läßt sich an den Zahlen der Powhatans ablesen, die einmal an der Chesapeake Bay friedlich und in Harmonie mit ihrer Natur lebten, ehe Weiße an dieser Bay eine pompöse Hauptstadt bauten: Bevor die Weißen kamen, gab es 40 000 Powhatans, 1625 nur noch 5000, und dann, nämlich 1669, zählte man nur mehr 2000, und sie waren nicht mehr ein Volk, sondern um ihre Seelen gebrachte und ein wenig heruntergekommene Individuen, die »Mutter Erde« ganz vergeblich um Hilfe baten, und 1685 hatte die weiße Zivilisation und Christianisierung dann vollends gesiegt: Man fand keinen Powhatan mehr, eine Farbe war von der Palette amerikanischer Menschlichkeit verschwunden.

Aber dafür wuchs nun profitabel Tabak, wo einmal die Indianer in ihrer sonderbaren Genügsamkeit gelebt hatten – das war Fortschritt. Und auf den Tabakfeldern arbeiteten die ersten schwarzen Sklaven – noch ein Fortschritt, denn ein richtiger Master machte sich die Hände nicht schmutzig. Die Schwarzen hackten das Unkraut fort, wie die Weißen zuvor die Powhatans beseitigt hatten – das war der Sinn der neuen Zivilisation. Das Unkraut war, wie zuvor die Powhatans, dem vernünftigen Bemühen um Profit im Wege, aber Profit war nun, was die Welt dynamisch in Bewegung hielt. Die »Virginia Company« erwartete Profit, auch jeder der Masters erwartete ihn, er war der Sinn des Lebens, die Zeit der Genügsamkeit war vorüber.

Und ferner: Die weißen Masters hätten ja vielleicht über das Schicksal der Powhatans mit sich reden lassen, aber waren die »savages« nicht frech geworden, renitent, feindselig? Hatten sie nicht so getan, als hätten sie ewigen Anspruch auf dieses Land an der Chesapeake Bay? Und waren sie nicht gar, als sich Jamestown immer mehr ausbreitete, bösartig geworden und hatten das ernste Profitstreben der neuen Kultur bedroht?

»Bestien« nannten sie die Powhatans in der Zeit, in der die mählich wegstarben, und »Bestien« waren dann später die Indianer überall im Lande, und zwar gleichgültig, ob sie wehrhaft oder pazifistisch waren, freundlich oder distanziert argwöhnisch. »Bestien« war der verbale Freibrief für ihre Behandlung, war die landesweit vorgenommene Feststellung, daß es sich bei ihnen nicht wirklich um Menschen handelte, sondern bloß um Unrat in Menschengestalt. »Den Indianer zum bösartigen Biest zu stempeln«, so erkennt denn auch der amerikanische Historiker Gary Nash, »war ein Weg, die Zukunft vorherzusagen, sich für sie zu präparieren, war auch eine Möglichkeit, zu rechtfertigen, was man tun würde, ehe man dann einen Vorwand schuf, es wirklich zu tun.«

Ja, sie schufen den Vorwand, millionenfach schufen sie ihn, aber das war nur, sozusagen, Flurbereinigung, war wie Waldeinschlag und Unkrautrodung. Das war unumgänglich, wenn der neue Geist tätig sein wollte. Erst als die Powhatans spurlos verschwunden waren, ließ sich ungestört profitieren, also war ihr Verschwinden in einem höheren Sinn legitim.

An den Küsten, wo sich die ersten Landinseln des neuen Geistes bildeten, war schon bald nach der Ankunft der Europäer nichts mehr, wie es zuvor durch die Jahrhunderte gewesen war. Die riesigen Sägemühlen leiteten ihren Dreck in Flüsse, die zum Meer strömten. Die ersten Ortschaften, aus denen rasch kleine Städtchen und dann ausgewachsene Städte wurden, ließen ihre Fäkalien und Abfälle in das große Wasser ab. Das frühe New York stank, berichteten Zeitzeugen, wie eine Kloake, noch in der Hauptstadt New York – George Washington sah das mit Befremden – warfen die Bürger ihre Exkremente auf die Straßen, in denen sich Schweine suhlten. Giovanni da Verrazano, vermutlich, hätte New York nicht mehr erkannt.

Denn Giovanni da Verrazano, als er am 17. April 1524 ein bißchen südlich von Cape Cod mit seinem Segelschiff »Dauphin« vor dem nachmaligen Manhattan ankerte, berichtete noch, er habe schon Tage zuvor gewußt, dem Land nahe zu sein, denn es habe den Geruch eines paradiesischen Gartens verbreitet, in dem alles in voller Blüte stand. Riesenhafte Erdbeerteppiche sah Verrazano im hügeligen Wald der vor ihm liegenden Insel, Wein rankte am Ufer klarer Bäche und trug schwere Frucht, allenthalben gedieh prächtigste Vegetation, massenhaft tummelte sich Wassergeflügel, Weißkopfadler schwebten über dem Wald, und im Wasser beobachtete Giovanni da Verrazano einige der größten Hummer, die der erfahrene Seemann je zu Gesicht bekommen hatte.

Ganz ähnlich sah auch Henry Hudson das Land, als er 1609 mit seiner »Halve Maen« vor »Manna-hatin«, der »Insel der Hügel«, erschien, auf der sich ein paar kleine Indianervölker niedergelassen hatten. Auch Hudson bemerkte schon weit draußen auf hoher See den »süßen Duft«, der von der Insel und dem dahinter liegenden Festland kam, und auch er, obwohl eher ein gefühlsarmes Rauhbein, war beeindruckt von der prallen Vegetation, aber anders als Verrazano, der das Land nur vom Meer aus betrachtete und dann wieder die Segel setzen ließ, drang Hudson mit seinem Schiff über den später nach ihm benannten Fluß in den heutigen New York State bis etwa zur Höhe der jetzigen Staatshauptstadt Albany vor – und vollzog in wenigen Wochen, was sich später über quälende Ewigkeiten erstrecken würde.

Hudson, er zuerst mit seiner Crew, die aus Banausen bestand – später würde sie den Kapitän meuternd auf hoher See aussetzen und in den qualvollen Tod treiben lassen –, hinterließ bei den Indianern die Besuchskarte der neuen Zivilisation, nämlich: Hudsons Erster Maat erschoß einen Indianer. Hudsons Schiffskoch hackte einem Indianer, der sich an den Bootsrand geklammert hatte, die Hand ab. Hudson selber ließ am Abend ein paar Indianer an Bord, und dann wurden sie alkoholisiert und gedemütigt, die weiße Crew schlug sich vor Vergnügen auf die Schenkel.

Indianer waren wie lustige Affen im Zoo. Sie waren einfältig und zweifelsfrei nicht wie richtige Menschen. Und auf sichtbarste Weise primitiv waren sie, lächerlich gekleidet und sämtlich verhaltensgestört, aber sie waren dann doch auch jäh bösartig, wenn man zum Beispiel einem von ihnen die Hand abhackte. »Wir schossen«, notierte Hudsons Bootsmann Robert Juet, als die »Halve Maen« nach ihrer Exkursion in das Landesinnere wieder vor »Mannahatin« in der Flußmündung lag, »sechs Musketen und töteten zwei oder drei von ihnen«, und dann segelte die »Halve Maen« wieder ab, und die Crew amüsierte sich noch tagelang über die Idioten im Wald, und nur wenig später schrieb eine der ersten holländischen Siedlerinnen auf der Insel, die nun bald nicht mehr »Mannahatin«, sondern in der Sprache der Weißen »Manhattan« heißen würde, in ihr Tagebuch: »Als die ›Halve Maen‹ wieder auslief, hatten die Roten Menschen die ersten Schritte zur Zivilisation hinter sich: Sie hatten erlebt, was Feuerwaffen anrichten können; sie hatten sich betrunken, und sie hatten Begehrlichkeiten auf die Gebrauchsgegenstände der Europäer entwickelt.«

Natürlich reisten die Verrazanos und Hudsons damals nicht gefahrvoll über die Ozeane, um Vegetation zu bestaunen oder sich über fremde Menschlichkeit zu amüsieren. Ihr Motiv war der Raub. Sie suchten nach Handelswegen, nach neuen Handelsplätzen, aber vor allem suchten sie »Schätze«, und wohin sie auch immer kamen: Sie wußten sich legitimiert, die Schätze an sich zu nehmen.

Genauso war das 1492 schon mit Christoph Columbus gewesen; auch er sah fremdes Land mit dem gierigen Blick des Räubers und war jenen verwandt, die ein paar Jahrhunderte später ihre gierigen Blicke über die Weiten des nordamerikanischen Kontinents würden schweifen lassen. »Perlen, Edelsteine, Gold und Silber«, hatte der Mann zu finden gehofft, dessen die Welt 1992 aus Anlaß der 500. Wiederkehr des Jahres gedenkt, in dem er auf seinen folgenreichen Beutezug ging: ein Mann, der dafür geehrt wird, daß er Diebstahl ankündigte und einen Doppelkontinent ins raubende Unglück stürzte.

Er war der Pfadfinder; das würdigten ein bißchen später auch die »pioneers« und ihre Kinder. Er, er mehr als irgend jemand sonst, weckte mit seinen »Perlen, Edelsteinen, Gold und Silber« die träumende Begehrlichkeit, die dann zu ganzen Feldzügen nach »Amerika« führte. In ihm, in seinen Absichten konnten sich die »pioneers« und ihre Nachfahren erkennen: Sie ehrten ihn, indem sie in ihrem Land mehr Städte und Weiler und Landkreise und Straßen oder Plätze nach ihm benannten als nach irgend jemandem sonst; selbst ihre Hauptstadt errichteten sie in einem Gebiet, das sie »District of Columbia« nannten.

»Sie sollten gute Diener abgeben«, notierte Christoph Columbus, nachdem er seine ersten Begegnungen mit den Einheimischen hinter sich hatte, die über die Maßen freundlich und arglos waren; etwas anderes kam dem Herrenmenschen nicht in den Sinn. Und: »Sie sind feige«, schrieb er frohlockend auf, und: »Sie wissen gar nicht, was Bösartigkeit ist«, und, wie ungewöhnlich: »Sie morden und stehlen nicht.«

»Sie lieben ihren Nächsten wirklich wie sich selber«, verwunderte sich der Mann, der gekommen war, seinen Nächsten zu berauben, und: »Sie sind die besten Menschen der Welt, und vor allem sind sie die freundlichsten Menschen«. Er befahl, und »sie tun, was man sie zu tun heißt, ohne jeden Widerspruch«, und dann hatte er eine schöne weiße Vision und schrieb auch sie auf: »Mit fünfzig Mann könnten sie alle unterworfen und dazu gebracht werden, das zu tun, was man von ihnen verlangt«, schrieb er, denn, wichtig: »Sie kennen keine Waffen«, und als Columbus den so sonderbar Friedfertigen sein Schwert zeigte, schnitten sie sich an ihm, denn sie konnten wirklich nicht mit Mordinstrumenten umgehen, und sie waren erschrocken über das verflossene Blut.

So waren sie auf Hispaniola, wo Columbus sie traf, und so waren die weitaus meisten auch auf dem nordamerikanischen Festland, wo dann später die Columbus-Gefolgsleute ihr Amerika entdeckten und den Einheimischen begegneten. Naive Freundlichkeit brachten sie den Fremden entgegen, eine naive, vielleicht mit ein wenig Furcht untermischte Erwartung, daß auch die weißen Menschen nur Kinder der »großen Mutter« wären, daß sie sich, um es in der Sprache der Gegenwart zu sagen: wie Gäste benehmen würden.

Aber so, natürlich, war es bei den »pioneers« nicht, so war es auch nicht bei Christoph Columbus. Sie waren nicht Gäste, sie waren raubende Inhaber. Nicht um Frieden zu halten, waren sie gekommen, sondern um zu unterdrücken. Als revolutionäre Profiteure kamen sie, als kaltherzige Despoten, die immerzu nach »Perlen, Edelsteinen, Gold und Silber« Ausschau hielten oder doch wenigstens, wenn es das nicht gab, nach anderen Schätzen. »Was die Menschen von Hispaniola am meisten verblüffte«, schreibt Kirkpatrick Sale über die Begegnung, die Geschichte machte, »war nicht so sehr die Gewalttätigkeit der Weißen, noch nicht einmal ihre Gier, sondern ihre Kälte, ihre Gefühllosigkeit, die Abwesenheit jeglicher Liebe.«

Die Naiven verstanden das nicht: Sie standen im dringenden

Verdacht, alle, von »Perlen, Edelsteinen, Gold und Silber« zu wissen. Sie wurden, alle, verdächtigt, über den Code zu verfügen, der den ersehnten Zugang zu »Schätzen« erlauben würde. Sie waren, alle, Feinde, die mutmaßlich über den Stoff verfügten, der allein die Weißen bewogen hatte, die Beschwernis der transatlantischen Reise auf sich zu nehmen. Sie standen, kurz, im Weg, hier auf den Inseln von Hispaniola wie dort auf dem Festland.

Also wurden sie aus dem Weg geräumt, wiederum hier wie dort. Etwas weniger als acht Millionen Menschen, so schätzen Historiker, lebten zu der Zeit, zu der Christoph Columbus erstmals die Segel setzen ließ, auf Hispaniola; am Ende des spanischen Raubzuges waren es noch ein paar hunderttausend. Und etwa acht Millionen Menschen – nach anderen Schätzungen mehr als 20 Millionen – lebten, als sich am Anfang des 17. Jahrhunderts an der Ostküste des nordamerikanischen Festlandes die ersten Kolonien der weißen »Amerikaner« bildeten, zwischen dem Atlantischen und Pazifischen Ozean, und wiederum: Am Ende der Schatzsuche, als aus ihr ein weißer Staat geworden war, lebten nur mehr 350 000.

»Amerika«, wie es die Moderne kennt, begann mit einem Genozid; ihn feiern die Weißen, wenn sie 1992 ihre Columbus-Festivals arrangieren. Sie feiern, daß es ihnen gelang, Menschen zu »Bestien« zu erklären, die dann folgerichtig zu beseitigen waren. Denn auch Columbus' naive Partner wurden mählich im Sprachgebrauch der Weißen zu den »Bestien« und »savages« der »pioneers«, wie besonders die katholische Kirche bezeugte, die es mit ihrer Bemühung nicht leicht hatte, die »Ungläubigen« zu bekehren, wie der Dominikanermönch Tomás Ortiz im Jahr 1550 dem »Spanischen Rat für die Indischen Inseln« berichtete: »Sie neigen mehr zur Sodomie als irgendeine andere Nation«, referierte der Gottesmann, und: »Es gibt keine Gerechtigkeit zwischen ihnen. Sie leben nackt. Sie haben keinerlei Respekt für Liebe oder Jungfräulichkeit oder Unschuld. Sie sind verrückt und blöde. Sie haben keinen Respekt für die Wahrheit, es sei denn, sie können mit ihr einen Vorteil erzielen. Sie sind labil. Sie sind undankbar. Sie sind brutal. Je älter sie werden, desto bösartiger entwickeln sie sich; im Alter werden sie wirklich wie brutale Bestien. Ich kann deshalb bestätigen, daß Gott nie eine Rasse schuf, die voller von Übel war und weniger Güte und Kultur besaß.« Und ganz wie der Kuttenträger schätzte auch Miguel Corte Real das fremde Gelichter ein, als er am 11. Oktober 1501 mit seinem Schiff in Lissabon einlief und 50 Indianer vom Volk der Beothuk an Bord hatte, Individuen »mit absolut bestialischen Manieren«, wie Kommandant Real berichtete, aber auch »mit ungewöhnlich gutgeformten Leibern«, so daß der Seefahrer fand, seine Fracht wäre »exzellent für Zwangsarbeit geeignet und die besten Sklaven, die bisher beschafft werden konnten«.

Das waren Bulletins, die weit über den »Spanischen Rat für die Indischen Inseln« hinaus, weit auch über die Zeit hinaus wirkten, in denen sie verfaßt wurden. Am Ende verdichtete sich zu der Zeit, zu der die Alte Welt im Ernst aufbrach, um sich die Neue Welt untertan zu machen, das Bulletin auf diese Wesentlichkeiten: Erstens war die Wahrscheinlichkeit nach wie vor groß, daß Amerika große Schätze beherbergte, womöglich gar das legendäre El Dorado, das Goldland, und zweitens wurde diese Neue Welt von Menschen bewohnt, denen selbst die katholische Kirche ganze Menschenart nicht zusprechen mochte. Sie waren, sozusagen, schlachtreif. Erbarmen mit ihnen war gänzlich unangebracht, auch Verständnis für ihre albern uneinsichtige Fortschrittsfeindlichkeit. Sie waren niederes Leben und abräumbar, wenn denn anders die Errichtung eines weißen Amerika nicht möglich war.

Sklaven? Die von Kommandant Real angeregte Sache, wie man weiß, zerschlug sich; noch nicht einmal dazu taugten die »savages«. Aber der weiße Pioniergeist, wie man ebenfalls weiß, kannte anderen Rat, als er sich des amerikanischen Doppelkontinents bemächtigte: Er holte sich Sklaven, und zwar millionenfach, aus Afrika, und unter so grauenhaften Umständen holte er sie, daß zeitweise der Kongo nicht schiffbar war, denn er war mit Leichen bedeckt, die eigentlich als käufliche Ware in Amerika umgeschlagen werden sollten, und als der Sklavenhandel beendet war, hatten 60 Millionen Schwarze als Sklaven den Tod gefunden, so daß die

Neue Welt nicht nur mit dem Genozid an den Völkern der Eingeborenen zu erblühen begann, sondern auch mit dem an den Schwarzen.

Das fanden die »pioneers« vor, und für den Rest, was die Indianer anging, sorgten sie selber. Es schreckte sie nicht, daß sie es mit Sklaven und mit »savages« zu tun haben würden. Kaum ein Europäer wanderte im 19. Jahrhundert aus, der nicht wußte, daß er sein Glück in einem Meer von Blut der Indianer und der Schwarzen machen und vom Elend der überlebend Unfreien profitieren würde. Sie waren alle kleine Columbusse und Pizarros und Cortez, sie waren alle, so unscheinbar sie auch aussahen, als sie in New York von Bord gingen, Raubritter und »überlegene Rasse« zugleich – und doch und trotz allem: Sie fanden sich in »God's own country« wieder, im »neuen Zion«, wie die »Mayflower«-Einwanderer in Massachusetts ihre neue Heimat nannten, in »der leuchtenden Stadt auf dem Hügel«.

Der Mann, dem die sonderbare Metamorphose vom Raubritter- zum Vorbildland schreibend gelang, hieß Frederick Jackson Turner. Er war Historiker, patriotischer Historiker, und er schrieb die Geschichte der »pioneers« und »settlers«. Aber er schrieb die Geschichte nicht nur, sondern etablierte eine Historikerschule, die den epochalen Vorgang der Landnahme auf eine für die junge Nation höchst erhebende Weise romantisierte und demokratisierte. Er war der Begründer des amerikanischen »jingoism«, des Chauvinismus, der auch 1991 noch kräftig lebt. Sein Geschichtsbild und das seiner Epigonen – das bald darauf auch das in Europa geltende Geschichtsbild wurde – war schwärmerisch, ethnozentrisch, eine frühe Form der »Blut und Boden«-Phantasien deutscher Nazis – und so verlogen wie sie.

Turner sah, wo sich »pioneers« und »settlers« bewegten, nur grundgute Menschen am Werk. Industrielle Menschen sah er, von vorbildhaftem Fleiß und tadellosem Charakter, fromm und selbst dann patriotisch, wenn sie noch nicht einmal die Sprache des Landes beherrschten. Er sah Solidarität allenthalben, diszipliniert erobernde Brüderschaft, lauter Gotteskinder.

Turners »Wilder Westen«, kurz, war der des späteren Hollywood: Tapferkeit. Hilfsbereitschaft. Abendgebet. Arm in der Blockhütte, aber glücklich, und womöglich ein Bildnis von George Washington an der Wand. Und, natürlich, patriotisch wachsam bewaffnet.

Der Mythos von den demokratischen Heroen des »Wilden Westens«, den Frederick Jackson Turner mit nachhaltigem Erfolg begründete, war einer der wesentlichsten Geburtshelfer der Nation und ihres Selbstverständnisses. Er verklärte national, was in Wahrheit eine Kette unentschuldbarer Monstrositäten war. Er verklärte insbesondere die Gewalt und machte aus ihr einen gottgesegneten Schöpfungsakt, aus dem ein stolzes Volk erwuchs. Es gab mit Turners amerikanischer Geschichte kein schlechtes Gewissen, es gab nur lauter Gründe, in der Besiedlung einen Vorgang zu sehen, der auf wunderbare Weise nicht nur einen gänzlich neuen, sondern einen besseren Menschen schuf.

»Die Wildnis«, dichtete der Historiker, »bezwingt den Kolonisten. Sie sieht ihn als Europäer. Er ist europäisch gekleidet, arbeitet europäisch, reist wie ein Europäer und denkt wie er . . . Aber dann nimmt ihm die Wildnis die Kleidung der Zivilisation und ersetzt sie durch Mokassins und das grobe Jagdhemd. Nicht lange darauf hat er gelernt, indianischen Mais zu pflanzen und mit einem scharfen Dorn zu pflügen. Er stößt den Kriegsschrei aus und nimmt den Skalp nach der orthodoxen Art der Indianer . . . Nach und nach verändert ihn die Wildnis, und das Ergebnis ist nicht mehr der Mensch des alten Europa . . . Tatsache ist, daß er ein neues Produkt, daß er Amerikaner wurde . . . Das Vordringen der Grenze bedeutet eine ständige Bewegung fort von europäischen Einflüssen. Dieses Vordringen zu beobachten: Das ist das Studium des wirklich amerikanischen Teiles unserer Geschichte.«

Einen »neuen Menschen«, ganz so wie Karl Marx, sah Frederick Jackson Turner in der Zeit der »pioneers« entstehen, einen sonderbaren Mutanten, der vom, sozusagen, europäischen Softy zum amerikanischen Muskelmann wurde – das Bild gefiel der Nation, wie ihr auch schon Thomas Jefferson gefallen hatte, der sich gern im

Ton abgründiger Verachtung über Europa und die Europäer äußerte. Die schneidige Militanz des prototypischen »pioneer«, den Turner da schilderte, sein zielgerichtetes »Vordringen«, seine kühle Sachlichkeit – da war nichts vom Mord an den Indianern, nichts vom Verbrennen indianischer Wintervorräte, nichts von Frevel an der Natur, nichts von der kranken Gier, die den »pioneer« trieb, in Turners Geschichtsbild gab es das alles gar nicht.

Und nicht nur, behauptete Turner, die individuelle Verwandlung von Europäern zu Amerikanern fand, und zwar massenhaft, auf dem Raffzug nach Westen statt, sondern auf nicht minder wunderbare Weise die staatsbildende Heraufkunft einer spezifisch amerikanischen Demokratie, denn: »Die amerikanische Demokratie ist im wesentlichen das Ergebnis der Erfahrungen des amerikanischen Menschen im Umgang mit dem Westen des Landes. Die amerikanische Demokratie kam aus dem Wald und kräftigte sich jedesmal, wenn sie eine neue Grenze erreichte. Nicht die Verfassung, sondern das freie Land . . . prägte den demokratischen Typus der Gesellschaft in Amerika.«

Blut und Boden, nichts als Blut und Boden; Mr. Turner hätte im ersten Drittel des 20. Jahrhunderts in Berlin oder in München, der deutschen »Hauptstadt der Bewegung«, einen prächtigen Nazi abgegeben. Denn sein »Umgang mit dem Westen des Landes«, der vermeintlich Demokratie stiftete, war ja in Wahrheit nichts anderes als die blutige Forträumung der »savages«, der im Vorwege zu »Bestien« erklärten Indianer, war das Menschenrechtsverbrechen, und die »aus dem Wald« gekommene Demokratie, die sich jedesmal kräftigte, »wenn sie eine neue Grenze erreichte«: War das nicht Hitlers Traum von den germanischen Erbhöfen in der Ukraine? Und war nicht der »neue Mensch«, den Turner wundersam in der amerikanischen Wildnis entstehen sah, Hitlers Arier, nämlich besser als andere Menschen, nicht nur anders, sondern besser, unwiderstehlich und hart wie Kruppstahl – »und morgen die ganze Welt«?

»Alles war gut«, sagte Frederick Jackson Turner über die Zeit, in der eine Nation gewaltsam ihre Werte begründete, und sein Echo ging tausendfach durch das Land und führte der Nation immerzu neue Selbstbestätigung zu und neue Selbstgerechtigkeit und neue Sicherheit, in Wahrheit in »God's own country« zu leben.

Erst 1990 hat erstaunlicherweise unter amerikanischen Historikern nicht nur eine lebhafte Debatte, sondern ein veritabler Streit darüber eingesetzt, was eigentlich bei der Geburt der Nation wirklich geschah. Der Streit wurde, bemerkenswert genug, durch Geschichtswissenschaftler in Gang gesetzt, die als »68er«-Studenten die Unruhen der Universitäten zu den Zeiten des Vietnamkrieges erlebten. Inzwischen selber zu Professoren herangewachsen, exhumierten die jungen Historiker den Spruchfabrikanten Turner – und überführten ihn des Schwindels, und zwar des Schwindels en gros. Sie enttarnten den patriotischen Humbug, der über Jahrzehnte als Geschichtsschreibung gegolten hatte, als bloße Makulatur, als ganz unbegründete Heroisierung, geschrieben zu dem einzigen Zweck, Fragwürdigkeiten und eklatante Verbrechen zu kaschieren. Sie sahen genauer hin als Mr. Turner, und sie fanden, zum Beispiel: Vor 1780 waren 75 Prozent aller Weißen, die südlich von Neu-England lebten, keineswegs die von Turner beobachteten Wald-Demokraten und auf dem geheimnisvollen Weg vom Europäer zum Amerikaner in Mokassins, sondern sie waren abhängige Diener, unfreies Gesinde, und sie wurden von ihren Herrschaften nicht viel besser als schwarze Sklaven gehalten, denn die Gesellschaft war nicht demokratisch, sondern plutokratisch war sie, frühkapitalistisch, und frei war in ihr nur, wer Besitz hatte.

Und keineswegs, so ermittelten die jungen Historiker, war es so, daß die »pioneers« und frühen »settlers«, wie Turner meinte, zielgerichtet und pflichtbewußt ein Stück Land unter den Pflug mit »dem spitzen Dorn« nahmen, vielmehr: »Der Schlüssel zur Besiedlung des amerikanischen Westens«, so ermittelte der Historiker David Brian Davis, »war unkontrollierte Spekulation mit Land, oft begleitet von massenhaftem Landdiebstahl und von Betrug«, denn: »Besessen von dem Willen, möglichst schnell Profit zu machen, raubten freibeuterische Kapitalisten die wertvollsten Wälder und mineralreichsten Ländereien, während kleine Farmer ihre Böden ruinierten. «Die von Frederick Jackson Turner – und der Nation – so gern und liebevoll als gloriose Ära betrachtete Zeit der Besiedlung war in Wahrheit, weiß Professor Davis, »eine einzige Vergewaltigung des gemeinsamen Besitzes der Nation nach dem Grundsatz: Alles ist erlaubt«.

Im großen Casino spielten sie Poker und Black Jack mit dem Land, und fast jeder spielte mit, und jeder spielte nach seinen eigenen Regeln, und eine ordnende Aufsicht gab es nicht, denn: »Die Idee der Besiedlung des Landes«, so hat der Historiker Marshall Sahlin ermittelt, war eben gerade nicht, in kommunaler Ordnung zu leben, sondern »jenseits der Gesellschaft zu existieren und ihrer Ordnung zu entgehen«, die Idee war, zu Geld zu kommen, und zwar rasch zu viel Geld zu kommen, und viel Geld ließ sich am ehesten mit Landspekulation machen, und also spekulierten sie. »Tatsächlich«, weiß der – mit dem flunkernden Turner nicht verwandte – amerikanische Historiker Frederick Turner, »scheint es nie so etwas wie eine Klasse ständiger Siedler gegeben zu haben, denn die meisten empfanden sich zum mindesten teilweise als potentielle Grundstücksmakler«, und: »Die Bundesregierung in Washington war mit bemerkenswerter Stetigkeit unfähig, Besitzstandsverhältnisse so zu kodifizieren, daß sie die Position individueller Siedler dem Landspekulanten gegenüber verstärkt hätten. In Wahrheit war freilich die Regierung selber die Manifestation einer Kultur, die sich längst der Spekulation in unbekannte Länder hingegeben hatte.«

Haie waren unterwegs, als Turners Demokratie aus dem Wald kam, und sie richteten die größte ökologische Katastrophe ihrer Zeit an. Wie in den 80er Jahren des 20. Jahrhunderts, als die Wirtschaft mit der Hilfe von »junk bonds« zum Schein blühte und jeder, der dazu nur irgend in der Lage war, beim großen Spiel um den großen Coup mitmachte, spekulierten sie auch damals schon um das »big killing«, und ebenso wie in der Reagan-Ära gab es auch damals keine ordnende Autorität, sondern nur den »freien Markt« gab es, der als Ordnung galt, und dann, das war 1837, besorgte der »freie Markt«, was er seither mit furchterregender Häufigkeit anrichtete: Er besorgte einen »crash«, eine Finanzpanik, die irrwitzige Landspekulation explodierte und löste aus, was ein amerikanischer Historiker einen »spirituellen Bankrott der jungen Nation« nannte.

Es gab massenhaft Konkurse, massenhaft zerschlagene Träume, nacktes Elend gab es, wo eben noch Hoffnung auf den Jackpot geherrscht hatte, traumatische Ernüchterung folgte auf raffende Gier. Es gab, wie auch später ganz üblich, gewalttätige Reaktionen auf das Desaster, Mord und Totschlag und die Kriminalität, die Kind der Verzweiflung sein kann; der »freie Markt« holte sich seine Opfer.

Der »spirituelle Bankrott« unterbrach das Treiben im Tollhaus, aber er beendete es nicht dauerhaft; auch spätere Bankrotte haben das nicht vermocht. Schon in der Tiefe der Finanzpanik begriffen die überlebenden Haie, daß gerade jetzt, in der Zeit der zusammengebrochenen Landpreise, das wirklich ganz große Geschäft zu machen war, und dann belebte sich der Landhandel mählich wieder, und das große Spiel begann von neuem, wieder war jeder seines Glückes Schmied, und wieder galt, was sogar schon für die frommen »Mayflower Pilgrims« gegolten hatte, die doch eigentlich nach Amerika gekommen waren, um Gott und nur Gott zu dienen und dem Materialismus zu entsagen, denn auch sie »ergaben sich«, berichtet der Historiker Frederick Turner, »bereits in den letzten Jahren des 17. Jahrhunderts«, also ein rundes halbes Jahrhundert nach ihrer Ankunft, »gänzlich dem Kommerz«, wozu, wie später überall auch und besonders die Verfolgung der kommerzhindernden Indianer gehörte, aber, wie ein Frommer aus Massachusetts nach der Tötung von 500 Indianern der Nachwelt hinterließ: »Wir hatten für unser Tun die Erleuchtung des lebendigen Gotteswortes.«

Aber hatte es dann nicht 1862 die alles konsolidierende »Homestead Act« gegeben, die agrarische Demokratisierung des Landes, die große Chance für den »little guy«, die Erfüllung des Jeffersonschen Traumes von der frommen Arbeitsamkeit seßhafter Farmer?

Tatsächlich war die »Homestead Act« eine zugkräftige Attraktion für Europäer, die eine Auswanderung in die Vereinigten Staaten erwogen, und so war sie vom Gesetzgeber auch gedacht, denn er brauchte neue Bürger, er brauchte viele, sehr viele Bürger, um das Land auch wirklich zu bevölkern, das er bis dahin nur besaß. Er brauchte, sozusagen, zivile Soldaten, die ins Land gingen, wo leider immer noch Restbestände der Indianer ihr fortschrittsfeindliches Unwesen trieben und uneinsichtig am Land ihrer »Mutter Erde« festhielten.

Das Angebot der »Homestead Act« war verlockend: Jeder Bewerber durfte gegen eine sehr geringfügige Gebühr und das Versprechen, mindestens fünf Jahre lang auf der »Heimstätte« zu bleiben, 64,8 Hektar Farm- oder Ranchland in Besitz nehmen und doch wenigstens einen kleinen »American dream« realisieren.

Aber ganz anders, als es die patriotische Geschichtsschreibung will, war auch die »Homestead Act« ein großer Mißerfolg. Viele, wenn nicht gar die meisten der »Homesteaders« gingen rasch bankrott oder gaben entmutigt auf oder ließen sich ihr Anwesen von Landspekulanten abschwatzen, die allein durch »Homesteaders« zu immensen Ländereien kamen. Andere Neu-Farmer ruinierten ihre Böden durch Unkenntnis oder, wie die frühen Tabakfarmer von Virginia, durch Raubbau, wieder andere packten einfach ihre Sachen und zogen weiter und hofften irgendwo anders auf das Glück.

Am Ende war die »Homestead Act« ebenso ein Schlag ins Wasser wie schon ein knappes Jahrhundert zuvor die vom Kontinentalkongreß 1787 erlassene »Northwest Ordinance«, die Prinzip und Organisation der territorialen Expansion festlegen sollte, auch demokratische Einrichtungen und lokale Selbstverwaltungen vorsah, aber auch sie erwies sich unter dem zügellosen Ansturm der landnehmenden Maßlosigkeit als bloße Amtsfassade, um die sich kaum jemand kümmerte. Der »rugged individualism«, der nur ein Synonym für störrischen Egoismus ist, ließ sich nicht ordnen. Er hatte sich nicht Hunderte, ja Tausende von Kilometern durch das Land geplagt, um einer »Ordinance« zu parieren, die obendrein ernsthaft gar nicht exekutiert wurde, vielmehr: »Alles war erlaubt«, auch damals schon.

1890, als die »manifest destiny« erfüllt und in Vollzug der »offenkundigen Vorsehung« das ganze Land von Küste zu Küste genommen und indianischer Widerstand im wesentlichen gebrochen war, hatten die Raffer gewonnen. Sieben Achtel allen Farmlandes westlich des Mississippi befanden sich zu diesem Zeitpunkt nicht im Besitz von Farmern oder Ranchern, sondern waren Eigentum städtischer Kapitalisten, die das Land hielten wie ihre Nachkommen die »blue chips« an der Börse in New York City, und weitere 50 Jahre später waren im Süden des Landes 47 Prozent aller Farmer in Wahrheit eben nicht Farmer, sondern bearbeiteten das Land für »absentee« – Landbesitzer, für städtische Kapitalisten, die es durch Spekulation in ihren Besitz gebracht und den »tenants« oft genug Halbsklavenzustände aufgezwungen hatten, vor allem den schwarzen »share croppers«, die, so hart sie auch arbeiteten, nie auf einen grünen Zweig kamen und tief in der Schuld der weißen Spekulanten blieben.

Die Besiedlung des Landes, die Erschaffung der Nation, die Phase, in der sie dauerhaft ihre Wertordnung begründete und gleichsam ihren Charakter ausformte, war, so findet Professor Davis, »eine triste Geschichte von Verschwendung, Betrug, Gewalt und Selbstverherrlichung«, und sein Kollege Donald Worster von der »University of Kansas« fügt an: »Die Besiedlung der ›Great Plains‹ war eine Katastrophe im Weltformat, auch wenn wir das immer noch nicht zugeben.«

Die »Great Plains« – das ist etwa ein Fünftel der Landmasse der 48 zwischen Kanada und Mexiko gelegenen Bundesstaaten und erstreckt sich über zehn von ihnen – stehen exemplarisch für den Geist, der sich mit den Weißen über das fremde Land ergoß.

Sie sind schön, »rolling country«, aber auch »big sky country«, Prärie, über die ein steter Wind geht. Sie waren die Heimat einer Reihe von Indianervölkern, die, da der wasserarme Boden sie dazu zwang, ständig durch das weite Land zogen und einsichtig darauf verzichteten, an einer Stelle ständig zu siedeln. Sie gestatteten der

Erde, auf die in der Regel weniger Regen fiel, als für den ständigen Getreideanbau nötig ist, die stete Regeneration, denn sie verstanden die Erde, anders als die Weißen, nicht als Verbrauchsartikel, sondern als etwas, das sie »von unseren Kindern nur geliehen« hatten.

Sie lebten gut, sie hatten ihr Auskommen, sie entbehrten nichts. Es wuchs eine erstaunliche Fülle der Vegetation – die hier ziehenden Indianer kannten allein 70 verschiedene Grasarten; 1991 wuchsen in den »Great Plains« gerade noch drei Variationen –, deren sich die Kundigen bedienten, aber vor allem: Riesenhafte Buffalo-Herden wanderten über die »Great Plains«, 60 Millionen Tiere, die so etwas wie die Existenzgrundlage der Indianer darstellten, was ihnen wiederum bedeutete: Mit den Buffalos war pfleglich umzugehen.

Keine Jagd zum Jux. Keine Jagd für Trophäen. Auch die Buffalos waren, da Kinder der »Mutter Erde«, Brüder und Schwestern, auch sie Teil der großen Harmonie der Natur. Und anrührende Bilder gaben sie ab, wenn sie zogen, und manchmal, wenn sie sich jäh und schwer galoppierend in Bewegung setzten, vibrierte die Erde unter ihren Hufen.

So waren die »Great Plains« der Indianer, aber so blieben sie nicht. Die Zerstörung der »Great Plains« durch die neue Zivilisation der weißen Amerikaner geschah mit bestürzender Geschwindigkeit. Womöglich noch dramatischer als in anderen Regionen des Landes kündigte sich in den »Great Plains« die Kultur an, die es später zu so auch genannten »Ex-und-hopp«-Produkten bringen würde. Die »Great Plains« wurden verbraucht und gleichsam fortgeworfen.

Denn: Buffalos – das waren den auch damals schon in die Feuerwaffe verliebten neuen Amerikanern ideale Ziele. Sie kamen und sie sahen und sie schossen, und sie hörten mit dem Schießen nicht mehr auf, der Buffalo war, sozusagen, wozu ein bißchen früher im Nordosten der Biber hatte herhalten müssen. Buffalo-Felle waren zu versilbern, und Buffalo-Trophäen waren zu versilbern, und Spaß am Töten ebenso unförmiger wie nutzloser Tiere konnte man haben, die unmöglich, da doch nun die Weißen kamen, weiter frei über die Prärie ziehen konnten. Der Buffalo wurde zum Wegwerfartikel.

Die Weißen brauchten in den von den Indianern sorgsam über die Jahrhunderte gehüteten Regionen nur drei Jahrzehnte, dann waren die Buffalo-Herden verschwunden, 60 Millionen Tiere. Colonel Richard I. Dodge, stationiert am Arkansas River, bezeugte: »Wo 1872 noch Myriaden von Buffalos grasten, lagen 1873 Myriaden von toten Tierkörpern. Die Luft war voll von widerwärtigem Gestank, und aus dem Osten der ›Plains‹ war eine tote Wüste geworden.« Die neuen Vereinigten Staaten hatten ihren Antrittsbesuch gemacht.

1880 war der Süden der »Great Plains« nach einem unvorstellbaren Blutbad von Buffalos frei; nun begann der massenhafte Totschlag des Vergnügens und des Profits weiter nördlich im heutigen Wyoming, in Montana und den westlichen Dakotas. 1882 wurden aus diesen Gebieten noch – lauter schnelles Geld – 200 000 Buffalo-Felle versandt, 1883 noch 50 000 und 1884 nur mehr 300, und dann war das Geschäft vorüber, und die Schützen wandten sich anderen Einnahmequellen und Zielen zu.

Ein sehr besonderer Landstrich war gemordet, ein ökologischer Kreislauf ruiniert, die Existenzgrundlage der Indianer zerstört, ein weißer Triumph vollzogen. Sitting Bull, ein Sprecher der im Norden ansässigen Sioux-Völker, beklagte, sein Land – das natürlich in Wahrheit sein Land nicht mehr war – wäre »vergiftet von Blut«, und sagte: »Wir haben immer, wie wir das auch mit anderen Tieren hielten, Buffalos getötet, wenn wir sie töten mußten, um Nahrung oder Kleidung zu haben, also um zu überleben. Sie töten Buffalos – wozu? Die Tausende von Buffalo-Skeletten, die im Wind über die Prärie rollen – was ist das?«

Das war mehr als bloß das tragische Indiz für das Ende von kleinen Völkern, die mit der Natur umzugehen verstanden und ihre Gesetze respektierten. Die im Wind über die Prärie rollenden Tierskelette bezeichneten vielmehr die Ankunft des Menschen in seiner Eigenschaft als zwanghaft ausbeutender und zerstörender und gewissenloser Profiteur. Sie markierten die neue Kultur, die neue Zivilisation, die neue Ordnung, nämlich eine, die mit glänzenden Augen das Gewehr anlegte, bedächtig zielte und dann abzog.

Das tat nicht nur der »little guy«. Theodore Roosevelt, im frühen 20. Jahrhundert Präsident der Vereinigten Staaten, gab nicht Ruhe, bis auch er seinen ersten Buffalo vor der Flinte hatte, und als das Tier schwer stürzte, zelebrierte der Präsident seinen Mordschuß mit einem ausgelassenen Tanz und ekstatischen Bekundungen der Freude. So war der Mann, dessen Bildnis sich Präsident Bush in sein Amtszimmer hängen ließ, denn er betrachtete Roosevelt als sein präsidiales Vorbild, das, als er sein Amt in Washington verlor, nach Afrika ging und seinen Spaß hatte, und er schoß, assistiert von 500 Trägern, 512 Tiere, darunter drei Leoparden, 17 Löwen, zehn Büffel, elf Elefanten und 20 Rhinos.

Die Jagd des Präsidenten in Afrika mochte ein bißchen elitär gewesen sein, aber in den »Great Plains« fand sie demokratisch statt: Thomas C. Dixon brachte es zu einer gewissen Berühmtheit, denn er schoß in nur 40 Minuten 120 Buffalos ab. William F. Cody brachte es in 18 Monaten auf 4280 Buffalos und bewies seine Meisterschaft, indem er ein eintägiges Wettschießen gegen Billy Comstock mit 69 : 46 Kadavern gewann. Ein namentlich nicht genannter »pioneer« erlegte auf einer mehrwöchigen Expedition 2000 Buffalos, 105 Bären sowie 1600 Elche und Rehe. Jeder, der es nur irgend möglich machen konnte, kam in die »Great Plains«, um, solange noch Saison war, am Spaß und am Geschäft mit den Buffalos teilzuhaben.

Auch das war Freiheit. Jeder Mann, wie auch 1991 noch, hatte das in der Verfassung postulierte Recht, eine Waffe zu tragen, und natürlich nahm sich jeder Mann das Recht, sie auf einen Buffalo zu richten, mindestens auf einen. Das hatte so seine gute Ordnung wie jene, die von 500 Männern in der Hinkley Township in Ohio gehalten wurde, als sie einen Tag vor Weihnachten des Jahres 1818 bei einer Aktion, die sie »pest control« nannten, 300 Rehe erlegten. Und gute Ordnung war auch, daß »pioneers« im Mississippi-Tal 25

Millionen Acres Wald umlegten. Es war in Ordnung, daß bereits 1879 ein Viertel aller Wälder auf dem Territorium der Vereinigten Staaten abgeholzt war, und noch 1952 galt als Ordnung, was ein hoher Beamter des »Forest Service« so formulierte: »Bäume sind ein Getreide, das man ernten muß«, denn: »Wälder sind praktisch biologische Wüsten«, und noch 1991 werden in den Vereinigten Staaten Wälder nicht gerodet, sondern »harvested«, also »geerntet«.

Alles war in Ordnung, wenn sich als Folge der exekutierten Ordnung ein Profit ergab. Auch mit jener gespenstischen Szene hatte es seine Ordnung gehabt, in der 10 000 »pioneers« am 22. April 1889 um 12 Uhr mittags wie Rennläufer auf die Freigabe eines weiteren Stückes Indianerland in Oklahoma warteten, und dann ließen sie antraben und eilten ihrem Glück entgegen, und dann bearbeiteten sie ihr Land so, daß es schon bald in der Form schwerer, brauner Wolken über das ganze Land bis nach New York und über den Atlantischen Ozean trieb, denn sie hatten, und nicht nur in Oklahoma, ihr Land in die Erosion hineingearbeitet und es sehenden Auges und in der Hoffnung, wenigstens eine profitable Ernte würde es noch hergeben, gemordet.

Und dann? Sie zogen mit Planwagen davon, auf die sie schrieben: »In God we trusted, in Kansas we busted«, denn man mußte, was sie angerichtet hatten, nicht so ernst nehmen. Sie suchten sich neue Ausbeutungsterritorien, irgendwo, ganz gewiß, gab es sie. »You win some, you lose some«, sagten sie, denn so war das mit der Freiheit und dem »freien Markt«; alles hatte seine Ordnung.

Sie ersetzten in den »Great Plains« die Buffalos durch Rinderherden, denn Rinderherden versprachen nun schnelles Geld, und Mais und Weizen bauten sie an, auch damit war rasch Profit zu machen, aber der Prärieboden war damit überfordert, die »Great Plains« verkamen. Die »pioneers« hatten aus einer weithin baumlosen Steppe etwas machen wollen, was wider jede Natur war, aber sie hatten das nicht wahrhaben wollen, sie wußten alles besser, und die einredenden Indianer, fanden sie, waren nur dumm und rückständig, während sie »entrepreneurs« waren, mutig nach der Art eines guten

Kapitalisten, auch risikobereit, denn ohne Risiko gab es keinen Gewinn, und dann vollendeten sie ihren Landmord. »Das Problem damals«, sagt der Historiker Worster dazu, »war immer die Raffgier.«

Genau 100 Jahre nach der Ankunft das tatkräftigen Kapitalismus an der Westküste der Vereinigten Staaten, 100 Jahre nach der feierlichen Proklamation, daß die Besiedlung der Vereinigten Staaten abgeschlossen sei, sind große Teile der »Great Plains« so etwas wie das Notstandsgebiet des Landes.

Nur mehr drei Prozent der Gesamtbevölkerung leben auf dem riesigen Terrain. Der große Flächenstaat Montana hat nur noch 800 000 Einwohner – aber den Raum, um die 48 Millionen Menschen aufzunehmen, die im New York State, in New Jersey, Pennsylvania und Ohio in drangvoller Enge leben. In Wyoming, wo sie nach der Oberfläche des Landes auch die unter ihr liegende Kohle ausbeuteten, wurden 1991 die leeren Gruben als gigantische Müllhalden in Erwägung gezogen, denn nun war Müll etwas, mit dem sich Profit machen ließ. Und in Nebraska, wo noch im geschichtlichen Gestern natürliche Harmonie war, gibt es heute Landkreise, die seit 1930 bis zu 50 Prozent ihrer Einwohnerschaft verloren und eine Armutsquote bis zu 20 Prozent der Bürgerschaft haben. Es gibt, wo einmal zufriedene und auskömmliche Genügsamkeit herrschte, Menschen, die 75 Kilometer weit für einen Liter Milch fahren müssen, 100 Kilometer für einen Besuch im Kino und 150 Kilometer weit, wenn sie Erledigungen in einem Einkaufszentrum zu machen haben. Sie leben in einer von der Raffgier hinterlassenen Ruine.

Frank Popper, Professor für »Urban Studies« an der »Rutger's University« im Staat New Jersey, will den, wie er das nennt, »am längsten währenden und folgenschwersten Fehler in der Besiedlungsgeschichte der Vereinigten Staaten« korrigieren und aus Teilen der Dakotas, des westlichen Nebraska, des östlichen Montana sowie aus Teilen von Kansas, Oklahoma, Texas, Colorado, New Mexico und Wyoming eine 139 000 Quadratmeilen große »ökologische Restauration« machen. »Buffalo Commons« soll sie heißen, und sie soll ganz der Gestaltungsfähigkeit der Natur überlassen werden, und die Buffalos sollen wieder auf ihr ziehen, nur von der »Restauration« der hier heimischen Indianervölker ist nicht die Rede.

Aber in Wahrheit ist natürlich nicht zu »restaurieren«, was die raubende Besiedlung anrichtete; der Professor Popper träumt. In Wahrheit spekulieren die Landbesitzer wieder, wenn sie hören, daß der Staat vielleicht Land für die »Restauration« kaufen wird; sie haben die Kunst der Spekulation nie aufgegeben: lauter Nachkommen jener aus dem frühen Connecticut, die, kaum in diesem nordöstlichen Land angekommen, schon wieder hastig aufbrachen, denn die »Ohio craze« hatte sie befallen, die Spekulation auf ganz und gar märchenhaften Reichtum in Ohio, von dem gerüchtweise die Rede war. Und ganz ähnlich war es in großen Teilen von Massachusetts gewesen, auch im nördlichen New York State – das Land, gerade besiedelt, leerte sich in kürzester Zeit, denn auch hier hatten die Gierigen von viel größerem Glück gehört, das sich irgendwo weiter westlich machen ließ.

So waren sie immer, rastlos und gierig, immer spekulierten sie auf das Glück, das irgendwo, nicht aber dort war, wo sie sich gerade aufhielten, und so spekulieren sie noch heute: Ihre »Mobilität« von heute, ihr Ortswechsel spätestens alle fünf Jahre ist nichts anderes als die Glückssuche von damals.

Aber es war im jungen Land mit der Grundstücksspekulation, wie es später an der New Yorker Börse sein würde: Das ganz große »killing« war nur vom ganz großen Geld zu machen, von »Big Money«, das ein Netzwerk von Informanten und das Geld für Bestechungen besaß und früh auch die Rückendeckung korrupter Beamter und Volksvertreter. So erzwang »Big Money«, wie der Historiker Worster berichtet, in der Gestalt »des monolithischen Systems der Machtelite«, das sich »auf große Kapitalien stützte«, die großen Bewässerungssysteme im amerikanischen Westen, und das hieß: »Big Money« stahl dem »little guy« das Wasser, eine Kostbarkeit im Westen, damit die Spekulationsobjekte des »Großen Geldes« prosperieren konnten, während der »little guy« auf seinem wasserlosen Land saß und sich nach einem anderen Glück umzusehen hatte.

So entstand das Kalifornien, das man heute kennt; es war der ganz große Preis der Spekulation. Denn der »Golden State« mit Hollywood und Disneyland, mit High-Tech und seinen Millionären, mit den Beach Boys und den schönen Frauen war, als die Spekulanten das nur schwach besiedelte Land erstmals sahen, nahezu wasserlos, weithin wüst und zur menschlichen Besiedlung kaum geeignet, zum mindesten nicht zur massenhaften Besiedlung. Das Land war so schön wie abweisend. Es lud den Menschen so ein, wie die »Great Plains« die Rinderherden eingeladen hatten und die Buffalo-Killer, aber die Versuchung war hier an der Küste des Pazifischen Ozeans so groß, wie sie es auch in der Prärie gewesen war. Die »pioneers« ignorierten, daß weithin Wüste sie umgab. Sie, nicht die Natur, bestimmten darüber, was aus diesem Land werden würde. Und sie machten sich reich dabei.

Heute spürt Kalifornien die Folgen der profitablen Ignoranz; zum Beispiel:

Im Sommer 1990 demonstrierte die Bürgermeisterin der reichen Stadt Santa Barbara, Sheila Lodge, drastisch, in welche Lage sich das überbevölkerte Kalifornien gebracht hatte: Sie gelobte öffentlich, in der Zukunft nur mehr zweimal wöchentlich ein Bad zu nehmen. Während sie ihre befremdliche Versicherung abgab, waren Bürger ihrer Stadt bereits dazu übergegangen, ihren verdorrten Vorgartenrasen mit grüner Farbe zu bespritzen, und andererseits wurde ein Hausbesitzer, der seinen Rasen sprengte, mit einer Gefängnisstrafe bedroht, denn: Santa Barbara litt unter Wassernot.

Und nicht nur Santa Barbara, auch Los Angeles, auch San Diego, auch San Franzisko und der gesamte halburbane Brei, der sich zwischen den südkalifornischen Großstädten befindet. Das »Gibraltar-Reservoir«, das Santa Barbara mit Wasser hätte versorgen sollen, war leer, andere Wasserquellen ebenso, und als im Sommer 1990 im verdorrten und sehnsüchtig auf Regen wartenden Land ein Buschbrand ausbrach, wie er hier alle Jahre wieder vorkam, fraß er sich in die reiche Stadt hinein, über der Ronald Reagan seine Ranch besitzt, und zerstörte 400 Häuser. In Los Angeles rief die Stadtverwaltung die Bürger in dramatischen Appellen gleichzeitig auf, mit dem Wasser sparsam umzugehen; Freiwilligen-Milizen patrouillierten, um die Bewässerung von Gärten und das Waschen von Autos zu verhindern; Restaurants verzichteten darauf, dem gerade eingetroffenen Gast, wie das immer üblich war, ein Glas Eiswasser auf den Tisch zu stellen.

»Greater Los Angeles«, ein architektonischer Wildwuchs etwa von der Größe Belgiens, war schockiert. Wie Energie-Ignoranz etwa in Deutschland immer für selbstverständlich hielt, daß »der Strom aus der Steckdose« kam, so hatten die Menschen in Kalifornien für natürlich gehalten, daß Wasser, massenhaft Wasser aus dem Hahn und dem Gartenschlauch rann. Daß Los Angeles fast ganz ohne eigene Wasserquelle lebte, war ihnen kaum je in den Sinn gekommen.

Man holte es sich aus der Ferne – man stahl. Die Stadt, auf die es unter normalen meteorologischen Umständen nicht intensiver regnet als auf die libysche Wüstenstadt Tripolis oder das aride Kabul in Afghanistan, zapfte den Colorado River an, der 320 Kilometer entfernt verläuft. Der Owens River und der Mono Lake, die zur Versorgung von Los Angeles beitragen müssen, sind fast 500 Kilometer weit entfernt. Der Feather River, der ebenfalls Wasser für den Moloch im Süden des Staates Kalifornien hergeben muß, fließt gar 1000 Kilometer weiter nördlich. Und nun, 1990, als im fünften aufeinanderfolgenden Jahr in Los Angeles Wassernot herrschte, schlug die Stadt vor, auch noch den Columbia River auszubeuten, der gar 1600 Kilometer weiter nördlich in den Pazifischen Ozean strömt – die Anlieger des Flusses begannen empört, Los Angeles »den großen Satan« zu nennen.

Los Angeles wurde von natürlichen Realitäten eingeholt. Daß ein paar Jahre lang selbst der bescheidene und normale Regen ausblieb, erinnerte die Stadt dramatisch daran, daß sie sich ausgebreitet hatte, wo für sie kein Platz war. »Wir sehen einer Katastrophe ins Auge«, sagte Carl Boronkay, der für die Wasserversorgung des südlichen Kalifornien zuständige Mann, »wie dieser Staat sie noch nicht erlebt hat.« 400 000 Arbeitsplätze waren in Gefahr und Einnahmen von Unternehmen in Höhe von 25 Milliarden Dollar jährlich, und das Shasta-Reservoir weit im Norden des Staates an der Grenze zu Oregon, das Wasser für Kalifornien speichern sollte, war zu einem ausgetrockneten, von Dürrerissen durchzogenen Erdkrater geworden, und kein Regen fiel.

Es begann sich zu rächen, daß die frühen »pioneers« kein verständiges Arrangement mit der Natur wollten und daß ihre Nachfahren immer ganz sicher waren, Natur zu einem Verhalten zwingen zu können, das den Menschen ein Leben mit gesichertem Wasser ermöglichen würde. Sie hatten immer mit Geld – für phantastische Wasser-»Überlandleitungen« – die Natur ausgetrickst, und sie nahmen an, daß sich das stets so fortsetzen lassen würde. Sie waren ersichtlich die legitimen Kinder der »pioneers«: Sie wollten das Land, aber sie wollten es anders, ganz anders.

Schon vor 80 Jahren hatten die Ausbeuter der Erde von Los Angeles ihr Grundwasser konsumiert, aber sie hatten daraus keine Lehre gezogen. Das Land war so ausgepowert, wie ein Jahrhundert zuvor viele »pioneers« ihr Land auspowerten und dann weiterzogen. Aber Los Angeles, natürlich, konnte nicht weiterziehen. Los Angeles war die Summe astronomischer Grundstückspreise – so etwas gab man nicht auf. Und, ganz wie früher, klang der Aufruf »go west« immer noch verlockend, so daß Los Angeles ständig wuchs und wuchs und wuchs, und nun, 1991, lebten 14,3 Millionen Menschen in »Greater Los Angeles«, und sie lebten vom Wasserdiebstahl, und die Stadt wuchs immer weiter und prognostizierte für die nächsten 20 Jahre einen Zuzug von noch einmal fünf Millionen Menschen, denn: Wassernot? Es gab für Menschen, die auf dem Mond landen konnten, keine anhaltende Wassernot, höchstens einmal eine Krise, die »yankee ingenuity« natürlich überwinden würde. Es gab nichts, was der Mensch nicht vermochte, alles war machbar. Man würde künstlichen Regen erfinden. Oder billige Methoden, das im Überfluß vorhandene Meerwasser zu nutzen. Irgend etwas würde man erfinden, ganz sicher. Irgendein Weg würde sich, wieder, finden, der Natur zu zeigen, was der Mensch mit ihr vorhatte.

Als wollten sie die Wüste verhöhnen, zogen immer mehr Menschen geradewegs in ihr Herz, in die Mojave Desert, und natürlich verlangten sie auch dort Wasser aus dem Hahn, jederzeit und reichlich. Und in Palm Springs, das an Wüste grenzt, ließen sie auf den hochfeinen Golfplätzen der kalifornischen Millionäre das Wasser auf greens und fairways laufen, so daß der Rasen wie einer im feuchten England aussah. Und in Los Angeles wuschen sie ihre Autos bei Nacht, und sie sprengten ihre Rasen, wenn die Nachbarn schliefen, denn sie wollten nicht akzeptieren, daß sie inzwischen die größte Bevölkerungskonzentration darstellen, die sich je irgendwo auf der Erde in oder am Rande von Wüsten ansiedelte. Sie leugneten die Existenz der Wüste, wie sie damals in den »Great Plains« die Existenz der Prärie leugneten. Sie pfiffen auf die Gebote der Natur. Sie waren Amerikaner und konnten, wie noch alle Präsidenten ihnen bestätigt haben, alles erreichen, wenn sie es nur wollten.

Und – noch einmal: ganz wie damals, als die agrarischen »pioneers« an der Front des Krieges gegen das Land standen – wiederum waren Farmer dabei, die Gesetze der Natur auf den Kopf zu stellen und davon rasch und maximal zu profitieren. Denn Kaliforniens Farmer, obschon weithin auf einem Boden tätig, der ohne künstliche Bewässerung nichts hervorbringen würde, sind die mit Abstand größten Wasserverbraucher des Staates. Daß der Colorado River im benachbarten Mexiko nicht mehr ankommt, daß Mexiko das Wasser dieses Stromes gestohlen wird, ist vor allem auf die kalifornischen Farmer zurückzuführen, die das heiße, mediterrane Klima für die Hervorbringung von 250 Obst- und Gemüsesorten nutzen und riesige Rinderherden halten und mit dem geraubten Wasser umgehen, als wäre es im Überfluß vorhanden – Mexiko? »Too bad«, sagen die Farmer in Kalifornien, und die Mexikaner müßten noch lernen, was in den Vereinigten Staaten schon die »pioneers« wußten: »You are on your own, man.«

Nicht anders als mit Los Angeles ist es mit Las Vegas, der perversesten Urbanität auf dem Globus. Die Stadt, die – faktisch eine

Gründung der Mafia – zu keinem anderen Zweck als dem der Ausübung des Glücksspiels mitten in der Wüste aufgebaut und seither zu einer gespenstischen Neonoase im wüsten Nichts mit 776 000 Einwohnern und kolossalen Hotelpalästen wurde, steht vor dem Ruin, denn: »Wenn wir sehr intensiv Wasser sparen«, sagt Patricia Mulroy, die Managerin des »Las Vegas Valley Water District«, »können wir es bis zum Jahr 2006 schaffen, aber dann ist definitiv Schluß«, dann gibt es für die Raffhauptstadt der Welt kein Wasser mehr, aber unter den Glücksspieltouristen denkt kein Mensch daran, Wasser zu sparen, und auch die Hotels in Las Vegas müssen natürlich ihren Gästen gepflegte Greens und Fairways auf den Golfplätzen in der Wüste offerieren, Wasser läuft, Tag und Nacht.

Und außerdem: Der Staat Nevada, in dem Las Vegas liegt, erhebt auch weiterhin keine Einkommensteuer, um weitere Menschen zum Leben in der Wüste zu locken, Wasser oder nicht. Für das Jahr 2000 hofft Las Vegas auf 1 098 000 Einwohner, für das Jahr 2030 gar auf 1 735 000 Bürger, denn die frühen »pioneers«, die auch schon die Wüste von Nevada durchstreiften und Gold suchten und auf ihre Weise das Glücksspiel betrieben, wußten bereits, daß es irgendwie immer weitergeht, und ihre Nachkommen des Jahres 1991 wissen das ebenfalls. Schon die »pioneers« verschwendeten, was sie vorfanden, und ihre Nachfahren, die Bürger des Jahres 1991, sind ganz die Söhne ihrer Väter, nämlich, so der amerikanische »Rat für die Verbesserung der Umwelt«, Bewohner des »verschwenderischsten Landes der Welt«: Sie sind nur fünf Prozent der Weltbevölkerung, aber sie verbrauchen ein Viertel des global geförderten Erdöls, und sie bringen 22 Prozent aller Kohlendioxid-Emissionen hervor und verursachen 26 Prozent aller Stickoxide. Sie fällen mehr Bäume als irgendein anderes Volk, nämlich zum Beispiel doppelt soviel wie Brasilien, und sie produzieren pro Bewohner mehr Giftmüll als irgendein anderes Land, und als Präsident George Bush 1991 ein »Energieprogramm« für die Nation vorlegte, redete er nicht von Sparsamkeit und kaum von alternativen Energien, sondern davon, daß nun endlich auch in den bisher der Natur belassenen Weiten des nördlichen Alaska nach Erdöl gebohrt werden müsse, und zwar intensiv.

Eisbären? Karibu-Herden? Naturschutz? »Wir haben das Land nur von unseren Kindern geliehen?« George Bush hatte dafür so wenig Verständnis wie sein Amtsvorgänger Ronald Reagan für Naturschützer, die sich um den kalifornischen Redwood-Baum sorgten. »Wie viele Bäume«, fragte Reagan, »braucht man, damit Menschen wissen, wie sie aussehen?«

Freilich: Das war nicht Ausbeutung der Erde, sondern Kühnheit. Das war gute, alte amerikanische Art. Mit ihr war das Land erfolgreich, war wirklich »God's own country« geworden, reich und mächtig und sichtbar auf besondere Weise von Gott geliebt. Man mußte Mut haben – Gott behüte auch am Polarkreis; der Polarkreis war auch bloß ein Stück Erde. Man mußte Natur immer als herausfordernden Feind sehen – und sie besiegen.

Wie in San Franzisko. Die Erde bebte, als die ersten weißen Amerikaner dort ankamen, wo sich heute San Franzisko ausbreitet? Das focht die Kühnen nicht an. Sie erschlossen San Franzisko, sie machten Millionen und dann Milliarden in San Franzisko, die Stadt erblühte wie eine Blume im Zeitraffer. In New York brauchten sie zwei Jahrhunderte, um es auf eine Einwohnerzahl von 150 000 Menschen zu bringen, aber in San Franzisko nur 25 Jahre.

Gewiß, manchmal bebte es, aber die Lage war unvergleichlich schön. Vielleicht war es nicht ganz sicher, hier zu leben, aber man konnte Geld machen, wenn man hier lebte. Sie lebten und tanzten und profitierten auf dem Vulkan.

Denn nicht nur ist auch San Franzisko ohne ausreichende eigene Wasserreserven – die Stadt stiehlt sich ihr Wasser aus dem mehr als 300 Kilometer entfernt gelegenen Yosemite National Park –, sondern sie liegt zwischen zwei der aktivsten Erdbeben-Gräben der Welt. Der San-Andreas-Graben bedroht San Franzisko vom Westen, der Hayward-Graben vom Osten. Sie wußten das schon früh, als sie in San Franzisko ihre Vermögen machten, aber sie lachten darüber, wie ein gutes Jahrhundert ganz Kalifornien über einen lustigen Schlager lachte, der ein schweres Erdbeben besang und versprach: »The whole place is slipping away.«

1836 und 1838, also noch vor dem kalifornischen »gold-rush« und der explosionsartigen Aufblähung San Franziskos, erschütterten Erdbeben die Stadt, die das Zerstörungsvermögen des Bebens vom Oktober 1989 hatten. Weitere heftige Beben in den Jahren 1865 und 1868 machten vollends deutlich, daß mit dem Feuer spielte, wer sich hier niederließ, aber die »pioneers« trugen lachend ihr Geld auf die Bank. Dann, 1906, gab es in San Franzisko das große, das mörderische Beben, das, wie Seismologen glaubten, die Bebengräben für einen Zeitraum »entstreßte«, den sie mit »etwa 70 Jahren« angaben.

Nun warten sie in San Franzisko auf den »big one« – und gehen ihrem Gelderwerb nach, als umgäbe sie keine Gefahr. »Wir gehen einer Periode entgegen«, warnte Joe Litehiser von der »Erdbeben-Beratungs-Behörde« der Stadt, »in der wir mit mehr und vermutlich auch mit schwereren Erdbeben zu rechnen haben«, doch kaum jemand hörte ihm zu. Sie lebten mit der potentiellen Vernichtung wie der Bewohner der Norddeutschen Tiefebene mit der Gewißheit, daß es demnächst einen Regenschauer geben wird. Sie verstanden Natur nicht mehr.

90 Prozent der Häuser der Mittelklasse und der ärmeren Bevölkerung in San Franzisko sind nicht bebensicher. »Die Stadt«, sagte ein Kollege des Bebenexperten Litehiser, »wurde so angelegt, daß sie im Fall eines schweren Bebens unvermeidlich brennen muß, und zwar flächig, denn die Häuser sind nicht voneinander getrennt.«

Aber heute brennt San Franzisko noch nicht, und nur darauf kommt es an. Auch die tatkräftigen »pioneers« dachten kaum je an das Morgen, als sie für den heutigen Profit sorgten. Auch die Erde von San Franzisko mußte verbraucht werden.

Andere Länder mochten mählich lernen, pfleglich mit Ressourcen umzugehen und Natur zu verstehen – Amerikaner brauchten so etwas nicht, denn sie sind »special«. Nicht nur verbrauchten sie ein Viertel allen Erdöls auf der Welt, sondern 30 Prozent aller natürlichen Ressourcen, die von der Erde hervorgebracht werden, und sie fuhren 60 Prozent aller auf der Erde zurückgelegten Autokilometer und zahlten für Benzin weitaus weniger Geld, als in irgendeinem anderen industrialisierten Land zu entrichten war, nämlich auch 1991 noch nur umgerechnet 50 Pfennig je Liter. Ein von ihnen gebauter Kühlschrank verbrauchte 1200 Kilowattstunden pro Jahr – ein japanisches Erzeugnis dagegen nur 500 Kilowattstunden –, und sie zahlten für die Heizung ihrer Häuser soviel wie für ihre Kühlung.

Sparen? Gar opfern? Auf das Öl der Arktis verzichten?

»Eine vernünftige Umweltpolitik«, schrieb »Time«, das größte Nachrichtenmagazin des Landes, im Sommer 1991, »bittet Menschen nicht im Namen anderer Kreaturen um Opfer«, denn: »Eine unsentimentale Umweltpolitik ist eine, die sich auf Protagoras' Maxime stützt, wonach der Mensch das Maß aller Dinge ist«, und schließlich: »Dies ist die Welt der Menschen, und wenn der Mensch zwischen seinem und dem Wohlbefinden der Natur wählen muß, hat sich die Natur nach dem Willen des Menschen zu richten.«

Da war es wieder, das Credo der »pioneers«: Der Mensch darf alles. Das Wohlbefinden der Menschen zählt, daneben kaum noch etwas.

Für dieses Wohlbefinden haben sie »God's own country« mit mehr als 10 000 Halden lebensgefährlichen Mülls durchsetzt, denn irgendwie, nahmen sie an, würde die Natur, die sich schon soviel hatte bieten lassen, auch das noch hinnehmen, und dann präsentierte die Natur die Rechnung: Die Sanierung von nur 43 Giftlagern kostete vier Milliarden Dollar – aber 10 000 Deponien waren noch zu sanieren, und niemand hatte die dafür erforderlichen Milliarden. Und mit Werken zur Herstellung atomarer Waffen hatten sie ihr Land durchsetzt, und sie waren mit ihnen so umgegangen, wie sie das immer im Umgang mit der Natur gehalten hatten, und dann präsentierte sie erneut eine Rechnung: 200 Milliarden Dollar Entsorgungs- und Sanierungslasten, mindestens, aber wer konnte in dem hochverschuldeten Land 200 Milliarden Dollar aufbringen?

Die Raffgier und die Ignoranz ernteten ihre Saat, ein Zyklus vollendete sich, »Mutter Erde« schlug zurück.

Die Indianer aber, die einmal vor langer Zeit wußten, wie man mit Land umgeht, haben nun endlich ihre zivilisatorische Lektion gelernt. Verarmt, um ihren Charakter gebracht, dem Alkoholismus verfallen und von beispiellosen Suizidraten bedroht, bieten sie ihre Reservationen als Endlagerplätze für Müll an, auch für giftigen Müll.

Die Sioux in South Dakota, die Indianer der Cabazon-Reservation in Kalifornien, die Choctaws in Mississippi: Alle sind bereit, Land für den Unrat der weißen Zivilisation herzugeben, denn nicht nur, so hat der weiße Mann versprochen, gibt es gutes Geld für die Gewährung von Land, sondern die chronisch Arbeitslosen könnten auf den Deponien auch endlich, endlich Arbeit finden, mindestens 50 Jobs pro Müllplatz. ■■■■■■■■■■■

2. KAPITEL
DER STOLZ DER WELT

■■■■■ Die Partikularisierung der Vereinigten Staaten schreitet fort. Die Reichen separieren sich vom Rest der Nation, das »öffentliche Interesse« wird vernachlässigt. Das vom Theologen Reinhold Niebuhr so genannte »räuberische Selbstinteresse« des Kapitalismus höhlt jeden Gemeinsinn aus.

Die ganze Welt sollte das amerikanische System übernehmen, denn das amerikanische System kann nur überleben, wenn es das System der ganzen Welt wird.

US-Präsident Harry Truman

Es wird ja oft gesagt, daß Amerikaner eine Affäre mit der Gewalt haben. Aber in Wahrheit handelt es sich um eine Ehe mit ihr.

James Fox, Professor für
Kriminologie an der
»Northeastern University«

▰▰▰▰▰▰ Die Geschichte der Vereinigten Staaten von Amerika ist die zwei Jahrhunderte umspannende, erstaunliche, zuweilen dramatische und schließlich sieghafte Geschichte des real existierenden Kapitalismus. Sie ist eine Geschichte der dauernden und institutionalisierten Herabminderung, wenn nicht Verachtung alles Sozialen, und sie ist eine Geschichte vom Triumph des rücksichtslosen Egoismus – und seiner eindrucksvollen Vitalität und Gestaltungsfähigkeit. Die Geschichte der Vereinigten Staaten lehrt, daß sie nicht wurden, was sie sind – Supermacht, Weltführer und Ordnungsorgan des Planeten oder, wie der frühere Präsident Theodore Roosevelt das nannte, »internationale Polizeigewalt« –, weil ein »sozialer Kontrakt« sie umschloß, bürgerliche Solidarität oder das, was man in der Alten Welt als Gemeinsinn kennt, sondern weil sie sich zu jeder Zeit auf den starken Muskel verließen, auf das jedem Menschen innewohnende Verlangen nach Selbstbestätigung und den im Erfolgsfall mit ihm verbundenen individuellen Erfolg, der seinerseits nicht nur zur Führung in der Wirtschaft, sondern auch im Staat legitimierte.

So war es am Anfang, so ist es noch heute. Die staatliche Organisationsform war nie in erster Linie darauf aus zu integrieren, sondern zu selektieren, und das bezog sich nicht nur auf das Verhältnis der Rassen zueinander. Zwar wurde jedermann zur »pursuit of happiness« ermutigt. Zwar war in der Tat zum mindesten theoretisch jedermann in der »Verfolgung des Glücks« frei. Zwar gebrach es den staatlichen Formalien ganz generell nie an Versicherungen allgemeiner Rechte für jedermann. Was jedoch das Individuum aus seinen Rechten machte – das war seine, nur seine Sache. Er hatte das Recht zu reüssieren, aber er hatte auch das Recht, in die Armut abzusinken. Das war die als Triebfeder der individuellen Anstrengung gepriesene »vertical mobility«, und die war schon früh und blieb dann ein Kennzeichen der kapitalistischen Ordnung, die im Vertrauen darauf auf den Egoismus spekulierte, daß der Egoismus, einmal ein Erfolg geworden, Beschäftigung und Lohn für andere vergeben würde, die im Lebenskampf weniger erfolgreich waren.

In Europa galt, seit das feudalistische Zeitalter vorüber war und revolutionäre Strömungen spätestens in der Mitte des 19. Jahrhunderts der Demokratie sukzessive zum Durchbruch verhalfen, das Prinzip der allgemeinen Sozialverpflichtung, das sich auch in dem 1949 beschlossenen »Grundgesetz« der Bundesrepublik Deutschland findet. Die Vereinigten Staaten kannten dieses Prinzip nie; sie kannten dagegen stets den appellarischen Grundsatz: »Be what you want to be.«

Die Aufforderung, im Leben zu sein, was man sein wollte, der Auftrag zur Verfolgung des eigenen – und nur des eigenen – Glücks, war, sozusagen, der Motor, der vor rund 200 Jahren in der damaligen Hauptstadt Philadelphia angeworfen wurde und seither die Nation bewegt. Nie hat es seither auch nur den geringsten Zweifel an der Validität und insbesondere auch der Gottgefälligkeit dieser Staatsphilosophie gegeben, nie auf eine ernsthafte Weise grundsätzliche Einrede von links, nie eine wesentliche Korrektur, nie Rücksicht auf jene, die mit einem Handicap in die »pursuit of happiness« gingen.

So auch genannte »soziale« Parteien hatten in der politischen Landschaft der Vereinigten Staaten nie eine Chance, »sozialistische« schon gar nicht, »kommunistische« waren stets politischer Abschaum. Nirgendwo anders auf diesem Planeten hat sich der Kapitalismus mächtiger etabliert und souveräner das Feld behauptet und den Staat umfassender okkupiert, nirgendwo anders darf

Soziales so ungeniert als staatsschädigend und volksfremd verurteilt werden, nirgendwo anders darf obszöner Reichtum so ohne schlechtes Gewissen sein.

Die 0,5 Prozent der reichsten Bürger im real existierenden Kapitalismus besitzen das Zweieinhalbfache jener 212 Millionen Menschen im Lande, die in der Wohlstandspyramide die unteren 90 Prozent bilden, aber während eine so sonderbare Vermögensverteilung in sozial aufgeklärten Ländern Europas zu stürmischen Debatten über offenkundige Ungerechtigkeiten führen würde, gilt sie in den Vereinigten Staaten als Ausweis dafür, daß der Kapitalismus funktioniert; das heißt: Es herrscht allgemeine Übereinstimmung darüber, daß der Reiche seinen Status ebenso verdient wie der Arme. Der Reiche wurde für seine Anstrengungen belohnt, der Arme bestraft; das ist Recht und in Ordnung und gottgefällig, und ungerecht und lästerlich wäre es, dem Reichen zu nehmen, um dem Armen aufzuhelfen.

Der amerikanische Historiker und Soziologe Max Lerner charakterisiert die verbreitete Abwesenheit sozialer Empfindung in seinem Land so: »Soziale Leistungen werden als Vergewaltigungen der öffentlichen Finanzen durch Inkompetente empfunden, die im Kampf des Lebens zurückblieben, und alle kollektiven Anstrengungen empfindet man als Betrug am Gesetz des Lebens.« Tatsächlich geben die Vereinigten Staaten, in denen sich unvorstellbare Vermögen in ganz wenigen Händen befinden, berechnet in Prozenten des Bruttosozialproduktes, weniger Geld für soziale Zwecke aus als irgendein anderes industrialisiertes und vergleichbares Land der Erde, was von Amerikanern des bürgerlichen »mainstream« nicht als gesellschaftspolitischer Nachteil empfunden wird, denn, so wiederum Max Lerner, das Credo der Gesellschaftsordnung im real existierenden Kapitalismus lautet: »Jeder für sich und Gott für uns alle«; mit anderen Worten: Bei der Gesellschaft der Vereinigten Staaten handelt es sich grundsätzlich nicht um eine der sorgenden Zuwendung dem Schwachen gegenüber, dem Benachteiligten, dem zum Lebenskampf ungeeigneten Mitbürger, sondern um eine des Egoismus, dem freilich –

wiederum anders als in sozial aufgeklärten Ländern Europas – im amerikanischen Selbstverständnis nichts anhaftet, das anrüchig ist. Egoismus ist gut, Egoismus ist das einzige, auf das man sich dauerhaft verlassen kann, Egoismus ist auch das einzige, das für Dynamik und Fortschritt sorgt, während Soziales bloß faules Nichtstun oder Unfähigkeit belohnt.

Die soziale Kälte der Vereinigten Staaten drückt sich deutlich auch in der Steuerlast aus, die sie ihren Bürgern zumuten. Steuern sind ihrem Ursprung nach – wenngleich: Moderne Steuergesetzgebung hat diesen Grundsatz auf vielfache Weise pervertiert – Ausdruck des sozialen Selbstverständnisses eines Gemeinwesens. Sie werden erhoben – oder sollten doch erhoben werden –, um »Gemeinschaftsaufgaben« zu finanzieren, um soziale Solidarität möglich zu machen, um schwachen Mitbürgern nicht nur Existenz, sondern sozialen Anschluß zu erleichtern. Steuern sind Gemeinschaftsbekenntnisse und folgerichtig, was die Bundessteuern anlangt, in den Vereinigten Staaten wesentlich niedriger als in vergleichbaren Industriestaaten. Die Indexzahlen der Steuerlast für den Bürger lauten für die Vereinigten Staaten 29, für Frankreich 45, für Großbritannien 38, für Deutschland 40, für Italien immerhin noch 36. Eine allgemeine Einkommensteuer wurde in den Vereinigten Staaten später als in vergleichbaren Industrieländern eingeführt.

Steuern sind, wo Soziales so verachtet wird wie in den Vereinigten Staaten, kaum etwas anderes als staatlicher Diebstahl, und selbst der Staat ist, wo Egoismus so geschätzt wird wie hier, ein ganz unerwünschter und arroganter Eindringling in das Private. Es ist kennzeichnend, daß Ronald Reagan als Präsident deshalb so populär war, weil er den Schlachtruf durch das Land trug, den Staat »off the back« der Bürger zu nehmen, wie es andererseits kennzeichnend für die Einstellung der Bürger den Steuern gegenüber ist, daß sie als Nachfolger Reagans einen amtsbekannt gewordenen Steuerdelinquenten wählten: George Bush wurde 1984, nachdem er ein Haus im texanischen Houston verkaufte, der Steuerhinterziehung überführt und mit einer Geldstrafe belegt, was ihn in den Augen seiner Landsleute eher zu »einem von uns« machte, zu einem »regular guy«, denn es war in Ordnung, Steuern zu hinterziehen, da doch diese Steuern nur dazu benutzt wurden, um Faulen – und vor allem faulen Schwarzen – das Leben zu erleichtern und Wohnungen für Menschen zu bauen, die nicht tüchtig genug waren, selber für ihr Dach über dem Kopf zu sorgen.

Das hat der kapitalistische Staat 200 Jahre mit Nachdruck gelehrt und ist tiefe Überzeugung in der weißen Bürgerlichkeit des Landes geworden: Armut ist immer selbst gemacht und deshalb schuldhaft und mithin strafwürdig, und deshalb muß niemand ein schlechtes Gewissen der Armut wegen haben, die es im Lande gibt.

Gelegentlich hat es prominente Rufer in der kalten Wüste gegeben. Präsident Woodrow Wilson, zum Beispiel, klagte: »Da war in unserem hastigen Streben, voranzukommen und groß zu sein, etwas, das roh und herzlos war. Unser Gedanke war: ›Laßt jeden für sich selber sorgen, laßt auch jede Generation für sich selber sorgen‹, während wir in Wahrheit eine gigantische Maschinerie entwickelten, in der nur jene eine Chance hatten, für sich selber zu sorgen, die an den Hebeln dieser Maschinerie standen. Wir haben die Methoden nicht gelernt oder perfektioniert, die eine Regierung in den Stand setzen, der Humanität zu dienen und die Gesundheit der Nation zu sichern, die Gesundheit ihrer Männer und Frauen und Kinder und ihr Recht im Kampf um das Überleben. Die Gesellschaft muß darauf achten, daß sie sich nicht selber erdrückt oder ihre eigenen Glieder zerstört. Die erste Pflicht des Gesetzes ist es, die Gesellschaft intakt zu halten, der es dient.«

Aber das war Feiertagsrhetorik. 70 Jahre nach Wilson stellen Kinder in den Vereinigten Staaten das größte Segment des in dauernder Armut lebenden Bevölkerungsanteils. Fast ein Viertel aller Kinder des Landes lebt ständig unterhalb der amtlich festgesetzten Armutsgrenze; unter den schwarzen Kindern liegt der Anteil der Armen bei 45 Prozent, bei jenen hispanischer Abkunft bei 38 Prozent; zum Vergleich: In der Schweiz sind fünf Prozent aller Kinder arm, in Schweden rund acht Prozent, in der alten, der westlichen Bundesrepublik Deutschland waren es, als sie die frühere DDR vereinnahmte, beschämende neun Prozent. Und jährlich 40 000 amerikanische Kinder erleben die Armut nur kurz, in die sie hineingeboren wurden: Sie sterben, kaum daß sie auf die Welt gekommen sind, weil es ihren Müttern und ihnen an medizinischer Versorgung gebricht. Statistisch bedeutet das, daß die Vereinigten Staaten, die sich immer noch für das reichste Land der Welt halten, unter 19 vergleichbar-industrialisierten und »fortgeschrittenen« Ländern der »Ersten Welt« an der letzten Stelle der Tabelle dieser Kindersterblichkeit stehen.

Nur macht es eben das Wesen dieser Gesellschaft aus, daß sie von solchen Signalen sozialer Unordnung gar nicht erreicht wird. Es kann keine soziale Sorge und hilfreiche Zuwendung entstehen, wo »jeder für sich und Gott für uns alle« steht und der Egoismus staatstragende Funktion hat. Die Armut, auch die kindliche Armut, findet sozusagen in einem anderen Land statt, in einem, das sich den Prinzipien des »richtigen«, des eigentlichen, des dynamisch-kapitalistischen Amerika versagte. Sie verdient ihr Los. Sie belegt die gerechte Funktion der »vertical mobility«, wie sie andererseits durch den Lohn belegt wird, den die fleißigen Reichen erfahren.

Zwischen 1978 und 1987 – für diesen Zeitraum lagen im Sommer des Jahres 1991 verläßliche Daten vor – wurden die ärmsten 20 Prozent der Bevölkerung noch einmal um acht Prozent ärmer, während gleichzeitig die reichsten 20 Prozent der Bevölkerung um 13 Prozent reicher wurden. Das Einkommen des reichsten Prozentes der Landesbewohner stieg zwischen 1977 und 1988 um kräftige 49,8 Prozent, und das ohnehin erbarmungswürdige Einkommen des ärmsten Bevölkerungsprozents sank in dieser Zeit um 14,8 Prozent. Händler mit Luxuswaren erlebten einen stimulierenden »Boom«, während gleichzeitig in »God's own country« jedes achte Kind im Alter unter zwölf Jahren dauernd hungerte und weitere sechs Millionen Kinder des gleichen Alters unter- oder fehlernährt waren, weil ihre Eltern nicht genügend Geld hatten und ausreichende soziale Hilfen des Staates nicht zur Verfügung standen.

Annähernd 40 Millionen Bürger des Landes sind so arm, daß sie sich eine Krankenversicherung nicht leisten können, also früher sterben. Allein in New York City leben nicht wirklich, sondern vegetieren 100 000 Obdachlose. In der Hauptstadt Washington D. C. gibt es Viertel mit Kindersterblichkeitsraten, die höher als in Entwicklungsländern liegen. Die Hälfte der amerikanischen Arbeiter wird ohne jede Rente oder Pension in einen stets bedrohten Ruhestand gehen, aber: »Wir sind stolz auf den Kapitalismus«, sagte Präsident George Bush 1990 nach der sowjetischen Kapitulation im kalten Krieg, »und wir bieten ihn aller Welt als Beispiel an«, denn: »Der Kapitalismus ist der Stolz der Welt.«

Das war nicht Zynismus, das war ganz ernst gemeint. Denn das Millionärskind George Bush – das dann freilich im texanischen Ölgeschäft früh auch seine eigene erste Million machte –, das Geschöpf des amerikanischen Establishments und der Vererber seiner Werte, hält natürlich den Kapitalismus nicht nur für die produktivste aller denkbaren Gesellschaftsordnungen, sondern auch für die gerechteste.

Die kapitalistische Gerechtigkeit hat zu einer Klassenaufteilung der Gesellschaft geführt, deren sich diese Gesellschaft keineswegs geniert. Die auch in Europa verbreitete Annahme, die Vereinigten Staaten seien ein »Land der Freien und Gleichen«, ist ein ebenso langlebiger wie unbegründeter Mythos. Tatsächlich klassifiziert sich keine andere Gesellschaft selber so penibel wie die der Vereinigten Staaten: Es gibt die »upper upper class«, die »upper class«, die »upper middle class«, die »middle class«, die »lower middle class«, die »lower«, auch noch die »lower lower« und schließlich, zum mindesten zunehmend in den Medien zur Bezeichnung des sozialen Bodensatzes der Schwarzen in den heruntergekommenen Slums der Großstädte, auch noch die »under class«, und alle diese Klassen sind im Verständnis der kapitalistischen Gesellschaft gleichermaßen legitime Erscheinungsformen; das heißt: Die Vereinigten Staaten sind in Wahrheit die in Klassen getrennten Staaten, denn: Klassen sind natürlich. Sie sind nichts, deren sich eine Gesellschaft schämen muß. Sie sind so vernünftig wie Tabellen im

Sport, in denen die Tüchtigsten ganz oben und die Versager ganz unten erscheinen. Sie bezeichnen den Erfolg und die Tatkraft der im Kapitalismus tätigen Menschen, deren vorrangige soziale Funktion darin besteht, eine möglichst obere Klasse zu erreichen oder, um im Bild des Sports zu bleiben, an die Tabellenspitze zu kommen. Die 12,8 Prozent ständig in Armut lebenden Bewohner des Landes sind in diesem Verständnis die ausgewiesenen Versager, die im »Land der unbegrenzten Möglichkeiten« ihre Chance nicht nutzten und sowenig Mitempfinden verdienen wie eine Football-Mannschaft, die mangelnden Erfolges wegen absteigen muß.

Leben, so hat der amerikanische Kapitalismus seit 200 Jahren mit nachhaltigem Erfolg gelehrt, ist Kampf, nicht brüderlich-soziales Arrangement. Leben ist wie jenes im Dschungel, wo die Vegetation einen erbitterten Kampf um einen Platz an der Sonne kämpft. Leben ist nichts anderes als ein unausgesetztes Ringen um Erfolg, der sich seinerseits in Dollarwert übersetzt. Der ist ein »success«, von dem man sagt: »Er ist eine Million wert.«

Der amerikanische Soziologe Daniel Bell umschreibt in seinem Buch »The Cultural Contradictions of Capitalism« die soziale Kälte seines Landes so: »Die Vereinigten Staaten, individualistisch in der Wesensart und bourgeois im Geschmack, haben nie ganz die Kunst der Lösung eines Problems für die Gesamtheit gemeistert oder auch nur die Idee akzeptiert, daß es im Gegensatz zum privaten Nutzen ein öffentliches Interesse gibt.« In soziale Realitäten übersetzt, heißt das: Ein in New York City in Armut lebender Bürger des Landes muß 18 Jahre lang auf die Zuteilung einer mit öffentlichen Mitteln geförderten Wohnung warten – länger, als solche Warteperioden selbst im chronisch wohnungsarmen Moskau jemals währten.

Es ist im amerikanischen Kapitalismus mit dem, was Daniel Bell das »öffentliche Interesse« nennt, wie es sich auch mit den Steuern verhält: Sie stören gleichermaßen. Das öffentliche Interesse ist immer eines, das dem eigenen Interesse im Wege steht. Es ist ein ärgerliches Hindernis auf dem Weg nach oben, und wenn es sich denn schon nicht ganz und gar aus dem Weg räumen läßt, so kann man doch wenigstens dazu beitragen, daß es möglichst klein gehalten wird.

Mithin: Der politische Wille, das »öffentliche Interesse« – nämlich zum Beispiel soziale Leistungen oder die Aufrechterhaltung der nationalen Infrastruktur – so gering wie möglich zu halten, kommt aus dem Volk und ist ihm keinesfalls oktroyiert. Die soziale Kälte regiert nur oben, nämlich in Washington, weil die kapitalistisch erzogene Gesellschaft sie will. Sie applaudierte Ronald Reagan – und wählte ihn ein zweites Mal –, als der 4,5 Millionen Wohneinheiten des »sozialen Wohnungsbaus« vom Markt nehmen und in den Besitz zahlungsfähiger Käufer überführen ließ, und sie applaudierte noch kräftiger, als Reagan die Bundesmittel für den »sozialen Wohnungsbau« – für »public housing« – von 30 auf acht Milliarden Dollar kürzte, denn es bestand kein »öffentliches Interesse« daran, daß die Armen anständig hausten. Der Entzug des Wohnraums für Arme, die staatlich exekutierte Kaltherzigkeit – das war, was Ronald Reagan unter einer Politik verstand, die öffentliches Interesse »off the back« der Bürger nahm, und das war, wie man weiß, eine erfolgreiche Politik. Reagan wußte, daß seine Landsleute nur ein Interesse hatten: ihr eigenes, und auch sein Amtsnachfolger George Bush wußte das und versicherte deshalb, als er sich zum Kampf um die Präsidentschaft stellte, daß es mit ihm keine Steuererhöhungen geben werde – eine Versicherung, die ihm in seinen Wahlkampfreden regelmäßig die lebhaftesten Ovationen der versammelten Bürger eintrug.

Das augenzwinkernde Einverständnis des um die Staatsführung werbenden Mannes mit den Wählern ist sehr viel mehr als bloß die Momentaufnahme einer zufälligen und aktuellen politischen Situation. Vielmehr bezeichnet die Gemeinsamkeit des Willens, das »öffentliche Interesse« nicht zu bedienen, eine Grundstimmung der im real existierenden Kapitalismus lebenden und besitzenden Bürger. »No new taxes«, wie George Bush das formulierte – von Herrn Dr. Kohl hörten die Deutschen einmal ganz Ähnliches – : Das war erzkapitalistisches Credo, war Nahrung für den Egoismus, war auch hocherwünschtes Komplott gegen die Armut, war Kotau vor dem, wie der große amerikanische Theologe Reinhold Niebuhr das Wesensmerkmal seiner Gesellschaft nannte, »räuberischen Selbstinteresse«, das allein den kapitalistischen Apparat in Bewegung hält.

Wo das »räuberische Selbstinteresse« eine so überragende Rolle spielt – und in Washington, in den Hauptstädten der Bundesstaaten und selbst in den Kommunen monopolistisch vertreten ist –, gibt es keine »communities« mehr, die diesen Namen verdienen. Städte, selbst mittlere, selbst noch kleinere Städte lösen sich in Viertel auf, die untereinander keine andere als bloß noch eine geographische Beziehung haben. Zwar war es insbesondere in mittleren und kleinen Städten immer schon so, daß auf der »wrong side of the track« die Armut hauste und mit dem Wohlstand auf der »richtigen Seite der Eisenbahngleise« nur kommunizierte, wenn sie zur Putzarbeit in den weißen Haushalten oder zur Handarbeit in den Betrieben erschien. Inzwischen hat sich aber, was früher bloß im wesentlichen eine Schwarzweiß-Trennung, eine Apartheid war, weiter partikularisiert, weil der weiße Reichtum selbst die Nähe des weißen Mittelstandes und vollends die der »lower middle class« nicht mehr ertrug. Die Folge ist, so der Wirtschaftsprofessor Robert B. Reich von der »Harvard University«: »Die meisten Amerikaner leben nicht länger in traditionellen Gemeinden« – sie sondern sich je nach ihren Klasseninteressen ab. Jene Bürger des Landes, die mit ihrem »räuberischen Selbstinteresse« besonders erfolgreich waren, jenes oberste Einkommensfünftel der Bevölkerung, das 1990 mehr Geld verdiente als die restlichen vier Fünftel zusammen, verlassen Gemeinden mit ihren drängenden öffentlichen Interessen, um nicht an der Finanzierung dieser öffentlichen Interessen beteiligt zu sein.

»In vielen Städten und Gemeinden«, so hat Professor Reich beobachtet, »haben die Reichen tatsächlich ihre Dollars der Unterstützung der öffentlichen Anlagen und Institutionen entzogen, die von allen genutzt werden. Sie geben ihr Geld nur mehr für ihre eigenen privaten Dienstleistungsunternehmen aus. Während öffentliche Parks und Spielplätze verfallen und verkommen, sprießen andererseits allenthalben private Fitneß-Clubs aus dem Boden, Golf-Clubs, Tennis-Clubs und alle möglichen anderen Einrichtungen für Freizeit und Erholung, die von Beiträgen der Mitglieder unterhalten werden.«

In der Praxis sieht die Partikularisierung der amerikanischen Gesellschaft so aus, daß der Wohlstand die Städte verläßt und irgendwo in »suburbia« seine »condominiums« und »residential communities« errichtet, die penibel gepflegt werden, während die der Armut und der Einkommensschwäche überlassenen Städte zunehmend verfallen und Tatorte beispielloser Armuts- und Drogenkriminalität werden, deren gewalttätiger Anteil im Jahr 1990, bezogen auf das Vorjahr, noch einmal um dramatische zehn Prozent stieg.

1990 vollzog sich in den Vereinigten Staaten ein für die Befindlichkeit der Nation symptomatischer Akt: Zum ersten Mal in ihrer Geschichte überstieg die Zahl der Privatpolizisten um das Doppelte jene der Ordnungshüter, die von Gemeinden, Bundesstaaten oder der Bundesregierung unterhalten wurden; das heißt: Die, sozusagen, Nomenklatura des Kapitalismus hatte auch das Band einer gemeinsamen Ordnung mit den »underlings« definitiv zerschnitten, deren Polizei schon seit Jahrzehnten einen gänzlich aussichtslosen Kampf gegen die Kriminalität führt, während Niebuhrs »räuberisches Selbstinteresse« im Schutz der von ihm geheuerten und finanzierten privaten »security guards« vergleichsweise – aber auch wirklich nur vergleichsweise – sicher lebte, und der Schutz, natürlich, wurde willig von eben jenen »underlings« aus den Städten gewährt, denen die Wohlhabenden gerade durch ihren Exodus die Beiträge entzogen hatten, die zum Unterhalt einer einigermaßen effizienten Polizei erforderlich sind.

Die amtliche Politik hat von dem, was Professor Reich eine »Sezession der Erfolgreichen« nennt – und was sich tatsächlich schon über einen langen Zeitraum erstreckt –, nie Kenntnis genommen. Noch alle Präsidenten der jüngeren Vergangenheit haben »America's spirit of community« über den Klee gelobt. Ronald Reagan, der die in den Vereinigten Staaten vegetierende Armut auf eine nichts weniger als perfide Art systematisch weiter aushungerte, redete von »den Gemeinden, wo Nachbarn einander helfen, wo Familien ihre Kinder gemeinsam aufziehen und wo Amerikas Werte geboren werden«, und Reagans Nachfolger George Bush hält es rhetorisch nicht anders. Richtig an solchen Beschwörungen ist lediglich, daß es eine Loyalität und, in Grenzen, eine Solidarität der Klassen gibt, nicht aber einen »spirit of community«, der über die Klassen hinaus wirkt. Er konnte auch schwerlich entstehen, wo der Kapitalismus unausgesetzt den Egoismus anfeuerte und die erfolgreichen Egoisten einen Großteil ihres Erfolges eben darin sahen, daß sie sich von ihrer »community« abgrenzten. Die »American community«, mit einem Wort, ist eine Legende, es gab diese »community« nie, nie ein »Gemeinwesen«, das diesen Namen verdiente, sondern es gab immer nur Verfolger partikularer Interessen, die sich allenfalls und widerstrebend dazu bequemten, öffentliche Interessen mitzutragen, wenn das denn wirklich unabweisbar war. Die »American community« war immer die der Gegenwart: vom Egoismus zerrissen, vom Separatismus bedroht, Reiche weit oben und Arme tief unten und dazwischen eine Mittelschicht, der nichts ferner als Sympathie für die Armut war.

Dem widerspricht nicht das kräftige Volumen freiwilliger Spenden, die jährlich auf etwa 80 Milliarden Dollar geschätzt werden – eine stattliche Summe, die sich freilich relativiert, wenn man sie etwa in Beziehung zu dem Betrag setzt, nämlich 280 Milliarden Dollar, den Amerikaner jährlich für Glücksspiele ausgeben. Tatsächlich wird das amerikanische Spendenwesen gern auch von europäischen Bewunderern der Vereinigten Staaten als Ausweis eines spezifisch-amerikanischen sozialen Impetus betrachtet, der eben nicht – wie in Europa – immerfort zur Lösung sozialer Fragen nach dem Staat ruft, sondern freiwillig und individuell und ganz außerhalb staatlicher Forderungen hilft. Ronald Reagan, der alles Staatlich-Soziale für geradewegs teuflisch hielt, fand: »Generosität ist ein Ausdruck dessen, was man mit seinen eigenen Möglichkeiten tut – nicht, was man mit jedermanns Geld die Regierung zu tun auffordert.« Das war seine Vorstellung von Gemeinsinn, die sich nicht im Sinne einer staatlichen Organisationsform, nicht als Sozialverbund und nicht als selbstverpflichtete Solidargemeinschaft artikulierte, sondern als individueller Scheckschreiber – wenn ihm denn gerade nach Mildtätigkeit war. Auch George Bush schwärmt von der Effizienz »amerikanischen Großmuts«, die er als »brillante Vielfalt« identifizierte und die er »verbreitet wie Sterne, wie tausend Lichtpunkte an einem großen und friedvollen Himmel« beobachtete.

In Wahrheit ist die Bereitschaft der Wohlhabenden, doch wenigstens freiwillig der Armut zu geben, was der Staat zu geben sich weigert, immer unterentwickelt gewesen. Davon, daß der Armut auf eine wirklich nennenswerte Weise durch den Reichtum aufgeholfen wird, konnte nie die Rede sein, denn Soziales wird nicht nur im staatlich-kapitalistischen Reglement, sondern auch privat verachtet. Es ist eine Legende, daß freiwilliges Spendenwesen staatlichen Sozialdienst ersetzt; tatsächlich wird das durch die soziale Wirklichkeit des Landes mit seinen großen und dauerhaften Armutsinseln belegt, aber auch durch Untersuchungen über den Fluß der Spenden.

»Studien haben bewiesen«, berichtet der Wirtschaftsprofessor Reich, »daß die Großzügigkeit jener, die das meiste Geld beziehen, nicht in der Hauptsache den Sozialdiensten der Armen zufließt. Statt dessen kommen die meisten freiwilligen Spenden der reichen Amerikaner jenen Plätzen und Institutionen zugute, die reichen Amerikanern Unterhaltung, Inspiration, Heilung oder Erziehung gewähren: Kunstmuseen, Opernhäusern, Theatern, Orchestern, Ballettkompanien, privaten Krankenhäusern und elitären Universitäten.« Das heißt: Die Reichen beschenken sich selber, um sich solche Einrichtungen zu erhalten, in denen sie ihr Sozialverständnis ausleben und kultiviert unter sich sein können, ungestört von Elementen, die bei Ballettkompanien nichts zu suchen haben.

Überdies wurde selbst diese von Mr. Reagan so enthusiasmiert gefeierte Generosität stets überschätzt. Denn während es der durchschnittliche »little guy« in den Vereinigten Staaten, der nur bis zu 10 000 Dollar pro Jahr verdient, 1990 immerhin auf 5,5 Prozent seines Einkommens brachte, die er gemeinnützigen Zwekken – vor allem seiner Kirche – zur Verfügung stellte, gaben jene, die jährlich mehr als 100 000 Dollar verdienten, nur 2,9 Prozent ihrer Einkünfte weiter. Kennzeichnend auch, daß sich, nachdem eine neue Steuergesetzgebung die Spenden nicht mehr so günstig absetzbar wie zuvor behandelte, die Opferbereitschaft der ganz Reichen mit Einkommen von mindestens 500 000 Dollar jährlich drastisch reduzierte: Hatten sie 1980 noch durchschnittlich 47 432 Dollar für Oper, Ballettcompagnie oder Museum springen lassen, waren es 1988 nur mehr 16 062 Dollar.

Ganz ähnlich verhält es sich mit der Spendenbereitschaft von Unternehmen, auch und insbesondere von solchen, die in der jüngeren Vergangenheit laut und anhaltend über die desaströsen Verhältnisse im amerikanischen Schulwesen klagten und auf die Notwendigkeit hinwiesen, die Pädagogik zu verbessern, weil anders der aus der Schule in die Arbeitswelt entlassene amerikanische junge Mensch seinem ausländischen Kollegen hoffnungslos unterlegen wäre. Statt aber, was naheläge, die erbarmungswürdig ausgerüsteten öffentlichen Schulen zu unterstützen, in denen Kinder früher den Standort des nächsten »crack«-dealers als die Kunst des Rechnens lernen, lenken die weitaus meisten Unternehmen den Großteil ihrer Zuwendungen an Colleges und Universitäten, zu denen Vorstände der zuwendenden Betriebe persönliche Beziehungen unterhalten. Nur 1,5 Prozent der Spenden von Unternehmen flossen jenen Schulen der Armen zu, in denen früh gesichert wird, daß als Erwachsener arm bleiben wird, wer als Kind arm war.

Kapitalisten haben stets die Maxime verfolgt: »Tu Gutes – und rede darüber.« Tatsächlich starteten amerikanische Großunternehmen aufwendige Anzeigenkampagnen, um ihren »community spirit« zu rühmen und sich als besorgte Patrioten zu geben, denen eigentlich nichts mehr am Herzen liegt als die Förderung der amerikanischen Kinder. In Wahrheit liegen die Zuwendungen dieser Unternehmen wesentlich unter jenen, die sie selber von den Bundesstaaten oder Städten in Form von Zuschüssen oder Steuerbefreiungen erhalten; das heißt: Die laut mit ihrem »Gemeinsinn« werbenden Unternehmen nehmen das Steuergeld des »little guy«, statt ihm zu einer fairen Chance zu verhelfen, so daß die gesellschaftspolitisch angelegte Diskrepanz zwischen Arm und Reich im Schulwesen betoniert bleibt: Im Bundesstaat Texas können die reichsten Distrikte der »upper class« pro Jahr und Schüler 19 300 Dollar ausgeben, während man in den ärmsten Regionen nur 2100 Dollar aufzubringen vermag, und das bedeutet: Die lebenslange Deklassierung der Absolventen der Armen-Schule ist unausweichlich; sie werden – günstigstenfalls – die billige Arbeitskraft, die der Kapitalismus stets schätzte, oder – schlimmstenfalls – der Nachwuchs der Heerschar von Armutskriminellen, die seit langem das Antlitz des real existierenden Kapitalismus verunstalten und für Kriminalitätsdaten sorgen, die man in sozial geordneteren Staatswesen vergleichbarer Industrieländer – noch – nicht kennt, wohl aber kennen wird, wenn sich ihre Amerikanisierung etwa mit der Geschwindigkeit fortsetzt, wie man sie in der Bundesrepublik Deutschland beobachten kann.

Der Unwille zur Gemeinschaft, der die Reichen in den Vereinigten Staaten zu allen Zeiten auszeichnete – es reichte ihnen stets, die »Gemeinschaft« zu regieren –, äußert sich längst nicht mehr nur in der Flucht aus der Stadt, die überdies nahezu abgeschlossen ist, wo sie möglich war: 85 Prozent der reichsten Familien in der Region, die man »Greater Philadelphia« nennt, zum Beispiel, leben außerhalb der Stadtgrenzen, aber 80 Prozent der Ärmsten hausen in der Stadt, die infolgedessen einen schwarzen Bürgermeister hat, was europäische Bewunderer der Vereinigten Staaten gern für einen Nachweis dafür halten, daß die Vereinigten Staaten ihren Rassismus überwanden.

Ganz ähnlich ist die Situation in Baltimore. In den vergangenen drei Dekaden verlor die Stadt fast ein Viertel ihrer Bürger, aber: Der Anteil der Weißen an der Stadtbevölkerung reduzierte sich um mehr als die Hälfte, während der Anteil der Schwarzen um mehr als ein Drittel stieg. Baltimore, 1960 noch eine Stadt mit einer weißen Mehrheit von zwei Dritteln der Bevölkerung, ist heute zu fast drei

Fünfteln schwarz und Beleg für die fortschreitende »Apartheid« vor allem in den Großstädten, aber nicht nur in den Großstädten. In den klassischen Städten des Autobaus, zum Beispiel in Flint oder Saginaw, wohnt kaum noch ein Angehöriger des oberen Managements; sie haben die Flucht vor dem Plebs angetreten, der nun ihrer Steuergelder entraten muß. Ganz ähnlich ist es in Hartford im Bundesstaat Connecticut, der Heimstatt großer Versicherungsgesellschaften, wo die Flucht der Reichen ursächlich für die Verkommenheit der Stadt wurde, die nun die viertärmste Kommune der Vereinigten Staaten ist, während die Menschen, die mit den immensen Vermögen der Versicherungsgesellschaften umgehen, das öffentliche Interesse Hartfords übersahen und sich in der Nähe hübsche kleine Satelliten-Ortschaften anlegten, wo man doch wenigstens so tun kann, als stünde alles zum Besten. Die Stadt Bridgeport im Staat Connecticut zog 1991 aus dem Exodus der Begüterten die Konsequenz und meldete den Konkurs an, während andere Städte, darunter auch – ein zweites Mal – New York, dem Konkurs nahe waren.

Aber Flucht ist nicht überall möglich, wie zum Beispiel New York City beweist. Zwar hat die Stadt in etwas mehr als einer Dekade rund eine Million entnervter Bewohner verloren, die den Dreck und den Lärm und vor allem die allenthalben wütende Kriminalität nicht mehr ertrugen, doch hält besonders der eingesessene Reichtum, der überwiegend an der Ostseite Manhattans wohnt, mit sonderbarer Treue an Manhattan fest, wenn auch freilich nicht nur mit Treue, sondern: Die Bewohner jenes Distrikts, der von der 38. und der 48. Street und der Second und der Fifth Avenue begrenzt wird – das ist das Revier, in dem im allgemeinen europäische Touristen ihr Amerikabild formen –, brachten 4,7 Millionen Dollar auf, um sich unabhängig von den unzureichenden städtischen Faszilitäten einen zusätzlichen Müllabfuhrdienst und einen der Straßenreinigung zu sichern, und eine Million Dollar gab dieser Teil der reichen New York City aus, um eine eigene uniformierte Polizei sowie eine eigene Detektivtruppe zu unterhalten: Es entstand eine Stadt mitten in der Stadt, und sie kaufte woanders nicht erhältliche Lebensqualität und ignorierte das öffentliche Interesse, da das eigene das gebot, ganz wie Max Lerner formulierte: »Jeder für sich und Gott für uns alle.«

Diese Maxime ist zu akzeptiert, als daß in dem Land mit seiner 200jährigen kapitalistischen Geschichte nachhaltiger Widerspruch noch möglich wäre. Daß Reichtum ohne Sozialbindung ist, gilt ebenso als unumstößlich etabliert wie die Entsprechung: Armut ist ohne Anspruch an eine Gemeinschaft, die sich eben gerade nicht als soziale Gemeinschaft empfindet. Die Nation, sozusagen, versteht sich nicht als eine der brüderlichen Umarmung, sondern als eine des Ellenbogengebrauchs, nicht als eine der Assistenz, sondern als eine von Individualerwerbern, die in ihrem Egoismus zu allen Zeiten ermunternden Zuspruch aus Washington erfuhren. Erst diese dauernde Ermutigung des hartherzigen Egoismus erlaubte es, zum Beispiel, den Bewohnern der großen Städte, ungerührt fashionable Speiserestaurants zu verlassen und alsbald über Obdachlose zu steigen, die sich in der Nähe der Restaurants und im Freien zur Nacht einrichteten: Sie hatten miteinander nichts zu tun, so nahe sie einander auch physisch waren. Der Kälte, der der Obdachlose ausgesetzt war, entsprach die Kälte, mit der der Angehörige des »establishment« den Frierenden ignorierte.

Im Frühjahr 1991 schätzte eine in Washington ansässige private Hilfsorganisation die Zahl der Obdachlosen in den Vereinigten Staaten auf drei Millionen, bei zunehmender Tendenz. Die Zunahme ergab sich insbesondere daraus, daß nur knapp ein Drittel der 7,6 Millionen Arbeitslosen, die im Januar 1991 registriert waren, irgendeine Form von Sozialhilfe oder Arbeitslosengeld erhielten, also ohne jedes »soziale Netz« und ganz unmittelbar vom Absturz ins Nichts bedroht waren. Tatsächlich haben Studien ergeben, daß nicht »Penner« oder Alkoholiker, sondern Menschen das Heer der Obdachlosen verstärken, die jäh arbeitslos wurden und ihre Mieten nicht mehr zahlen konnten, aber wiederum: Der Staat – gerade dabei, viele Milliarden Dollar für die »harte Arbeit der Freiheit«, nämlich für die Zerbombung Iraks und Kuwaits, auszugeben – sah keinerlei sozialen Handlungsbedarf, denn Mr. Bush glaubte immer noch ganz unangefochten, daß seine »tausend

Lichtpunkte an einem großen und friedvollen Himmel« allfällig vorkommende Härtefälle erwärmen würden.

Die soziale Kälte ist im real existierenden Kapitalismus der Vereinigten Staaten systemimmanent; sie ist sein Wesensmerkmal und muß es nach seinem Verständnis vom Staat sein, weil alles Soziale die reine Lehre verwässert. Der Kapitalismus, auf den Mr. Bush stolz ist und den er aller Welt empfahl, schwört so verbiestert auf das Individuelle, wie der borniert, real existierende Sozialismus in jeder Hinsicht auf das Kollektive schwor. Der real existierende Kapitalismus ist auch so reformunfähig wie seine inzwischen in der Versenkung verschwundene rote Entsprechung im Osten Europas; er ist doktrinär.

Opfer der Doktrin sind seit jeher vor allem im amerikanischen Gesundheitswesen zu inspizieren. Die Idee, daß staatliche Fürsorge der Gesundheit der Nation zu dienen hat, faßte in den Vereinigten Staaten nie auch nur annähernd so Fuß wie in sozial aufgeklärten Ländern der Alten Welt. Medizin im Kapitalismus – das ist eine Ware wie jede andere, und ihr Preis richtet sich nach Angebot und Nachfrage; mit anderen Worten: Der große Regulator des Kapitalismus beherrscht die Medizin – der »freie Markt«.

Der »freie Markt« sorgte dafür, daß die Kosten der Gesundheitsfürsorge oder Krankheitsbehandlung von 1980 bis 1990 um das Doppelte stiegen, so daß die Nation 1990 mehr als 600 Milliarden Dollar für die Befriedigung des elementarsten menschlichen Bedürfnisses auszugeben hatte. Das waren phänomenale elf Prozent des Bruttosozialprodukts und weit mehr, als in anderen und vergleichbaren Industrienationen aufgewendet werden mußte. Für das Jahr 2030 prognostizierten Experten, daß 37 Prozent des Bruttosozialproduktes für medizinische Versorgung aufzubringen sein werden. In der Praxis des Jahres 1991 hieß das, daß sich Wohlstand und vollends natürlich Reichtum mühelos jede Medizin und jede Therapie leisten konnte, während man mindestens unterhalb der »lower middle class« ohne jede Aussicht auf Erfolg hinter den galoppierenden Kosten der Gesundheitsfürsorge herlief. Infolgedessen starb man im selbsternannten »Land der Freien und Gleichen« früh, wenn man im kapitalistischen Rennen um den »success« nur zweiter Sieger geworden war.

Mehr als 50 Millionen Bürger – das heißt: jeder fünfte Bewohner des »reichsten Landes der Welt« – können sich keinerlei oder nur gänzliche unzulängliche Krankenversicherungen leisten. Im Bundesstaat South Dakota, beispielsweise, verfügen nur 17 Prozent der Armen über irgendeine Form der Versicherung, und die meisten von ihnen sind so unterversichert, daß schon mittelschwere Erkrankungen katastrophale Folgen haben können. Tatsächlich sind Kosten, die im Zusammenhang mit Gesundheitsfürsorge entstanden, seit 1990 der maßgebliche Faktor für private und Konkurse mittelständischer Unternehmen: Der »freie Markt« ruiniert, statt seinen Kunden die Fähigkeit zu erhalten, auf ihm zu wirken.

Trotz der immensen Kosten aber, die der »freie Markt« verlangt, ist die Medizin weit davon entfernt, für eine ansehnliche Medizinstatistik zu sorgen. Die Kindersterblichkeit ist ungebrochen und auf nationaler Ebene höher als beispielsweise in Singapur oder Costa Rica, und die Lebenserwartung – immerhin steigt die der Weißen, während die der Schwarzen leicht, aber beständig sinkt – des Durchschnittsamerikaners liegt deutlich unter der eines durchschnittlichen Kubaners, und dafür, daß das voraussichtlich auch so bleibt, sorgt die effektive Ausschließung der Armen von der Fürsorge: Mehr als 50 Prozent der Kleinkinder in den heruntergekommenen und ganz überwiegend von Schwarzen bewohnten Innenvierteln der großen Städte sind und bleiben ohne jede Schutzimpfung. Das Land, von dem noch jeder Präsident fand, es sei dazu bestimmt, die »Number one« in der Welt zu sein, steht in der Tat in der Welttabelle der Lebenserwartung an 16. Stelle, obwohl es für medizinische Zwecke weitaus mehr aufwendet als irgendein anderes Volk der Erde.

Geld kauft Leben, und wer kein Geld besitzt, hat Pech gehabt. Kayleen Anderson, die ein herzkrankes Kind hatte, fand ärztliche Bemühung um das Kind erst, als sie einem Krankenhaus ihr Auto überschrieb. Joyce Singer, zweifache Mutter, mußte sich von ihrem Mann, Opfer eines Schlaganfalls, scheiden lassen, weil anders öffentliche Gelder für seine Pflege nicht zur Verfügung gestellt werden konnten. Aber: Im real existierenden Kapitalismus stiegen die Einkommen der Mediziner, denn der »freie Markt« regulierte wirklich alles durch Angebot und Nachfrage, in der vergangenen Dekade um 50 Prozent mehr als die Einkommen der am nächstbesten verdienenden Berufsgruppen. Und Fred Hurtado, Präsident der Vereinigung der Medizin-Assistenten in Los Angeles, formulierte, als er von der Arbeit der Notaufnahmeabteilungen in den Krankenhäusern sprach: »Viele Hospitäler betrachten Unfallopfer als Fleischstücke, die 250 000 Dollar wert sind. Jeder will sie.« Niemand dagegen will die Armen, die sich eine 250 000-Dollar-Versicherung nicht leisten konnten: Um gar nicht erst in die Verlegenheit zu kommen, sie behandeln zu müssen, haben viele Krankenhäuser ihre Notaufnahmeabteilungen geschlossen.

So eklatante Ungerechtigkeiten, nein: Unmenschlichkeiten fechten das seit 200 Jahren etablierte System nicht an, denn sie sind in seinem Verständnis gar nicht Ungerechtigkeiten, sondern bloß Etappen auf der lebenslangen Reise der »vertical mobility«, die, wenn der Bürger nur die Gesetzmäßigkeiten des Kapitalismus versteht und akzeptiert und befolgt, mit Gewißheit nach oben und in Regionen führt, in denen materielle Sorge um Krankheit nicht mehr entsteht.

Aber auch die »vertical mobility«, die den Anschein erwecken soll, als könne die Route des Lebens bei redlicher Anstrengung immer nur zum »success« führen, ist eine der erstaunlich vielen und langlebigen amerikanischen Legenden und bloß Augenwischerei eines Systems, das immer schon in der Kunst geübt war, Phrase für Wahrheit zu verkaufen.

Seit 1971 ist das reale, also das auf die wirkliche Kaufkraft berechnete Einkommen der Menschen mit geringeren Einkünften ständig gesunken. Die in den Vereinigten Staaten verbreitete und tatsächlich bis Ende des Zweiten Weltkriegs gültige Vorstellung, daß es jeder Generation deutlich besser als der vorhergehenden Generation gehe, gilt längst nicht mehr und hat sich verkehrt.

Deutliche, ja dramatische Sprünge in der »vertical mobility«

nach oben finden seit Jahrzehnten nur mehr in jenem Teil der Population statt, die ohnehin längst ausgesorgt hat und ihr Vermögen nach Millionen bemißt. Unten in der Einkommenspyramide hingegen, denn so muß es der Kapitalismus wollen, bleibt das große Heer der Abhängigen ganz weitgehend immobil: Sieben von zehn Angehörigen der »lower class« bleiben dieser Klasse ihr Leben lang verhaftet, und wer reüssiert, steigt nicht dadurch auf, daß ihm das kapitalistische System seine Anstrengungen honorierte, sondern meist durch die Verehelichung mit einem Angehörigen einer höheren Klasse.

Objektiv ist die Befindlichkeit eines Angehörigen einer der »lower classes« in den Vereinigten Staaten deutlich schlechter als die eines vergleichbaren Menschen in anderen industrialisierten Staaten, wie übrigens objektiv die »Lebensqualität« für den Durchschnittsamerikaner nach UNO-Untersuchungen weitaus schlechter ist als die für die meisten Durchschnittsbürger europäischer Länder. Aber die Indoktrinierung der Obrigkeit hat stets verhindert, daß sich dieser Tatbestand politisch umsetzte.

Denn Indoktrinierung setzt keineswegs einen autoritären Staatsapparat voraus. Wo aber ein System 200 Jahre lang herrscht und ohne jede Gefahr einer grundsätzlichen Opposition die öffentliche Meinung beeinflußt, indoktriniert es einfach durch die »normative Kraft des Faktischen«. In der alternativfreien Politik des real existierenden Kapitalismus der Vereinigten Staaten, der den Staat gründete, sozusagen mit Beschlag belegte und ununterbrochen beherrschte, ist das System betoniert und politischer Wandel unmöglich und Mr. Bushs Stolz auf den Kapitalismus in der Tat selbst da verbreitet, wo es wenig Anlaß gibt, stolz auf ihn zu sein: Systemüberwindende Anstrengungen sind in den Vereinigten Staaten so gut wie unbekannt, selbst unter den Schwarzen in den Elendsgebieten der großen Städte, wo die unterste Stufe der »vertical mobility« haust und Korrekturen der Verhältnisse nicht auf politischem Weg sucht – denn selbst im Slum weiß man, daß er verbaut ist –, sondern durch, sozusagen, revolutionäre Gewalt, nämlich die der Kriminalität.

Die dauernde Existenz der Slums beweist die Ordnungsunfähigkeit des kapitalistischen Systems, aber nicht nur die Slums beweisen das. Dramatisch wird die Ordnungsunfähigkeit des Systems am Beispiel der Stadt Detroit bewiesen, die ihrerseits nur Symptom für überall im Land stattfindende urbane Prozesse ist.

Detroit war bis 1967, was man eine blühende Stadt nennt. Welthauptstadt des Autos. Wirtschaftlich im Dauerboom. Leuchtbänder an Hochhäusern verkündeten phänomenale Produktionsziffern von Automobilen – es schien, als könnte es mit Detroit immer nur weiter nach oben gehen.

Aber dann, 1967, erschütterten Rassenunruhen mit vielen Toten die Stadt, und es erwies sich, daß die Blüte der Stadt aus dem Moder rassistischer Ungerechtigkeit wuchs, die mit Gewalt beantwortet wurde. Detroit, so zeigte sich nun, war nicht die »community«, die sie zu sein vorgab, sondern sie war feindselig separiert. Die Ordnung, die in der Stadt geherrscht hatte, war nur die vorrevolutionäre Ruhe der Unterprivilegierten, die auf ihre Stunde warteten. Und dann zündelten sie und raubten und plünderten, und in ihren Gesichtern war die perverse Befriedigung des Hasses, der sich befreite, indem er zerstörte.

Zwei Millionen Menschen lebten damals in Detroit, und dann begann der Exodus der Weißen, die an die Fähigkeit der Obrigkeit, Ordnung wiederherzustellen, nicht mehr glaubten. Zuerst zogen sie zu Tausenden fort, dann zu Zehntausenden, dann waren es Hunderttausende, und schließlich summierte sich der Auszug zu fast einer Million, und: Die fortzogen, waren die guten Steuerzahler, die guten Kunden der Geschäfte, die Finanziers der urbanen Infrastruktur – sie waren, mit einem Wort, die Stadt.

Detroit verfiel stürmisch. Detroit wurde »Murder City«, gesetzlos und arm. In jedem Spätherbst wieder, wenn woanders in den Vereinigten Staaten »Hallowe'en« begangen wird, eigentlich ein friedlich-heiteres Verkleidungsfest für Kinder, fackeln sie in Detroit Häuser ab, so daß nun ganze Straßenzüge aussehen, als wäre Detroit das Dresden des Frühjahrs 1945. Läden stehen leer, ganze Viertel sind unbewohnt, andere von Kriminalität so verpestet, daß sich schon das Kleinkind an das Peitschen von Schüssen gewöhnt. Die einstmalige Hochburg des Kapitalismus dokumentiert auf dramatische und tragische Weise seine Ordnungsunfähigkeit – und seine Unfähigkeit, zivilisatorischen Frieden zu wahren.

Detroit ist ein besonders drastisches Beispiel für das Unvermögen des Systems, aufzubauen und zu erhalten, was man in anderen Ländern als gesittete Zivilisation kennt, aber es ist keineswegs ein exzeptionelles Beispiel. Unordnung ist vielmehr ein Kennzeichen der amerikanischen Gesellschaft. Der rapide und längst nicht mehr reparable Verfall der nationalen Straßen- und Brückeninfrastruktur ist ebenso Beleg für die Unfähigkeit des Systems, öffentliche Interessen zu bedienen, wie die gespenstische Höhe der staatlichen, industriellen und privaten Verschuldung, die sich inzwischen – bei jährlichem Wachstum von 8,3 Prozent – auf mehr als unvorstellbare zehn Billionen Dollar beläuft und zu keinerlei nennenswerten Interventionen der Bundesregierung führt. 40 Prozent der Autobahnen sind dringend reparaturbedürftig, aber die Gesellschaft will die Kosten nicht tragen. 240 000 Brücken müssen eilig repariert werden, aber auch für dieses »öffentliche Interesse« ist kein Geld da. Nur zwei Prozent des Bruttosozialprodukts fließen der Verbesserung der nationalen Infrastruktur zu – weniger als in vergleichbaren Ländern.

Die 650 000 Schüsse aus Handfeuerwaffen, die jährlich in den Vereinigten Staaten mit der Absicht abgefeuert werden, einen Menschen zu töten – das sind 12 500 Lebensbedrohungen in jeder Woche –, beweisen ebenso Ordnungs- und Friedensunfähigkeit des Systems wie der von Korruption und Verbrechen durchzogene gigantische Verfall der Spar- und Darlehenskassen, deren Sanierung das Land teurer kommt als alle Kosten, die sich für die Vereinigten Staaten mit dem Zweiten Weltkrieg verbanden.

Die Indizien dafür, daß der vulgäre, der bloß auf den eigenen Vorteil gerichtete, der so real existierende Kapitalismus der Vereinigten Staaten, der öffentliches Interesse eigentlich nur noch im Zusammenhang mit seinem militärisch-industriellen Komplex kennt, eine menschenwürdige Gesellschaftsordnung nicht zu schaffen vermag, sind überwältigend. Eine Gesellschaftsordnung, in der jeder dritte Teenager schon einmal an Selbstmord dachte – und der Suizid unter Jugendlichen an zweiter und in der Gesamtbevölkerung an achter Stelle der Todesursachen steht –, ist ganz offenkundig gescheitert.

Gleichwohl: Die Bewunderung eines großen Teiles der Menschheit, insbesondere vieler Europäer, für die Vereinigten Staaten ist ungebrochen – wie erklärt sich das? Da doch die dramatischen Defizite der kapitalistischen Unordnung jedermann sichtbar und mit Händen zu greifen sind – woher kommt die Verklärung des Landes, das sich unangefochten zum Weltenführer aufschwingen konnte und eine »Weltordnung« zu schaffen versprach, während es doch offenkundig zur inneren Ordnung in seinen eigenen Grenzen unfähig war?

Die schwärmerische Erhöhung »Amerikas« ist alt und keineswegs bloß ein Phänomen des späten 20. Jahrhunderts. Daß »Amerika es besser hat«, wie auch Goethe fand, glaubte man in der Alten Welt zu wissen, seit die Neue Welt auf der anderen Seite des Atlantischen Ozeans entdeckt und geraubt wurde. Immer hat man in Europa mit »Amerika« die Vorstellung eines Wunderlandes verbunden, immer Assoziationen von Gold und Silber und märchenhaftem Reichtum erweckt, immer den Sog empfunden, der von diesem Erdteil ausging – und auch heute noch von ihm ausgeht, denn immer noch wird vermutlich millionenfach der Traum von der erfolgreichen Auswanderung nach »Amerika« geträumt. Daß »Amerika« ein riesenhafter und freundlich einladender »Garten Gottes« sei, der nur darauf wartete, fleißigen Menschen zu schönem Wohlstand zu verhelfen, wußte man schon im Europa des 18. Jahrhunderts. Schon damals, als an Hollywood noch gar nicht zu denken war, stellte sich »Amerika« für ungezählte Europäer als eine Art Traumfabrik dar und war Magnet für muskulöse Draufgänger, die entschlossen waren, »drüben« ihr Glück zu machen.

»Amerika« faszinierte längst, ehe sich die Vereinigten Staaten im späten 18. Jahrhundert eine staatliche Form gaben, aber die Staatsgründung hat diese Faszination neu befeuert, was sich gewiß, mindestens zu einem erheblichen Teil, auch aus der Situation erklärt, in der sich der Rest der Welt, insbesondere Europa, zu dieser Zeit befand und übrigens noch lange befinden würde.

Denn die Alte Welt, als sich in Philadelphia die Neue Welt konstituierte, war voll von verkrusteten Despotien weltlicher und kirchlicher Natur, von rigiden, ganz unangreifbaren Machtstrukturen, von höfischem Protz einerseits und kümmerlich halbfreier Armut und Aussichtslosigkeit andererseits, voll auch vom Muff, der sich nicht nur aus der Summe dieser unangreifbaren Realitäten, sondern einfach aus der Tatsache ergab, daß die Alte Welt eben genau das war: alt. Sozusagen schon ausgelebt. Verbraucht und dekadent und zur Regeneration augenfällig ganz unfähig. Ohne Platz für Visionen und Träume, nur ein Platz für Untertanen, die immerzu, und zwar wirklich »untertänigst«, irgendwelchen arroganten Obrigkeiten zu dienen und im übrigen zu kuschen hatten.

»Drüben« dagegen, auf der anderen Seite des Atlantischen Ozeans, ereignete sich um eben diese Zeit die erstaunlichste Spätgeburt der Weltgeschichte, und sie ereignete sich unter einem blendenden Feuerwerk freiheitlicher Rhetorik. Mutige Kolonisatoren widerstanden der Krone von London und fielen von ihr ab – das wirkte weit in das von Kronen beherrschte Europa hinein. Zwar, der Grund des Abfalls war nicht in erster Linie grundsätzlich-republikanische Opposition zur Monarchie, sondern bloß ein Steuerstreit – »No taxation without representation«, lautete der Schlachtruf der Rebellen –, aber das war für den europäischen Beobachter zweitrangig. Zwar, die blendenden Freiheitsrhetoriker in Philadelphia nahmen Schwarze als Sklaven und erschlugen massenhaft Indianer, aber auch das war nur eine Nebensache neben der großen Sache weiß-freiheitlicher Erhebung. Zwar, während in Philadelphia die großen Papiere freiheitlicher Staatsverfassung formuliert wurden, waren 80 Prozent der Bewohner des neuen Landes unfrei, und darin waren viele Weiße eingeschlossen, aber das war für die Faszinierten in Europa ebenfalls nur eine ganz unwesentliche Bagatelle.

Mit anderen Worten: Das Faszinosum der frühen Vereinigten Staaten waren nicht ihre Realitäten, sondern ihre Reden und ihr

Mythos. Als George Washington zum ersten Präsidenten gewählt wurde, regierte er über knapp vier Millionen Menschen, von denen 750 000 dunkle Haut hatten und versklavt waren und rechtloser als irgend jemand in der Alten Welt, rechtloser noch als die Leibeigenen im zaristischen Rußland. Und selbst, was seine weißen Bürger angeht, herrschten keineswegs Demokratie und mithin Gleichheit, sondern nur wenig mehr als zehn Prozent der Weißen durften den Präsidenten wählen, nämlich ausschließlich – Geburtsstunde des Kapitalismus, der seither nie von der Macht ließ – wer Besitz hatte, während Väter der Verfassung den »little guy« für »das Biest« hielten, dumm und ordnungsunfähig, das die Republik der Reichen gefährden könnte.

Kurz: Die Freiheit des neuen, gleisnerisch wirksamen Staatswesens war ein grandioser Schwindel, aber schon damals herrschte in Europa die Wahrheitsgenügsamkeit, die in amerikanischen Dingen auch heute noch besteht. »Amerika« war immer ein Synonym für Freiheit und Glück und Abenteuer – und blieb es.

George Washington wurde in seinem Land ein Staatsheiliger und so oft in Öl und Stein verewigt wie in einem anderen Teil der Welt der Staatsheilige Lenin, und auch in Europa war und blieb er der, sozusagen, Erfinder der modernen Demokratie und Erleuchter der Menschheit; eine ordentliche europäische Großstadt hat längst eine Straße oder einen Platz nach ihm benannt – wer war dieser Mann wirklich?

George Washington ist die Verkörperung des anhaltenden Mißverständnisses, dem die Alte Welt im Umgang mit »Amerika« stets unterlag. Er war der Prototyp der damals herrschenden politischen Klasse und eine amerikanische Variante des preußischen Landjunkers. Er war Sohn eines reichen Vaters, der große – von den Indianern gestohlene – Ländereien sowie 50 Sklaven besaß und seinen Nachkommen in die profitable Kunst der Landspekulation einführte, die der junge George alsbald beherrschte. Als der Vater starb, erbte George zehn Sklaven, aber der nachmalige Präsident und Repräsentant amerikanischer Freiheit erwarb auch selber dunkelhäutigen, menschlichen Besitz – gelegentlich tauschte er Sklaven gegen Rum –, er spekulierte mit Land und Sklaven gleichermaßen; so, schließlich, hielt es damals fast jedermann, der zur führenden Klasse gehörte.

Der Mann, der lebenslang nicht in der Lage war, einen fehlerfreien Brief zu schreiben, gelobte der Krone in London ewige Treue und trat der kolonialen Armee bei, weil er sich von ihr eine Beendigung der Langweile versprach, unter der der Gentleman aus Virginia litt. Als Colonel der britischen Majestät zog er, einige Sklaven im dienenden Gefolge, gegen französische Truppen in Schlachten, in denen George Washington einen miserablen Eindruck hinterließ, so daß er seinen Rang verlor und zum Captain herabgestuft wurde, worauf er sich gekränkt mit seinen Sklaven auf seinen Landsitz zurückzog. Aber erneut reizte ihn das Militär, und wiederum avancierte er zum Colonel, so daß er sich rehabilitiert fühlen durfte, er wurde gar zum Kommandeur aller Streitkräfte in Virginia ernannt, und nun bewies er Führungsfähigkeiten, indem er mit ganz ungewöhnlicher Brutalität durchsetzte, was er für militärische Disziplin hielt.

Die »Codes« der königlichen Armee sahen damals 25 Schläge mit der »neunschwänzigen Katze« für jeden Soldaten vor, der sich im Ton vergriff und eine Profanität äußerte – George Washington hatte keine Probleme, diese ebenso demütigende wie barbarische Strafe zu verhängen; mehr noch: Statt Untergebene, die schwer gegen die militärischen »Codes« verstoßen hatten, erschießen zu lassen, wie es die Vorschriften regelten, ließ Washington sie – und zwar in gaffender Öffentlichkeit – hängen und schrieb dann an seine Vorgesetzten: »Euer Ehren wird, hoffe ich, entschuldigen, daß ich sie hängen ließ, statt sie erschießen zu lassen. Das Hängen hat unter den anderen Soldaten großen Terror verbreitet, und es war dieses abschreckenden Beispiels wegen, daß wir uns dafür entschieden.«

Aber der Terrorist erntete die erhoffte und stumm dienende Loyalität seiner Milizionäre nicht, die ihm in Scharen davonliefen. George Washington pflegte die ergriffenen Fahnenflüchtigen coram publico so lange auspeitschen zu lassen, bis, wie ein Zeitzeuge berichtete, »die Zuschauer laut zu weinen und zu schreien begannen« und das blutige Spektakel nicht mehr ertrugen.

Dann machte George Washington geschichtsbildende Karriere und wurde vom Obristen der Krone zum General jener Streitkräfte, die revolutionär gegen die Krone kämpften. Er war, wie man weiß, erfolgreich, barsch, kalt und gnadenlos – und korrupt und ganz ungewöhnlich unverschämt bei der Abrechnung seiner Auslagen. Seinen Wein – vom Feinsten – ließ er sich ebenso von seinem noch gar nicht bestehenden Staat bezahlen wie Fahrten seiner Lebensgefährtin zu ihm, und nicht nur ließ er zum Nennwert zahlen, sondern – so haben amerikanische Historiker errechnet – liquidierte für 160 000 Dollar, die er wirklich ausgab, 414 000 Dollar; mithin: Es hat seine Logik, daß aus der Hauptstadt der Vereinigten Staaten, die Washingtons Namen trägt, eine Metropole der Korruption wurde, an die sich die Nation freilich ebenso gewöhnte wie daran, daß im Wege üblicher Legendenbildung aus dem Sklaventreiber und Auspeitscher und Galgenmeister George Washington der nationale Übervater wurde, von dem jedes amerikanische – und wenigstens in Kurzform auch jedes europäische – Kind lernt, daß er weise war, gütig, patriotisch, und ein guter Kriegsmann.

Die Zustände, denen er präsidierte, waren, wie man heute weiß, alles andere als demokratisch und liberal, aber die Vokabeln klangen nach Demokratie und Liberalität, die Washington und seine Zeitgenossen dauernd im Munde führten, wenngleich: Washington, nachdem er Präsident geworden war, verbat sich den Händedruck ordinärer Untertanen. Tatsächlich waren die Vereinigten Staaten von Amerika das erste Land der Erde, dem es dauerhaft gelang, seine Wahrheiten durch Worte zu verdecken. Es log schon in der Stunde seiner Geburt, es log sich, sozusagen, in den Stand allgemeiner und glückseliger Freiheit, in der jedermann damit beschäftigt war, das Verfassungsgebot der »pursuit of happiness« zu verfolgen, und die faszinierte Welt glaubte – und hat den Glauben nie mehr verloren. Das neue Land klingelte mächtig und mit Hilfe glänzender Rhetoriker mit dem schönen Vokabular der Freiheit und der Menschenrechte und der Demokratie und der

Humanität und des Fortschritts und dem des Gottesglaubens – und schlug derweil zu Millionen seine Indianer tot und kettete zur Nacht seine Sklaven an oder sperrte sie doch wenigstens ein –, und die Welt vernahm eine wunderschöne und reizvolle Sinfonie und war, und blieb, sicher, daß rund um Boston und Philadelphia und New York City ein Menschheitstraum wahr und wirklich »God's own country« geschaffen wurde.

Die Amerikagläubigkeit hat die vergangenen 200 Jahre so unversehrt überstanden, wie das damals in Philadelphia begründete System die Zeitläufte überstand. New York City, die erste Hauptstadt des Landes, ist auch heute noch im Bewußtsein der meisten Europäer die machtvoll steingewordene, dynamische und schließlich im »kalten Krieg« sieghafte Welthauptstadt des Kapitalismus mit den fashionablen Geschäften an der Fifth Avenue und dem unvergleichlichen Empire State Building und der Wall Street, von der aus die ganze Welt beeinflußt wird; von der anderen New York City, der Stadt in ständiger Nähe zum Bankrott, in der jeder vierte Bürger unterhalb der staatlich festgelegten Armutsgrenze lebt, und der Stadt mit den 100 000 Obdachlosen und den 2,5 Millionen Menschen ohne jede Krankenversicherung, von der New York City der südlichen Bronx, in der es wie in Detroit aussieht, von Bedford-Stuyvesant und dem weithin heruntergekommenen Harlem will niemand etwas wissen.

Boston ist im Bewußtsein eines amerikagläubigen Europäers eine Stadt, in der Nobelpreisträger so heranwachsen wie anderswo die Äpfel. Die »Harvard University« und das »Massachusetts Institute of Technology« fallen ihm ein, wenn er den Namen der Stadt im Nordosten hört; das andere Boston kennt er nicht, nämlich jene Stadt, in der fast jeder zweite Erwachsene nicht über die Fähigkeit verfügt, korrekt zu lesen und zu schreiben.

Atlanta ist dem in die Vereinigten Staaten verliebten Europäer die Heimat von Coca-Cola und Platz prächtiger Wolkenkratzer, in deren Schatten Olympische Spiele stattfinden werden; das andere Atlanta interessiert ihn nicht, denn es ist die Stadt mörderischer Kriminalität, in der 1990 für Jugendliche ein nächtliches Ausgehverbot verhängt wurde, weil die Stadtverwaltung – vergeblich – hoffte, damit die Armutsfolge Kriminalität eindämmen zu können.

Und Washington D. C. ist dem bewußten Bürger der »freien Welt« irgendwie auch seine Hauptstadt, und er mag sie mit ihrer prächtigen Kirschblüte und dem aparten Weißen Haus und den pompösen Regierungsbauten und dem pseudo-europäischen Capitol Hill; das andere Washington verdrängt er, denn das ist das Washington, in dem jeder zehnte erwachsene Bewohner der Tristesse der lebenslangen Armut zu entkommen sucht, indem er regelmäßig Rauschgifte zu sich nimmt, die er sich – Teufelskreis der Armut – durch Kriminalität beschafft, und so wurde das Washington D. C., das über die »freie Welt« gebietet, zur »Murder Capital« der Vereinigten Staaten, wo nächtliche Schüsse so normal sind wie in einem Land, in dem Krieg herrscht.

Natürlich sind die Defizite der amerikanischen Gesellschaft auch für diejenigen unübersehbar, die von ihrer Amerikagläubigkeit nicht lassen wollen. Daß das öffentliche Interesse allenthalben im Lande grob und zuweilen auf menschenverachtende Weise vernachlässigt wird, ist evident, wie aber andererseits auch die Erfolgsbelege des Egoismus augenfällig sind, die überall im Lande stehen: die »mansions«, die wie Herzogsschlösser aussehen, und die prallvollen Provinzflughäfen, in denen sich der erfolgreiche Kapitalist seinen eigenen Jet hält, und die weiße Pracht kaum vorstellbar teurer Hochseemotoryachten in den Häfen beider Küsten und das millionenschwere Geschmeide, das aufblitzt, wenn sich jene kapitalistische Nomenklatura trifft, von der Max Lerner sagt: »Der Platz der europäischen Aristokratien wurde in den Vereinigten Staaten von einer Plutokratie eingenommen, zu der es in keiner der vorausgegangenen Kulturen eine Parallele gibt.«

Sie, Lerners Plutokratie, hat das Bild geformt, das in Europa bewundert wird. Sie hat dafür gesorgt, daß im »Land der unbegrenzten Möglichkeiten«, so Lerner, »von der Geburt bis zum Tod die zentrifugale Kraft des Geldwertes empfunden wird«. Sie hat, zwei Jahrhunderte an der Macht, »eine Kälte des Geschäftsgeistes mit sich gebracht, der selbst den Menschen zu einem bloßen Sachgegenstand der Wirtschaft machte«. Was Europa bewundert, sind die Triumphe der Plutokratie; so war das auch schon zu den Zeiten der legendären »robber barons«, deren raffende Brutalität auf beiden Seiten des Ozeans gleichermaßen bestaunt wurde.

Amerikagläubigkeit und die Bewunderung alles Amerikanischen sind verräterisch wie Herrn Dr. Kohls Bekenntnis zur amerikanisch-deutschen »Wertegemeinschaft«, die eine Identität politischer – also auch sozialer – Wertvorstellungen unterstellt. Amerikagläubigkeit ist, genau besehen, die Akzeptanz der sozialen Unerträglichkeit, die in den Vereinigten Staaten herrscht und Kinder sterben läßt, weil ihre Eltern kein Geld haben. Amerikagläubigkeit, also die Hoffnung, in amerikanischen Zuständen leben zu können, ist der erste Schritt fort von der sozialen Aufklärung Europas und hin zu jenem ungebundenen Kapitalismus, den Mr. Bush stolz der ganzen Welt anempfiehlt.

Dabei ist natürlich in Wahrheit der Kapitalismus »Amerikas«, wie tausend bedrückende Fakten belegen, längst gescheitert, wenn auch nicht unter dem welterschütternden Krachen, mit dem der real existierende Sozialismus zusammenbrach. Der Kapitalismus hat in zwei Jahrhunderten nachgewiesen, daß er »God's own country« nur für die Privilegierten schaffen kann. Er hat stets die Friedenspflicht ignoriert, die in menschlichen Gesellschaften herrschen sollte, und statt dessen soziale Ordnung durch räuberischen Krieg im Kampf um die Palme des wirtschaftlichen Erfolgs ersetzt, die einziges Lebensziel ist. Er hat immer das partikulare, nie das öffentliche, nie das allgemeine Interesse gekannt. Er ist seinen Wurzeln treu geblieben, und die Wurzeln: Das waren die gegen die Indianer und Schwarzen gerichteten Barbareien, die das Entstehen der mächtigen Vereinigten Staaten von Amerika überhaupt erst möglich machten.

»Keine andere Demokratie«, so fand Harold J. Lasky schon 1948, »hat ihre Reichen so fabelhaft belohnt, und keine andere Demokratie war weniger an ihren Fehlern und ihrem Versagen interessiert.«

Und keine andere Demokratie wird so grundlos in anderen Ländern bewundert und zum Vorbild erwählt. ■■■■■■■■■■■■■

3. KAPITEL
DER REAL EXISTIERENDE
KAPITALISMUS

1991, als sich Präsident George Bush anschickte, eine amerikanisch inspirierte »Neue Weltordnung« zu schaffen, bestand die inneramerikanische Ordnung nur mehr in der Gewöhnung an das Unerträgliche. Gewalt – auf den Straßen ebenso wie in der Wirtschaft – kennzeichnete ein System, das durch Gewalt wurde, was es ist.

Die erfolgreichen Industrien sind jene, in denen sich Unternehmen durch Aggressivität, durch Emotion und manchmal auch mit schierem Haß gegenseitig zum Fortschritt treiben.

Professor Michael Porter,
Wirtschaftswissenschaftler der
»Harvard Business School«

Entwickelt sich die Vorliebe für materielle Genüsse schneller als die Bildung und die freiheitliche Gewohnheit, so kommt ein Augenblick, da die Menschen vom Anblick begehrter Güter wie außer sich sind. Man braucht derartigen Bürgern Rechte, die sie besitzen, nicht erst zu entreißen; sie lassen sie selber gern fahren.

Alexis de Tocqueville

In der vergangenen Woche beliefen sich die Schulden der Nation auf 3 214 512 688 472,82 Dollar. Umgerechnet in das Gewicht von Ein-Dollar-Noten sind das mehr als drei Millionen Tonnen.

Das Nachrichtenmagazin
»Time« im September 1990

■■■■■■■ Im Frühjahr 1991, als sich die Vereinigten Staaten von Amerika nach dem Golfkrieg in der Rolle des Weltführers sahen und Gestalter einer, wie Präsident George Bush das nannte, »Neuen Weltordnung«, lagen die Kindersterblichkeitsraten in den Vereinigten Staaten erheblich über denen vergleichbarer Länder. Das öffentliche Erziehungssystem produzierte Schulabgänger, deren Kenntnisse und Leistungen wesentlich schlechter als die von Schulabsolventen anderer Nationen waren. Es befanden sich, bezogen auf die Zahl der Gesamtbevölkerung, mehr Menschen hinter Gefängnismauern als in irgendeinem anderen Land der Welt, das darüber Statistiken vorlegt. Die Mordraten in den Vereinigten Staaten übertrafen alles bei weitem, was die Kriminalstatistiken in anderen Staaten auswiesen.

Während die Vereinigten Staaten, seit dem Zusammenbruch des kommunistischen Ostblocks die unumstrittene »Number one« in der Welt, zwischen 1980 und 1988 in zahlreichen Ländern auf fast allen Kontinenten militärisch oder mit »covert actions«, mit geheimdienstlichen Aktivitäten, intervenierten, um zu schaffen, was sie für Ordnung hielten, sank der ohnehin geringfügig gewordene Anteil der amerikanischen Autoindustrie am Exportgeschäft noch einmal um zehn Prozent, der Anteil am globalen Markt des Exports von Maschinenwerkzeugen noch einmal um 35 Prozent, der Anteil am Export von Halbleitern noch einmal um 39 Prozent.

Die Löhne amerikanischer Facharbeiter waren, als Mr. Bush seine »Neue Weltordnung« ankündigte, unter das Niveau ihrer Kollegen in anderen industrialisierten Ländern gesunken. Nach dem Zusammenbruch der Spar- und Darlehenskassen im Lande – 60 Prozent der Konkurse waren auf kriminelle Handlungen zurückzuführen – begannen Banken zu krachen, auch namhafte Banken, und es gab erste Anzeichen dafür, daß die Versicherungswirtschaft nicht viel gesünder als die Branche der Banken war. 1990 gingen 169 Banken unter, für 1991 rechnete die Bankenaufsicht mit 230 Bankrotten; die Banker hatten sich bei Bemühungen um immer noch fettere Profite verspekuliert. Zwischen 1986 und 1989, also in den Jahren des Reagan-»boom«, starben 630 Banken an ihrer Gewinnsucht. Die Gesamtverschuldung der Vereinigten Staaten belief sich 1991, bei stetig steigender Tendenz, auf mehr als zehn Billionen Dollar; mit je einem Drittel waren der Staat, die Privatwirtschaft und die privaten Haushalte an dieser Summe beteiligt, die aus den Vereinigten Staaten das am höchsten verschuldete Land der Welt machte, von dem niemand mehr glaubte, daß es je in die Lage kommen könnte, seine Verbindlichkeiten zu begleichen.

Es saßen, während die Welt aufmerksam nach Washington blickte, um mit den Vorstellungen des Präsidenten von seiner »Neuen Weltordnung« vertraut zu werden, mehr junge schwarze Amerikaner im Gefängnis als im College. In den Großstädten gab es Quartiere, in denen mehr junge schwarze Arbeitslose als junge Männer hausten, denen es gelungen war, einen Job zu finden. Auf den Straßen und in den Parks des Landes, das sich für die »Neue Weltordnung« zuständig fand, wurde mehr Rauschgift umgesetzt als irgendwo sonst auf der Welt, und die Polizei sah sich außerstande, den Handel mit den Rauschgiften unter Kontrolle zu bringen.

Der Verfall der nationalen Infrastruktur hatte, während Mr. Bush mit seinen Assistenten im Weißen Haus in Washington über die »Neue Weltordnung« beriet, katastrophale Ausmaße angenommen. In New York City war jede dritte Brücke dringend reparaturbedürftig. Das nationale Autobahnnetz, einmal Vorbild für alle Welt, verkam. Mindestens 400 Milliarden Dollar wurden dringend benötigt, um wenigstens die bedrohlichsten Umweltprobleme zu beheben, insbesondere Probleme, die sich aus fahrlässigem Betrieb von Atomkraftwerken oder Fabriken zur Herstellung von Atomwaffen ergaben. Gar auf 900 Milliarden Dollar schätzen Fachleute den Finanzbedarf für die Sanierung der Kerne der Großstädte, in denen überwiegend Schwarze wie in Oasen der Dritten Welt und in bedrückender Koexistenz mit Ratten leben.

Mindestens 27 Millionen erwachsene Bürger der Vereinigten Staaten waren, während sich die Vereinigten Staaten nach dem Blitzkrieg am Golf der Weltführung zuwandten, Analphabeten, aber es gab Schätzungen von Fachleuten, die diese Zahl für weit untertrieben hielten und eher mit 40, gar mit 60 Millionen funktionalen Analphabeten rechneten. 72 Millionen Bürger waren ohne die Fähigkeiten, die sie in den Stand hätten setzen können, qualifizierte Arbeit zu finden. Unternehmen gingen dazu über, ihren Arbeitern schulischen Nachhilfeunterricht zu erteilen.

Wo japanische Facharbeiter bei der Herstellung von Autos einen Fehler machten, stellten sich bei ihrem amerikanischen Kollegen 60 Fehler ein. Loyalität der Arbeiterschaft ihrem Unternehmen gegenüber gab es kaum noch und war auf dem tiefsten Stand, seit sie von Demoskopen ermittelt wurde. Man arbeitete nicht für eine »Company« und deren Reputation, man arbeitete für sich.

Etwa 90 Prozent des versteuerten Einkommens amerikanischer Unternehmungen flossen in den Zinsendienst der betrieblichen Verschuldung. Im Vergleich mit auf dem Weltmarkt konkurrierenden Ländern war die Investitionsquote in der amerikanischen Wirtschaft gering. Der Anteil der produzierenden Industrie an der Gesamtwirtschaft ging stetig zurück. Sintaro Ishihara, ein japanischer Wirtschaftswissenschaftler, fand: »Die Amerikaner sind nun so weit, daß sie einpacken können, wenn wir sagen würden: ›Wir verkaufen euch keine Chips mehr.‹«

Seit Stalin seine »Neue Weltordnung«, jene der roten Weltrevolution, plante, hat nie jemand so ersichtlich ohne Qualifikation von einer »Neuen Weltordnung« gesprochen wie Mr. Bush. Er präsidierte, als er diesem Planeten Fasson zu geben versprach, einem Land, in dem zwar die öffentliche Ordnung nicht zusammengebrochen war, aber das, was in den Vereinigten Staaten noch als Ordnung galt, war bloß noch eine, die sich an das Unerträgliche gewöhnt hatte.

Zum Beispiel die Kriminalität:

1989, das letzte Jahr, für das im Frühsommer 1991 statistische Daten vorliegen, wurden in den Vereinigten Staaten von je 100 000 Männern 21,9 ermordet, in Schottland 5,0, in Israel 3,7, in Schweden 2,3, in Frankreich 1,4, in Polen 1,2, in England ebenfalls 1,2, in der früheren westdeutschen Republik 1,0, in Japan 0,5 und in Österreich 0,3. In der Stadt, in der die Konstrukteure der »Neuen Weltordnung« am Werke waren, in Washington D. C., lag die Mordrate bei phänomenalen 70 Opfern pro 100 000 Einwohner, in New York City die des Raubes 160mal höher als jene in Tokio. In Chicago geschah alle zehn Stunden ein Mord, und jeden Tag gab es 36 Schießereien und im texanischen Dallas weit mehr Mordopfer als Tage im Monat. In New York City lag die Mordrate 30mal höher als in Tokio, zehnmal höher als in London, dreizehnmal höher als in Buenos Aires und fünfzehnmal höher als in Toronto. Die Situation in New York City war so desperat, daß der Republikaner Pierre Pinfret, der sich um das Amt des Gouverneurs im Staat New York bewarb, zur Bekämpfung der Kriminalität vorschlug, 100 000 Zivilisten zu bewaffnen und als Bürgerwehr auf die Straße zu schicken. Daß Mr. Pinfret die Gouverneurswahl nicht gewann, lag gewiß nicht daran, daß die Bürger von New York City wesentlich anders als er über die Kriminalität in ihrer Stadt dachten: Jeder zweite Bewohner der Stadt fürchtet sich vor Gewaltkriminalität, wenn er, zu welcher Tageszeit auch immer, die Straße betritt.

In Washington D. C. ist das nicht wesentlich anders. 1990 verlangte eine Bürgerinitiative: »Wir wollen unsere Straßen wiederhaben«, aber in einer Stadt, in der jeder zehnte erwachsene Bürger regelmäßig Rauschgifte zu sich nimmt – die auch im Park gleich gegenüber dem Weißen Haus erhältlich sind –, blieb das ein frommer Wunsch, so daß in Washington weiter Krieg herrschte, als Mr. Bush am Persischen Golf längst Frieden erbombt hatte.

1990 war, obwohl schon lange Weltspitze, die Gewaltkriminalität in den Vereinigten Staaten im Süden des Landes noch einmal um 13 Prozent, im Mittleren Westen um 12 Prozent, im Nordosten um 6 Prozent und im Westen noch einmal um 9 Prozent angestiegen. Auf den – im allgemeinen von bewaffneten Männern bewachten – Anlagen der Hochschulen geschah alle 25 Minuten eine kriminelle Gewalttat, und alle zehn Tage wurde auf irgendeinem Campus jemand ermordet. Gestiegen war 1990 auch erneut die Zahl der Kinder, die Mordopfer wurden, aber auch die Zahl jener Kinder, die selber mit Mordabsicht zur Waffe griffen. Und 1991, im Anschluß an den Golfkrieg, ereignete sich erneut, was die Kriminalstatistiker schon kannten: Bürger reagierten auf die »Krieg« genannte staatliche Gewalt mit individueller Gewalt: Die Kriminalitätsdaten schossen jäh in die Höhe.

Vermutlich ist nur in einer so an die mordende Gewalt gewöhnten Gesellschaft die Freispruchbegründung des Richters Roy Jones in Marion im Bundesstaat Indiana möglich, der einen Beschuldigten, dem nachgewiesen worden war, einen mutmaßlichen Taschendieb angeschossen und dadurch zum Krüppel gemacht zu haben, mit den Worten in die Freiheit entließ: »Ich danke Ihnen dafür, mein Herr, daß Sie versuchten, etwas für die Lösung der Probleme in unserem Land zu tun.«

In 650 000 Fällen im Jahr richtet jemand in den Vereinigten Staaten eine Schußwaffe auf einen Menschen. Es kamen, während Mr. Bush am Persischen Golf einen Anfang mit seiner »Neuen Weltordnung« machen ließ, in seinem Krieg weniger Amerikaner ums Leben, als daheim Menschen unter Schüssen starben. In New York City, der Stadt mit den jährlich 2000 Mordopfern und den zwei Millionen illegalen Handfeuerwaffen, sagte Edwin Torres, Richter am Obersten Staatsgerichtshof von New York: »Ich vergleiche uns mit Beirut oder Belfast«, aber der Vergleich hinkte natürlich, denn anders als in Beirut und Belfast fand in New York kein so auch erklärter Bürgerkrieg, sondern Normalität statt, und zu dieser Normalität gehörte, daß in dem Monat vor dem amerikanischen Aufmarsch in den Wadis von Saudi-Arabien, von wo aus Mr. Bush seine »Neue Weltordnung« beginnen würde, in New York City fünf kleine Kinder ermordet und sechs weitere schwer verletzt wurden.

»Wir verlieren auf unseren Straßen alle 100 Stunden mehr junge Menschen, als während des ganzen Krieges am Persischen Golf getötet wurden«, klagte Louis Sullivan, der Gesundheitsminister der Bush-Administration, und: »Wo ist unsere Sorge, wo ist unser herzliches Mitgefühl für die Kinder, die in diesen Krieg gerieten?« Wenige Tage darauf griff Mr. Bush in den Krieg auf den Straßen seines Landes ein: Er empfahl die Einführung der Todesstrafe auch für solche Delikte, die bislang noch nicht von der Exekution bedroht waren, und vor allem empfahl er, häufiger von Staats wegen umzubringen und Gnadenwege abzukürzen.

Für sechs Wochen Krieg am Persischen Golf legten die Vereinigten Staaten etwas mehr als 50 Milliarden Dollar aus – freilich ließen sie sich diesen Betrag später von ihren Verbündeten erstatten –, aber für alle Maßnahmen zur Prävention und Bekämpfung der Kriminalität sowie für Justiz und Gefängnisse bringen sie nur 61 Milliarden pro Jahr auf; die »Neue Weltordnung« war wichtiger als Ordnung daheim.

Gewalt geht nicht nur räuberisch im Bemühen um Eigentum um. In den Vereinigten Staaten liegen die Vergewaltigungsraten 20mal höher als in Japan, 13mal höher als in Großbritannien und immerhin noch viermal höher als in der früheren westdeutschen Republik. 4000 Frauen werden im jährlichen Durchschnitt von ihren Männern oder Lebensgefährten totgeschlagen – auf Bevölkerungsgrößen bezogen, sind das wiederum weitaus mehr als in anderen Ländern. In dem Land, das sich eine »Neue Weltordnung« zutraut, stehen in jeder Stunde 16 Frauen einem Gewalttäter gegenüber, alle 18 Sekunden wird eine Frau verprügelt. Drei von vier amerikanischen Frauen werden mit statistischer Sicherheit in ihrem Leben mindestens einmal einem Gewaltverbrechen ausgesetzt sein. Mehr als eine Million Frauen suchen Jahr für Jahr medizinische Hilfe, nachdem sie geschlagen oder andersartiger Gewalt ausgesetzt und dabei verletzt wurden – und auch diese Zahl, wie alle Zahlen, die sich mit Gewaltanwendung verbinden, steigt von Jahr zu Jahr.

Von 100 000 Bürgern der Vereinigten Staaten befinden sich zu jeder Zeit 426 im Gefängnis – das ist Weltrekord unter denjenigen Ländern, die Statistiken über ihre eingesperrte Population führen. Die Südafrikanische Union bringt es an zweiter Stelle der vergleichenden Statistik auf 333 Gefangene, Nordirland auf 120, Frankreich auf 81, die Schweiz auf 73, Dänemark auf 68, Japan auf 45 pro 100 000 Bürger. Noch deutlicher aber ist der Abstand der Vereinigten Staaten von anderen Ländern in der Quote derjenigen Straftäter, die rechtskräftig verurteilt wurden, ihre Strafe aber nicht antreten müssen, weil die Gefängnisse überfüllt sind. In der Weltordnungsmacht ist die Justizordnung zusammengebrochen. Es laufen mehr überführte Straftäter frei auf den Straßen herum, als Straftäter im Gefängnis sitzen, und der Gefängnisbau ist einer der wenigen Branchen mit positiver Tendenz. Von denjenigen, die wegen Mordes verhaftet werden, landen nur 53 Prozent irgendwann einmal in einem Gefängnis.

»Die Umstände, die«, so formulierte es die »New York Times«, »unsere Gesellschaft unlebbar machen«, nämlich die allenthalben drohende Gewaltkriminalität, sind nicht nur, sondern waren immer ein Kennzeichen der amerikanischen Gesellschaft. »Noch jede amerikanische Generation«, erklärte eine vom Präsidenten eingesetzte Untersuchungskommission, »und auch schon Generationen vor der Gründung der Vereinigten Staaten haben sich durch den Anstieg der Kriminalität und der Gewalt bedroht gefühlt.« Die Vereinigten Staaten waren nie ein zur Schaffung öffentlicher Ordnung fähiges Land; sie waren, auf eine bestimmte Weise, nie zivilisiert, wenn man unter Zivilisation einen Zustand versteht, der vor Gewalt schützt. Gewalt ist ein Kennzeichen des Landes, das sich anschickt, eine »Neue Weltordnung« zu entwerfen.

Kriminalität stellt einen Indikator für die soziale Befindlichkeit einer Gesellschaft, für ihre Integrationsfähigkeit, für ihr Solidaritätsvermögen dar. Hohe Kriminalität ist immer Ausdruck gesellschaftlichen Versagens. Daß Kriminalität in sozialliberalen Ländern vergleichsweise selten auftritt, ist deshalb so folgerichtig wie ihre epidemische Verbreitung in den Vereinigten Staaten: Sie ist, sozusagen, kapitalistisch hausgemacht. Die immense Gewaltkriminalität in den Vereinigten Staaten ist ein legitimes Stück des real existierenden Kapitalismus, der soziale Verpflichtung gegenüber den Schwachen nie kannte, so daß sich die Schwachen – die Schwarzen vor allem – kriminell holten, was die Gesellschaft ihnen vorenthielt.

Ganz unverändert werden die Schwarzen von den lukrativen Einkommensmöglichkeiten ferngehalten. Sie bilden etwa zwölf Prozent der Gesamtbevölkerung, aber sie stellen nur 0,6 Prozent der Piloten, nur 0,9 Prozent der Architekten, nur 0,8 Prozent der Farmer, nur 3 Prozent des Lehrkörpers an Colleges und Universitäten. Ein im Getto einer Großstadt heranwachsender Schwarzer hat in aller Regel nicht nur keine faire Chance – er hat überhaupt keine und ergreift deshalb jene, die sich aus dem Rauschgifthandel ergibt.

Die Integrationsunfähigkeit der kapitalistischen Ordnung hat einen Großteil der schwarzen Bevölkerung in die Kriminalität getrieben – mit verheerenden Konsequenzen, die auch auf die Integrationsunfähigen zurückschlagen. Denn zwar findet ein Großteil der Verzweiflungskriminalität der Schwarzen in ihren eigenen Gettos statt – Mord ist inzwischen die am häufigsten auftretende Todesursache für junge schwarze Männer im Alter zwischen 15 und 24 Jahren –, aber mehr und mehr erreicht sie auch die Weißen. Die weiße Obrigkeit wiederum verfolgt schwarze Kriminalität – sie tat das immer – mit sehr viel größerer Energie als Straftaten, die von Weißen begangen werden, und sie sperrt auch Schwarze sehr viel häufiger ein, als das im Vergleich mit von Weißen verübten Delikten angemessen wäre. Die Folge ist, daß sich von 100 000 schwarzen Männern zu jeder Zeit 3109 in Gefängnissen befinden – noch einmal: Bezogen auf die Gesamtbevölkerung, belief sich die Gefange-

nenpopulation auf 426 pro 100 000 –; keine andere Bevölkerungs-
gruppe in der Welt wird auch nur annähernd so häufig eingesperrt;
selbst in der Südafrikanischen Union sind von je 100 000 Schwarzen »nur« 729 im Gefängnis.

Tatsächlich wird natürlich die Brisanz der Kriminalität durch das
Verfahren der Justiz eher vermehrt: Amerikanische Gefängnisse
resozialisieren nicht, sie züchten Haß. Nirgendwo anders gibt es
mehr Meutereien von Gefangenen. Nirgendwo anders sind die
Rückfallquoten auch nur annähernd so hoch wie in den Vereinigten
Staaten, und nirgendwo anders eskaliert die Gewaltbereitschaft
jener, die rückfällig wurden, so sehr wie hier.

Der Rassismus, der sich in den Verurteilungen zu Haftstrafen
ausdrückt, wirkt sich besonders deutlich auch bei der Verhängung
von Todesstrafen aus. Seit die Todesstrafe 1976 – bisher in 36 Bundesstaaten – wieder eingeführt wurde, wurden 144 Menschen von
Staats wegen umgebracht, doch hat es keine Exekution für die
Ermordung eines Schwarzen durch einen Weißen gegeben. Und
andererseits: 86 Prozent der Opfer jener, die vom Staat vergast oder
auf den elektrischen Stuhl gesetzt wurden, waren weiß, während
annähernd die Hälfte aller Mordopfer in den Vereinigten Staaten
schwarze Haut hatte. Wer einen Weißen umbringt, hat in den Vereinigten Staaten eine viermal so große Aussicht darauf, zum Tode
verurteilt zu werden, wie derjenige, der einen Schwarzen mordet.

Die rächende Gewalt perpetuiert sich auch durch diese offenkundigen Ungerechtigkeiten, aber nicht nur durch sie. Denn zwar ist
seit langem wahr, daß die schwarze Bevölkerung weit über ihren
prozentualen Anteil hinaus kriminell auffällig wird, aber sie erfand
die amerikanische Gewaltkriminalität nicht, vielmehr: Sie fand, als
Sklaven an Land befördert, weiße Gewaltkriminalität als bestim-
mendes Element der Gesellschaft vor. Schwarze Gewalt ist Anpassung an die Lebensverhältnisse, die in diesem Land immer herrschten – und zwar nicht nur in Form von Raub- oder Mordkriminalität,
sondern auch in etwas subtilerer Form von Gewalt in der kapitalistischen Wirtschaft, in der das Gesetz des Dschungels stets so
herrschte wie heute auf den Straßen der großen Städte. Gewalt

war immer ein »Ordnungsfaktor« in den Vereinigten Staaten, alles, was sie groß machten, entstand durch gewalttätigen Kampf; die »robber barons« werden so durchaus nicht nur aus sprachlichem Jux genannt, sondern sie waren »Raubbarone« und vergingen sich – gleichsam gewalttätig – gegen Recht und Gesetze, die in den Vereinigten Staaten nie jene Durchsetzungsfähigkeit hatten, auf die man in sozial etwas aufgeklärteren Ländern – noch – Wert legt.

Die exorbitante Gewaltkriminalität in den Vereinigten Staaten ist mithin nur ein Ausdruck einer nationalen Eigenschaft, die aus dieser Nation schon in ihren formativen Zeiten, wie der Historiker Henry Steele Commager von der New Yorker »Columbia University« sagt, »das gesetzloseste Volk der Erde« machte. Ordnung im Sinne eines sozialfriedlichen Arrangements, Ordnung als eine in jedem Sinne gewaltfreie menschliche Organisationsform, gar Ordnung als Verbund sozialer Zuwendung war in den Vereinigten Staaten nie heimisch und konnte es nicht sein. Denn der hier seit 200 Jahren waltende Kapitalismus bezieht seine Dynamik nicht aus sozialer Zuwendung, sondern daraus, aggressiv zu sein. Auf eine gewisse Weise ist Kapitalismus steter Krieg mit den Mitteln der Wirtschaft, und derjenige ist in diesem Krieg besonders erfolgreich, findet der Wirtschaftswissenschaftler der »Harvard University« Michael Porter, der ihn mit »schierem Haß« führt, ohne den, wie man weiß, auch richtige Kriege nicht zu führen sind. Erst dieser »schiere Haß«, so sagt Professor Porter, treibt zum Fortschritt, also zum wirtschaftlichen Sieg.

Ein so logisch auf die Spitze getriebenes Konkurrenzkampfdenken zermalmt eine menschliche Gemeinschaft, die diesen Namen verdient, und gebiert unvermeidlich die unansehnlichen Formen und Folgen des Hasses, von denen die Gewaltkriminalität nur eine ist. Eine andere, der Gesellschaft immanente Folge ist die Gesetzlosigkeit in der Wirtschaft, von der der amerikanische Volksmund spätestens seit den Zeiten der »robber barons« weiß, daß »es kein großes Vermögen gibt, hinter dem sich nicht ein Verbrechen verbirgt«.

Max Lerner hat auf die Wesensverwandtschaft des Gewaltkriminellen mit Vorgängen in der kapitalistischen Wirtschaft mit der Sentenz verwiesen: »Der Kriminelle nimmt die kaum verhüllten Prämissen unserer Kultur ernst. Er sieht, daß ›easy money‹ gemacht und Raub praktiziert wird. Er weiß, daß die Gesetze dauernd gebrochen werden. Er weiß auch, daß eine interne Gewalt stattfindet, wo man den Markt ausbeutet und die Umwelt vergewaltigt.« Und wiederum sind diese wirtschaftlichen Verhaltensweisen mit ihren prägenden Charakteren keine Erscheinungen bloß der Gegenwart – wenngleich: Selbst Amerikaner, die keine Sekunde an den Segnungen des Kapitalismus zweifeln, fanden, daß er in der Ära des Präsidenten Reagan zur bloßen Karikatur verkam –, sondern, wie die kriminelle Gewalttätigkeit, Erscheinungen, die mit dem Werden der Nation verbunden sind, an deren Wiege keinerlei Ordnung als Pate stand, schon gar nicht eine Ordnung im Erwerbsleben. »Das Begehren, das zur Besiedlung Amerikas führte«, meint Max Lerner, »war gleichzeitig eine Suche nach der Freiheit des Gewissens und nach dem Dorado des großen Geldes«, und »großes Geld« war nie ganz ohne Gewalt zu machen. Ganz am Anfang machte man es mit Gewalt gegen die Indianer, dann mit Gewalt gegen Konkurrenten, schließlich mit der Gewalt, die aus der Macht und aus der Tatsache kam, daß sich wirtschaftliche auch als politische Macht konstituierte.

»God's own country«, das Land, das sich eine »Neue Weltordnung« zutraut, hat, so fleißig sich das Volk auch kirchlich organisierte, nie etwas mehr vergöttert als den materiellen Erfolg, als »easy money«, als Mammon. Das gelang ohne Beschädigung der christlichen Bekenntnisse, weil die Sprachregelung der Mächtigen den materiellen Erfolg stets als Zeichen göttlicher Gnade interpretierte; noch einmal Max Lerner: »Angriffe auf die Heiligkeit des Besitzes waren subversive Attacken auf den Charakter der Nation.« Das Bündnis zwischen Kirchen und wirtschaftlich und politisch Mächtigen verlieh dem Land den ideologischen Unterbau, und zwar nicht zuletzt auch deshalb mit so nachhaltigem Erfolg, weil die Kirchen – die Vereinigten Staaten kennen keine Kirchensteuer – stets von den Zuwendungen der Begüterten abhingen und das Lied dessen sangen, der ihnen Brot zukommen ließ. Die Kirchen gaben sich immer mit den sozialen Brosamen zufrieden, die vom Tisch der Begüterten fielen; eine sozial wirklich bewegende Rolle spielten sie nie.

Zwar, als sich die ersten amerikanischen »entrepreneurs« an die Arbeit machten und in Wahrheit das »materialistische Zeitalter« einläuteten, gebärdeten sie sich wie Raubritter, aber sie wußten, daß Gott mit ihnen war, denn ihr Gott war nicht einer der sorgenden Brüderlichkeit, sondern ein Antreiber, ein Erfolgsbesessener, einer, dessen Segensausmaß unter dem Strich abzulesen war. Auch die »robber barons« waren fromm, obschon sie doch täglich darauf aus waren, das »big killing« zu machen. Das auf sofortigen Profit orientierte »go-go«-Prinzip ist nicht eines, das erst von den modernen Kapitalisten entwickelt wurde, sondern es ist eines, das in der Wiege dieses Wirtschaftssystems lag, wie auch der um des sofortigen Profits willen vollzogene Rechtsverstoß immer ein Kennzeichen wirtschaftlicher Verhaltensweise war. Daß 1990 mehr als zwei Drittel der 500 größten amerikanischen Unternehmungen mehrfach schwerer Vergehen oder Verbrechen wegen vorbestraft waren, läßt sich eben nicht als neuerdings aufgetretene Entartung eines bösartig mutierten Kapitalismus deuten, sondern nur als logische Folge einer seit 200 Jahren betriebenen Praxis und einer durch sie hervorgerufenen sozialen Unordnung, von der der Kirchengeschichtler Martin Marty von der »University of Chicago« sagt: »Ich glaube nicht, daß es, was die Moral angeht, in den Vereinigten Staaten je gute Zeiten gegeben hat.«

Die zahllosen, von den Großunternehmen begangenen Vergehen und Verbrechen sind nichts anderes als wirtschaftliche Entsprechungen des Verhaltens der Straßenkriminellen. Sie sind wirtschaftliche Gewalt, so, wie die Gewalt des Straßenräubers in der Nutzung seiner Handfeuerwaffe besteht. Sie sind Belege für die prinzipielle Ordnungsunfähigkeit der Nation, die gleichwohl eine »Neue Weltordnung« entwerfen will und dem Planeten durch den Präsidenten Bush den amerikanischen Kapitalismus anempfiehlt.

Sie belegen schließlich auch die moralische Indifferenz, die unvermeidlich Folge einer 200 Jahre lang geübten Praxis ist, denn ganz so, wie nach Max Lerner »ein Gangster ein amerikanischer Kulturheld ist, in dem Amerikaner das Symbol der Energie ihrer Kultur erkennen«, sind die mehrfach und zum Teil schwer vorbestraften Unternehmungen nicht mit einem Makel belastet, sondern Glanzlichter der amerikanischen Industrie, und müssen Sühne der Gesellschaft nicht befürchten.

Das erwies sich erneut ausgerechnet in jenen Monaten, in denen Präsident Bush den amerikanischen Kapitalismus zur weltweiten Übernahme empfahl. Denn im Zusammenhang mit der 1990 ausgebrochenen Golfkrise entstand zusätzlicher Bedarf an Senkrechtstart-Flugzeugen des Typs »AV-8B Harrier«, der vom Unternehmen »Northrop« hergestellt wird. Eben dieses Unternehmen war aber nur wenige Monate zuvor vom Verteidigungsministerium von der Liste der Firmen gestrichen worden, mit denen es Geschäfte machte, weil »Northrop«, um Profite zu retten, in 34 Fällen falsche Testresultate an das Pentagon geliefert hatte. Und das war keineswegs der erste Rechtsverstoß des Unternehmens »Northrop«. Es war bereits vielfach vorbestraft und obendrein in sieben gerichtliche Voruntersuchungen und weitere elf polizeiliche Ermittlungen verwickelt. »Northrop« war in Wahrheit so etwas wie eine kriminelle Vereinigung, die, ganz wie ein Gewohnheitsverbrecher, immer wieder gegen die Gesetze verstieß. Aber der Staat hielt an den »Harriers« fest, auch an dem von »Northrop« gebauten »B-2-Stealth«-Bomber, der pro Stück zwei Milliarden Dollar kostete, und in Washington genossen die Lobbyisten des Hauses »Northrop« ganz ungebrochen gutes Ansehen.

Auch das gegen den Staat, auch das gegen den im Krieg befindlichen Staat gerichtete Verbrechen amerikanischer Unternehmen ist so alt wie die Republik. Schon im Sezessionskrieg wurde dem Staat billiger Schund zu horrenden Preisen verkauft, auch im Ersten Weltkrieg war das so, auch im Zweiten, auch im Vietnamkrieg, und auch im Golfkrieg des Jahres 1991 war der räuberische Kapitalismus stärker als der Patriotismus: Als die Regierung in

Washington dringend Schiffstonnage für den Transport von Kriegsgerät in die Golfregion brauchte, boten ausländische Reeder ihre Schiffe für 6000 Dollar pro Berechnungseinheit an, amerikanische Reeder dagegen für 70 000 Dollar – und sie erhielten den Zuschlag.

Es ist die stete Bereitschaft zur Skrupellosigkeit, die den vulgären, in den Vereinigten Staaten praktizierten Kapitalismus kennzeichnet, und wiederum: Sie ist von jener des Gewaltverbrechers nur dadurch unterschieden, daß sie die Gewalt mit den der Wirtschaft adäquaten Mitteln exekutiert. Tatsächlich summieren sich die Schäden, die durch »white collar crime«, also durch Wirtschaftsverbrechen, entstehen, nach den Schätzungen der Bundespolizei FBI auf jährlich mehr als 200 Milliarden Dollar, also auf einen Betrag, der deutlich über dem liegt, den Gewaltverbrecher auf Straßen oder aus Häusern rauben. 15 Prozent aller Preise, die von amerikanischen Konsumenten für Produkte jeder Art gezahlt werden, subventionieren den institutionalisierten Betrug des real existierenden Kapitalismus, und es gibt keine Ordnung, die das verhindern könnte; es gibt sogar kaum jemanden, der Ordnungsbedarf entdeckt, denn »der freie Markt« ist das große Tabu der Nation.

Skrupellosigkeit schließt nicht nur den unbedingten Willen ein, notfalls auch ein wenig außerhalb der Legalität zu Profiten zu kommen. Skrupellosigkeit hat immer auch die Gefährdung von Menschenleben in Kauf genommen.

Dies sind ein paar Episoden aus der kapitalistischen Normalität eines Landes, in dessen Mitte Mr. Bush eine »Neue Weltordnung« ersinnt:

Der Direktor der Entwicklungsabteilung des Reifenherstellers »Firestone Corporation« berichtete seinem Vorstand schriftlich: »Wir produzieren einen Gürtelreifen minderer Qualität.« Er kündigte an, der Reifen werde mit absoluter Gewißheit nach einer gewissen Laufzeit seine Decke verlieren, aber der Vorstand wollte davon nichts wissen und widersprach der Forderung, die Reifen vom Markt zu nehmen, mindestens aber die Benutzer zu warnen.

Insgesamt brachte das Unternehmen 24 Millionen dieser Reifen profitabel an die Kundschaft. Durch die vom Direktor der Entwicklungsabteilung konstatierten Mängel der »Firestone-500«-Reifen fuhren sich 40 Menschen tot; Hunderte verunglückten und zogen sich mehr oder minder schwere Verletzungen zu. Die »National Highway Traffic Safety Commission« mit dem Sitz in Washington D. C. erhob gegen die »Firestone Corporation« eine Ordnungsstrafe von 500 000 Dollar – ein Bruchteil dessen, was das Unternehmen an seinen »Firestone-500«-Reifen verdient hatte.

Frank Camps, ein Entwicklungsingenieur der »Ford«-Autowerke, ermittelte, daß eines der »Ford«-Modelle einen gefährlichen, nämlich nicht hinreichend gesicherten Benzintank hatte. Er mahnte eine konstruktive Veränderung des Modells mit dem Ziel an, die Gefahr zu beseitigen, aber er lief ins Leere. Kollegen teilten seine Empörung und ermutigten ihn in seinem Beschluß, gegen »Ford« zu klagen. »Ich kann mich gut erinnern«, erklärte Camps, »wie andere Ingenieure, nachdem ich meine Klage eingereicht hatte, mir sagten: ›Richtig! Krieg sie endlich am Wickel!‹ Aber dann suchte ich nach einem ehrlichen Mann, der mit mir gemeinsam diese Sache durchstehen würde, und dann sah ich, daß die Burschen befördert wurden, oder man hatte ihnen schöne Gehaltszulagen gewährt; jedenfalls: Niemand unterstützte mich mehr.« Es kam bei dem von Camps beanstandeten Modell zu Unfällen, bei denen der Benzintank in Brand geriet. Erst danach nahm »Ford« das Fahrzeug vom Markt.

Karen Silkwood war Nukleartechnikerin im Atomkraftwerk der »Kerr-McGee Company« im Bundesstaat Oklahoma und fand, daß die Company gegen Sicherheitsvorschriften verstieß und ihre Arbeiter atomarer Verseuchung aussetzte. Sie teilte das der »Atomic Energy Commission« in Washington mit, begann nach weiteren Indizien für Nachlässigkeit im Betrieb des nuklearen Unternehmens zu suchen und fand sie. Auf der Autofahrt zu einem Treffen mit einem Reporter der »New York Times«, dem sie ihr Beweismaterial zeigen wollte, verunglückte Karen Silkwood tödlich und unter Umständen, die nie geklärt wurden. Das von ihr mitgeführte

Beweismaterial war und blieb verschwunden. »Kerr-McGee« wurde von einem Gericht wegen Fahrlässigkeit bestraft.

Arthur Dale Console, Neurochirurg, ließ sich von »E. R. Squibb and Sons« anstellen, einem pharmazeutischen Unternehmen, in dem es seine Aufgabe war, über die Wirksamkeit und Ungefährlichkeit der entwickelten Präparate zu wachen. Schon bald nach der Aufnahme der Arbeit fand sich Console unter dem Druck des Managements, auch solche Medikamente für unbedenklich zu erklären, die Console nicht hinreichend getestet fand. Er erschien in Washington vor einem Untersuchungsausschuß und bezeugte, daß pharmazeutische Unternehmen nicht die Wahrheit über ihre Produkte sagen und daß sie Medikamente, die als unsicher oder gefährlich gelten, auf ausländischen Märkten absetzen. »E. R. Squibb and Sons« entließ Console fristlos.

Im August 1989 stürzte in Sioux City im Bundesstaat Iowa ein Flugzeug der »United Airlines« ab. 112 Menschen starben. Nach dem Unglück ergaben Untersuchungen, daß ein sicherer Passagiersitz mit hoher Wahrscheinlichkeit mindestens einigen der Opfer das Leben hätte retten können. Aber die sichereren Sitze, die 36 Dollar mehr als die in der Unglücksmaschine eingebauten kosteten, waren dem Unternehmen zu teuer, und überdies: Die etwas teureren Sitze, die nicht so leicht aus ihren Verankerungen reißen, waren von der Flugsicherheitsbehörde FAA nicht vorgeschrieben.

Ein Jahr später geriet »Eastern Airlines«, eine der größten Luftfahrtgesellschaften des Landes, in die roten Zahlen. Von einem »raider« übernommen, also von einem ins Risiko verliebten Kapitalisten, der sich hoch verschuldet hatte, um den Kauf tätigen zu können, wurde »Eastern Airlines« rigiden Sparmaßnahmen unterworfen, die den Mechanikern unvertretbar erschienen, weil sie, wie sie fanden, die Sicherheit des Fluggeräts beeinträchtigten; sie streikten. Auf der Höhe dieses Ausstandes, dem sich aus Sorge um die Flugsicherheit auch Piloten und andere Angehörige des fliegenden Personals anschlossen, schrieb Pat Broderick, der seit 22 Jahren als Flugkapitän bei »Eastern Airlines« angestellt war: »Ich habe mit technischen Aufsehern meiner Fluggesellschaft über Generatoren und Höhenmesser gestritten, über ungenaue Angaben des Startgewichts und unpräzise Daten der Lastverteilung im Flugzeug. Ich konnte nicht verstehen, daß die Aufseher nicht so besorgt wie ich über die Sicherheit der 200 Menschen an Bord meiner Boeing 727 waren. Offensichtlich galt ihnen unser Bemühen um sicheres Fliegen nichts. Wir begreifen nun, daß der Kapitalismus begonnen hat, Amok zu laufen.«

Das Management der Fluggesellschaft des Mr. Broderick wurde viele Monate später staatsanwaltschaftlich beschuldigt, »kriminelle Handlungen« begangen, nämlich Wartungsberichte, Logbücher und andere Dokumente gefälscht zu haben, um den Eindruck zu erwecken, die Flugzeuge seien regelmäßig und nach den Vorschriften gewartet und nur unter den gesetzlich vorgeschriebenen Normen geflogen worden. Ferner wurde das Management angeklagt, Wartungspersonal »durch Druck oder Einschüchterung« gezwungen zu haben, Wartungsdokumente so zu verfälschen, daß die Fluggesellschaft wieder in den Profit starten konnte.

Nur wenige Wochen nach dem Bekenntnis des Flugkapitäns Broderick erschien in einem amerikanischen Magazin der Leserbrief eines Piloten, der gestand: »Es ist selten, daß an einem Flugzeug wirklich alle Teile in Ordnung sind. Es werden Flugzeuge eingesetzt, in denen fünf oder sechs Teile nicht oder nicht zuverlässig funktionieren, und sie fliegen ständig mit diesen Defiziten. Wenn ich mich dagegen wehre, findet das Management immer einen anderen Piloten, der die Maschine fliegt. Mit einem Gehalt von nur 1200 Dollar pro Monat brauchen wir Überstunden, um auszukommen, und das heißt: Piloten drücken schon mal ein Auge zu, wenn etwas mit dem Flugzeug nicht in Ordnung ist, denn wann immer ein Pilot einen Flug ausfallen läßt, weil er die Maschine nicht für sicher hält, bekommt er für die Zeit des ausgefallenen Fluges kein Geld.«

Es gibt keine amerikanische Airline von einigem Rang, die nicht bei fahrlässigen oder gar vorsätzlichen Verstößen gegen Bestimmungen zur Sicherheit der Passagiere ertappt worden wäre, obwohl die Überprüfung dieser Gesellschaften ganz ungewöhnlich lax vorgenommen wurde: Die dafür verantwortliche FAA verzichtete in den späten 80er Jahren, wie ein Untersuchungsausschuß des Kongresses in Washington ermittelte, im Vertrauen auf den »freien Markt« auf Tausende von eigentlich vorgeschriebenen Überprüfungen von Flugzeugen und Wartungsarbeiten.

Der »freie Markt«, vom Staat dereguliert und sich selber überlassen, demonstrierte seine Sorglosigkeit, und sein Mechanismus bewies sein Unvermögen zu wirtschaftlicher Ordnung: Seit Präsident Jimmy Carter mit der Deregulierung des Marktes der Luftlinien begann und auf das oft gerühmte Gesetz von Angebot und Nachfrage setzte, waren im Sommer 1991 mehr als 150 Fluggesellschaften in den Konkurs gegangen – und hatten, unter schwerem finanziellem Druck, in ungezählten Fällen wirtschaftliches Überleben vor finanziell aufwendige Flugzeugwartung gesetzt –, während die überlebenden Linien die Passagiere mit Tarifen schröpften, die weit über jenen der Zeit lagen, in denen die Deregulierung einsetzte.

Die Geringschätzung des Wertes menschlichen Lebens, die sich in dem Verhalten der Luftlinien ausdrückte, war, der Natur des Geschäftes nach, besonders eklatant, aber sie kennzeichnete keineswegs nur die Airlines. Seit es in den Vereinigten Staaten eine Industrie gibt, führt sie in der relativen Zahl von Unfällen am Arbeitsplatz, auch in der Zahl der Arbeiter, die ihr Leben als Folge von Unfällen am Arbeitsplatz verloren. In der Frühzeit der Industrialisierung verbot überdies die Gerichtsbarkeit die Einflußnahme der Gewerkschaften auf die Überwachung der Sicherheit der Arbeitsplätze, und zwar mit der Begründung, die Gewerkschafter könnten »die Freiheit des Unternehmers« einschränken, »über seinen Besitz nach seinem Willen zu verfahren«. Erst 1970, als entsprechende Bestimmungen in sozial aufgeklärten Ländern schon wieder ein paar Jahrzehnte alt waren, kam es in den Vereinigten Staaten zur Festlegung von Normen der Arbeitsplatzsicherheit, doch haben diese Maßnahmen nie wirklich effizient gegriffen, wie 200 000 Arbeiter belegen, die seither an ihrem Arbeitsplatz ihr Leben verloren haben.

Nach Angaben Joseph A. Kinneys vom »National Safe Work-place Institute« in Washington werden jährlich 70 000 Arbeiter durch Unfälle am Arbeitsplatz unfähig, ihrer Beschäftigung weiter nachzugehen. 8000 Arbeiter verunglückten allein 1989 tödlich am Arbeitsplatz. Ein amerikanischer Arbeiter hat eine fünfmal so große Aussicht, am Arbeitsplatz zu verunglücken, wie sein schwedischer Kollege und immerhin noch eine dreimal so große wie ein Arbeiter in Japan, und ebenso dramatisch unterschiedlich ist die juristische Aufrechnung der Unglücksfälle: Ein amerikanisches Unternehmen, in dem ein Arbeiter tödlich verunglückte, wurde zwar schuldig befunden, in acht Fällen Sicherheitsbestimmungen ignoriert oder vernachlässigt zu haben, aber bestraft wurde es für das Delikt, das mindestens auf fahrlässige, möglicherweise aber sogar auf vorsätzliche Tötung hinauslief, mit einer Geldbuße von nur 800 Dollar. »Die Wahrheit ist«, fand Joseph A. Kinney, »daß wir in der Wirtschaft die Tötung und die Körperverletzung legitimiert haben.«

Zur Wahrheit des 200 Jahre alten Systems gehört auch der infame »sweatshop«, die Ausbeutungsinstitution, die aus der Not von Neueinwanderern oder solcher Menschen ihren Profit macht, denen keine Aufenthaltsgenehmigungen erteilt wurden. »Was da läuft«, fand Ruben Quiroz vom »Center for Immigration Rights« in New York City, »ist moderne Sklaverei.« Zum Beispiel auf einer Blumenfarm in Kalifornien, wo Neueinwanderer hinter Stacheldraht hausten, 16 Stunden am Tag für einen Hungerlohn arbeiteten und überdies ihre Lebensmittel zu grotesk überhöhten Preisen bei ihrem Sklavenhalter zu kaufen hatten. Oder in Chikago, wo polnische Arbeiter ohne jeden Schutz giftiges Asbest aus Gebäuden entfernen mußten. Oder in New York City, wo, ganz wie im 19. Jahrhundert, Frauen in Arbeitsräumen, die Feuerfallen sind, zu »frei vereinbarten Löhnen« die Mode der Schickeria nähen – 3000 von 7000 Näherinnen in New York City und ein Viertel aller Näherinnen in Kalifornien arbeiten in illegalen Beschäftigungsverhältnissen in »sweatshops« –, oder in El Paso in Texas, wo mexikanische Einwanderer für ihre Kenntnislosigkeit, was die Verhältnisse bei den »Yanquis« angeht, mit Ausbeutung bezahlen, oder, ganz in der Nähe des feinen Palm Beach, auf den Zuckerrohrfeldern von Florida, wo Halbsklaven von den armen Karibikinseln die schwerste und gefährlichste Arbeit verrichten, die das Land zu vergeben hat. »Der sweatshop ist wieder da«, meldete das Nachrichtenmagazin »Newsweek« 1990 – als wäre er je verschwunden. Es gab ihn immer, immer war er Teil der menschenverachtenden Unordnung des real existierenden Kapitalismus, immer war er einer unter vielen Belegen dafür, daß er natürlich nicht, wie er vorgab, »für die Menschen« und »für den Markt« da war, sondern um Menschen und Markt gleichermaßen zu benutzen.

Selbst im »normalen« Bereich der Wirtschaft drückt sich das Prinzip deutlich aus, von dem sich das System seit 200 Jahren leiten läßt. Hatten die Manager großer Wirtschaftsunternehmen 1980 noch etwa das Vierzigfache des Lohnes eines durchschnittlichen Industriearbeiters verdient, so war daraus neun Jahre später das 93fache geworden. Allein während der ersten sechs Jahre der Reagan-Administration fiel das Einkommen jener 20 Prozent aller Amerikaner, die zu den Ärmsten gehörten, um elf Prozent, während jene 20 Prozent, die zu den Spitzenverdienern zählten, ihr Einkommen um 14 Prozent erhöhten, und für das eine Bevölkerungsprozent, das ganz oben an der Spitze der Einkommenspyramide stand, erhöhte sich das Einkommen gar um 74 Prozent. 1,5 Millionen Arbeitsplätze im mittleren Management amerikanischer Unternehmen sind während der 80er Jahre verschwunden, während sich andererseits die Zahl der Millionäre im gleichen Zeitraum verdoppelte und die Angehörigen des oberen Managements 50 Prozent mehr als ihre japanischen Kollegen und 90 Prozent mehr als ihre Kollegen in Deutschland oder Großbritannien verdienten. Und schließlich: 72 der 250 größten profitablen Wirtschaftsunternehmen der Vereinigten Staaten zahlten 1982 keine Einkommensteuer – nicht einen Cent.

Das ist die Ordnung der Oligarchie. Das ist die Ordnung eines alten und unangefochtenen Systems, das immer im Besitz der Reichen war und das sie folgerichtig zum Selbstbedienungsladen machten. Das war die Ordnung des institutionalisierten Sozialvergehens, dem das Gefühl der Solidarität so abging wie dem Straßenräuber von der Bronx in New York. Das war das Vergehen als Gewohnheit.

Im Verlauf von nur zwei Monaten des Jahres 1989 entließen fünf der größten amerikanischen Unternehmen mehr als 13 000 Arbeiter und Angestellte fristlos; der »freie Markt« der Börse dankte es den Unternehmen mit einem Anstieg der Kurse. »General Motors«, immer noch und trotz dauernder Einbußen am Marktanteil das größte Unternehmen im Automobilbau, eliminierte in einem knappen Jahrzehnt 150 000 Arbeitsplätze: »Wir wurden«, sagte einer der Betroffenen, der Jahrzehnte am Fließband gestanden hatte, »weggeworfen wie benutzte Papiertaschentücher.« 36 Millionen Amerikaner, so schätzt Richard Belous von der »National Planning Association«, also fast jeder fünfte Arbeitnehmer, sind »contingent employees«, also Arbeitnehmer, die an jedem Tag auf die Straße gesetzt werden können, doch damit müssen auch die anderen Arbeitnehmer rechnen. Zwischen 1983 und 1989 waren auch 4,7 Millionen von der kurzfristigen Entlassung betroffen, die »fest angestellt« und vermeintlich sicher waren, und als im Kongreß in Washington ein Gesetzentwurf erarbeitet wurde, der Unternehmen verpflichten sollte, Arbeitnehmer, die von Entlassung bedroht waren, sechs Monate vorher zu informieren, legte der Präsident ebenso sein Veto ein wie bei einem Gesetzentwurf, das Unternehmen gezwungen hätte, bis zu zwölf Wochen unbezahlten Mutterschaftsurlaub zu gewähren. Mr. Bush fand, es sei nicht Sache der Politik, der Wirtschaft »etwas aufzuzwingen«, und so blieben die Vereinigten Staaten die einzige Industrienation, in der Mutterschaftsurlaub nicht gesetzlich geregelt ist und eine nationale Krankenversicherung nicht existiert.

Aber es war zu allen Zeiten eben diese Verachtung des Sozialen, die den Kapitalismus der Vereinigten Staaten in den Stand setzte, seine eindrucksvollsten Leistungen zu vollbringen. Die gigantische Industrialisierung nach dem Sezessionskrieg war nur möglich, weil kein »sozialer Ballast« sie hinderte, und daß ihr Opfer zu bringen waren, verstand auch die Arbeiterschaft, die dann die Opfer zu stellen hatte. Der enorme Aufschwung der Kohleindustrie mit seinen phänomenalen Förderraten war so nur denkbar, weil er katastrophale Unglücksraten in Kauf nahm und sich sozial nicht belasten ließ. Und auch die staunenswert geschwinde Durchdringung des riesigen Halbkontinents mit Eisenbahnen, die in aller Welt bewundert wurde, war allein die Folge jener kapitalistischen Dynamik, die immer ein Synonym für Skrupellosigkeit war.

Zum Beispiel in Kansas, wohin 1870 mehr als 40 000 Schwarze mit fabelhaften Versprechungen gelockt worden waren, und dann begannen sie unter unsäglichen Arbeits- und Hygienebedingungen ihre Arbeit, 50 Menschen starben täglich, nach wenigen Jahren waren zwei Drittel jener tot, die 1870 gekommen waren, aber die Gleise fraßen sich genau mit der vorgesehenen Geschwindigkeit in das Land und bewiesen kapitalistische Effizienz. Nicht anders war es weiter westlich mit den eigens ins Land geholten Chinesen, die beim Gleisbau von Weißen mit »bullwhips« und Revolvern bewacht und angetrieben wurden und nichts anderes als Sklaven waren, so auch in der Bevölkerung angesehen wurden, so daß sich der Staat Kalifornien, der befürchten mußte, die Überlebenden des Eisenbahnbaues könnten sich auf seinem Territorium niederlassen, entschloß, diesen Artikel in seine Verfassung aufzunehmen: »Niemand chinesischer Herkunft, kein Idiot und keine wahnsinnige Person . . . soll je das Privileg besitzen, an einer Wahl teilzunehmen.« Aber wiederum: Mochten auch die »Bullenpeitschen« oder die Revolver die Garanten des Fortschritts sein – er wurde geschafft, und als die von den Chinesen gebaute Strecke vollendet war, feierte sich der dynamische Kapitalismus lärmend und war stolz auf eine unvergleichliche Leistung.

Das alles in einer Zeit, in der sich die Nation rüstete, ihr hundertjähriges Bestehen zu feiern, und das heißt: Die erbarmungslose Ausbeutung war nichts, was im recht- oder staatlosen Raum stattfand, sondern war ganz im Gegenteil legitimes Erzeugnis der vom amerikanischen Sozialkritiker Thorstein Veblen so genannten »businessman's civilization«, unter der das Land entstand und die mit dem mutmaßlichen Tod von Arbeitern so kühl kalkulierte wie mit dem mutmaßlichen Verbrauch von Eisenbahnschienen. Für »Sozialklimbim« war noch nicht einmal gedanklicher Raum. Was gut für die Kapitalisten war, war gut auch für das Land. »Das Schlimmste«, so der Historiker Henry Steele Commager, »das sich über ein Gesetz sagen ließ, war, daß es das business behinderte«, und der Gesetzgeber bedachte das, und wie auch nicht: Er war mit denen identisch, die beim Gleisbau mit »bullwhips« und Revolvern für schuftende Ordnung sorgten.

Sie brachten damals im Wege des kapitalistischen Fortschritts jährlich weit mehr Menschen um, als 1990 durch Gewaltkriminelle ermordet wurden, aber sie waren die verehrten »rugged individualists«, die überwältigende Beweise für die Gestaltungsfähigkeit ihrer »businessman's civilization« lieferten. 1830 wurden in dem riesigen Land, für das der Schienenverkehr eine überragende Rolle spielte, gerade 138 Kilometer Gleis verlegt. 1850 aber schnitten schon 14 400 Kilometer Schienen durch das Land, 1860 gar 43 200 Kilometer – welche andere als die »businessman's civilization« war zu einer so gewaltigen Tat fähig? Welche andere zu solcher Effizienz?

Sie waren auf ihre Kühnheiten stolz wie über einen gewonnenen Krieg, dem die Industrialisierung und auch der Eisenbahnbau in der Tat ähnelten. Die Großtaten der »rubber barons« und jene der Eisenbahnkönige verklärten sich zu patriotischen Weihen. Nur sie und ihresgleichen machten die Vereinigten Staaten »special«. Daß für sie alles Ressource war, der Wald, die Natur, der Mensch, daß sie Egomanen waren und nicht anders als groß denken konnten, daß sie Mäßigung als Demütigung empfanden, daß sie, kurz, keine Skrupel hatten – eben das schuf jene Größe, und schuf sie in kürzester Zeit, über die man überall auf der Erde staunte.

Arbeitskraft wurde verschlissen wie das Material, mit dessen Hilfe phänomenale Zuwachsraten in der Industrie und ebenso phänomenale Erweiterungen des Schienennetzes erzwungen wurden; auch das war wie Krieg. Denn waren nicht die 50, die in Kansas täglich an der Bahnstrecke starben, wie 50, die ihr Leben in einer

Schlacht für die Nation verloren? Opfer, wußten die »robber barons« und wußten auch die Eisenbahnkönige, mußten gebracht werden, und wenn sich die Opfer wehrten, riefen die kraftvollen Macher die eigens zum Schutz ihrer Interessen gebildete »National Guard«, und dann starben die Opfer wirklich nicht mehr während der Schicht, sondern in einer Schlacht.

Später als in irgendeinem anderen vergleichbaren Land avancierten in den Vereinigten Staaten die Gewerkschaften zu einem anerkannten Tarif- und Einflußpartner. Des Präsidenten Franklin Delano Roosevelt »New Deal« mit seiner für das Land ganz uncharakteristischen Hinwendung zu den Bedürfnissen des »little guy« verschaffte den Gewerkschaften vorübergehend sogar wirkliche Bedeutung, aber das war nur eine Abweichung von der Norm, die sich schon bald wieder durchsetzte und dazu führte, daß 1991 die gewerkschaftliche Organisationsquote der in der Industrie tätigen Arbeiter ins Bedeutungslose schrumpfte. In dem Maß aber, in dem die Gewerkschaften aufhörten, respektable und respektierte Partner zu sein, verkam die Arbeiterschaft zur bloßen Manövriermasse der Enkel der »robber barons«, die nach ihren Bedürfnissen heuerten und feuerten, oder, wie es das Nachrichtenmagazin »Time« formulierte: »Viele Unternehmer betrachten eine Personalpolitik à la Akkordeon als angemessene und langfristige Strategie. Sie stellen Arbeiter ein, um auftretende Nachfrage des Marktes bedienen zu können, und dann entlassen sie die Arbeiter wieder, um die Kosten zu senken.«

Die Bedürfnisse der Unternehmer sind relevant, nicht die der Arbeiter, denn in der Wirtschaft haben Demokratie und Gleichheit keinen Platz. Arbeit hat keinen sozialen, sondern nur den Aspekt der Profiterwirtschaftung. Totes Investitionsgut ist schützenswert, nicht das lebende, das, gefeuert, zu einer Familie zurückkehrt und vor dem Nichts steht. Unternehmer haben keine Pflichten, die sich aus Loyalität ergeben könnten, sie haben nur Pflichten, die aus der Notwendigkeit kommen, alle drei Monate einen Geschäftsbericht vorzulegen, an dessen Ende eine schwarze Zahl zu stehen hat. Aktionäre, wenn der Geschäftsbericht veröffentlicht wird, fragen nicht, ob zufriedene Arbeiter im Unternehmen beschäftigt sind, sondern nur, ob das Management alles, aber auch wirklich alles getan hat, um die Personalkosten zu senken. Arbeiter, mit einem Wort, sind lästige Kostenfaktoren.

Diese kapitalistisch-amerikanischen Einsichten werden freilich längst nicht mehr nur durch alteingesessene Unternehmen praktiziert. Tatsächlich hat sich ein bemerkenswert großer Anteil jener deutschen Unternehmen, die in den Vereinigten Staaten Tochterunternehmen gründeten, in solchen Landesteilen niedergelassen, in denen Gewerkschaften unerwünscht sind, deren Einfluß auf Lohn- und Arbeitsbedingungen also entfällt. So sperrte die deutsche BASF die amerikanischen Arbeiter einer ihrer Betriebe im Bundesstaat South Carolina aus, als einige von ihnen vom Management die Aushandlung von Arbeits- und Lohnbedingungen mit der »Oil, Chemical and Atomic Workers Union« verlangten. Die deutschen »Raubbarone« wollten keinen Gewerkschaftseinfluß, sie wollten Herr im Hause sein und Zustände, die sie gewiß auch in der deutschen Heimat gern hätten, und das galt nicht nur für die BASF, denn: »Viele deutsche Firmen«, weiß Rudy Oswald vom Gewerkschaftsdachverband AFL-CIO, »kommen in den Staat South Carolina, weil er den Anreiz bietet, ein Staat zu sein, in dem Gewerkschaften nichts zu sagen haben.«

Es ist gewiß kein Zufall, daß ausgerechnet jene Bundesstaaten der früheren »Konföderation«, die durch die »peculiar institution« der Sklaverei zusammengehalten wurden, heute ein »right to work« kennen, nämlich das Recht, Gewerkschaften an der Organisierung von Belegschaften oder Teilen von Belegschaften zu hindern. Das »Recht auf Arbeit« soll formal sichern, daß, was seine gute Ordnung hat, kein Arbeiter zur Mitgliedschaft in einer Gewerkschaft gezwungen werden darf, doch ist unter den besonders in den amerikanischen Südstaaten herrschenden Umständen offenkundig, daß »right to work« nur ein Tarnname für ein Verfahren der »businessman's civilization« ist, dem Kapitalisten die ganze Macht zu erhalten, insbesondere auch die Macht, auf einem Markt, der den »little guy« ständig mit Arbeitslosigkeit bedroht, mit seinen Arbeitern personalpolitisch »à la Akkordeon« umzugehen, tarifpolitisch der Souverän zu sein und im übrigen vor jeder Mit- oder Einrede eines »underling« sicher.

Das zahlt sich im Profit aus. Im Staat North Carolina, der die niedrigste gewerkschaftliche Organisationsquote des Landes hat, wird pro Dollar Lohn eine um 22 Prozent höhere Pro-Arbeitsplatz-Produktivität als irgendwo anders in vergleichbaren Industrien des Landes erzielt; mit anderen Worten: Wo es nach der alten Art des real existierenden Kapitalismus noch richtige, also in ihrer Verfü- gungsgewalt unbeeinträchtigte Herren im Hause gibt und keine Gewerkschaften, die Pausen und penible Arbeitsplatzsicherheit und andere Störungen verlangen, wird besser, das heißt: wird für den Kapitalisten profitabler gearbeitet.

Eine Folge des kalten Umgangs des Managements mit der Arbei- terschaft ist eine zunehmende Entfremdung der abhängig Beschäf- tigten und damit eine zunehmende Gleichgültigkeit gegenüber dem Produkt, an dem sie arbeiten. Nach Ermittlungen Alfred L. Malabres, eines Redakteurs des »Wall Street Journal« und Autors des Buches »Within Our Means«, erklärten 1990 mehr als 60 Pro- zent der amerikanischen Arbeiter, ihrem Unternehmen gegenüber weniger loyal als noch vor zehn Jahren zu sein. Jeder zweite Arbei- ter erwartete, innerhalb der nächsten fünf Jahre nicht mehr an sei- nem Arbeitsplatz zu stehen, und 57 Prozent der befragten Arbeiter beklagten sich über die nachlassende Loyalität des Unternehmens ihnen gegenüber, die sich wiederum in Dollarzahlen ausdrücken ließ: Das Topmanagement der Industrie genehmigte sich in den 80er Jahren zu seinen ohnehin immensen Bezügen das Dreifache der Gehaltserhöhungen, die – relativ – für die Arbeiter abgefallen waren.

Doch drückt sich die Deklassierung der Arbeiter nicht nur in der obszönen Disparität ihrer Bezüge, sondern auch in der geringfügi- gen Investition aus, die vorgenommen wird, um den Arbeiter an seinem Arbeitsplatz kompetent und verläßlich zu machen und ihm eine Chance zu geben, sich an einem modernen und gesicherten Arbeitsplatz »zu verwirklichen«. Nach Angaben der »American

Society for Training and Development«, die ihren Sitz in der Nähe von Washington D. C. im Staat Virginia hat, gehen vier bis sechs Prozent der Gesamtausgaben europäischer und japanischer Firmen in die Aus- und Fortbildung ihrer Arbeiter, während die Quote für amerikanische Unternehmen bei durchschnittlich nur 1,5 Prozent liegt, denn die »human resources« verdienen eine bessere Pflege nicht.

Die Desintegration, die ein Kennzeichen der kapitalistischen Gesellschaft ist und in der epidemisch auftretenden Gewaltkriminalität ihren dramatischsten Ausdruck findet, wirkt nachhaltig auch im volkswirtschaftlichen Apparat. Auch in ihm spielt sich ein Prozeß der »Apartheid« ab, nämlich die scharfe Trennung zwischen denen, die Macht über Unternehmen haben, und jenen, die ihnen untergeordnet dienen müssen. Interessanterweise wird in Unternehmen, die in japanischem Besitz sind, die zunehmende Entfremdung der Arbeiter von ihrem Unternehmen nicht beobachtet; vielmehr gelingt es den Japanern, »company-mindedness« zu entwickeln, eine engagierte Zuwendung der Arbeiter zu »ihrem« Unternehmen, die unter dem Regiment der orthodoxen Kapitalisten verschüttet wurde. Umfragen unter Arbeitern, die zuvor in Automobilfirmen in amerikanischem Besitz am Fließband gestanden hatten und nun in Werken tätig sind, die von japanischen Unternehmen errichtet wurden, ergaben, daß sich die Arbeiter unter japanischem Management »endlich wieder ernst genommen« fühlten, »von den Bossen akzeptiert«, von der eigenen Wichtigkeit überzeugt, was die »Qualität unserer Produkte« angeht, daß sie, mit einem Wort, eine sehr viel bessere Arbeitsmoral hatten, die sich in der Tat auf die Güte ihrer Automobile auswirkte, die den amerikanischen Autos längst und bei weitem in nahezu allen technischen Belangen weit überlegen sind und fortgesetzt Marktanteile hinzugewinnen.

Nicht nur jedes Gefühl für soziale Partnerschaft geht dem vulgären Kapitalismus der Vereinigten Staaten ab, sondern auch, da er stets nur an dem kurzfristig erreichbaren Profit interessiert ist, das wirtschaftlich perspektivische Denken. Wer alle drei Monate

Bilanzen vorzulegen hat und, wenn diese Bilanzen negativ ausfallen, einen erheblichen oder gar dramatischen Verfall der Aktien befürchten muß, zwingt sich selber zur Atemlosigkeit, die das Denken über einen längeren Zeitraum erschwert oder unmöglich macht. Ein Beleg für die Auswirkungen dieser systemimmanenten Kurzfriststrategie: In den Vereinigten Staaten wurden 1990 nur drei Prozent des Bruttosozialproduktes in den Bau neuer Unternehmen oder in den Aufbau neuer Betriebsanlagen investiert, 15 Prozent dagegen in Japan, wo – wie übrigens auch in Deutschland –, pro Arbeiter zweimal soviel in jeden Arbeitsplatz investiert wird wie in den Vereinigten Staaten. Folgerichtig war in den 80er Jahren, einer Phase anhaltender Konjunktur, der Produktivitätszuwachs in den Vereinigten Staaten nur halb so groß wie in Westdeutschland und erreichte gar nur ein Viertel des Zuwachses in Japan – lauter hausgemachte Daten einer Ordnung in der Weltordnungsmacht, die, zum mindesten nach den Einsichten moderner Volkswirtschaftler, keine Ordnung war.

Denn wahr ist nach allen Daten, die man zum Beweis anführen kann, daß »God's own country«, das der Welt eine Ordnung bescheren und seinen Kapitalismus exportieren möchte, auch in seinem Herzen, auch in seiner Volkswirtschaft ordnungsunfähig und noch nicht einmal im kapitalistischen Sinn effizient ist. Der orthodoxe Kapitalismus ist ein Saurier.

Dramatisch wird das augenscheinlich, wenn man die sechs wichtigsten Ausfuhrgüter Japans in die Vereinigten Staaten mit jenen sechs Gütern vergleicht, die häufiger als andere von den Vereinigten Staaten nach Japan verschifft werden: Japan exportiert Personenfahrzeuge, Tonbandgeräte, Lastwagen, Büromaschinen, Büromaschinenteile und Computer-Chips. Dagegen die sechs wichtigsten Ausfuhrprodukte des letzten noch bestehenden real existierenden Kapitalismus nach Japan: Maissaat, Sojabohnen, Kohle, Holz, Baumwolle und Weizen – die klassischen Exportgüter eines Landes der Dritten Welt.

Auch im Detail läßt sich die Unfähigkeit des orthodoxen Kapitalismus nachweisen, Anschluß an den technischen Standard zu halten, der von anderen Ländern – und von den Vereinigten Staaten nur mehr auf dem Gebiet der Waffentechnologie – vorgegeben wird. Symptomatisch dafür ist das Projekt »FN 36« des Autogiganten »Ford«.

Hinter dem Code »FN 36« verbarg sich der Plan, mit dem »Lincoln Town Car« des Baujahres 1990 und unter Einsatz von 125 Angehörigen eines Entwicklungsteams erstmalig mit einem »Ford«-Modell der gehobenen Preisklasse den Qualitätsstandard der besten westdeutschen und japanischen Wagen zu erreichen. Freilich: Die 125 Ingenieure mußten sich, wie die »Los Angeles Times« berichtete, »in Verzweiflung zerreißen, um für die Entwicklung des Autos Hilfe in Europa und in Japan zu finden«. Schließlich trauten sie nicht ihrem eigenen Haus, sondern einem kleinen englischen Unternehmen in Brighton die Aufgabe zu, die Ingenieurarbeit zu übernehmen, und um die Qualität zu verbessern und den Zeitplan für die Entwicklung zu verkürzen, wandten sich die »Ford«-Leute mit dem Auftrag, die Karosserie herzustellen, an die Japaner. Unzufrieden mit der Qualität, die der traditionelle »Ford«-Zulieferer »Budd Co.« lieferte, heuerte das »FN 36«-Team die japanische Firma »Ogihira Iron Works« an – das war das erste Mal, daß »Ford« einen ausländischen Hersteller damit beauftragt hatte, die gesamte Karosserie eines »Ford«-Modells zu produzieren. Als Folge des Hilfeersuchens der »Ford«-Macher nahm die Entwicklung dieses Fahrzeugs nur 41 Monate in Anspruch – das war schneller, als in der Geschichte des Hauses »Ford« die Entwicklung eines neuen Modells je gedauert hatte.

Dieser symptomatische Vorgang – denn nicht nur »Ford«, sondern auch »General Motors« und »Chrysler« haben, um auf dem Markt konkurrenzfähig bleiben zu können, Kooperationen mit ausländischen Unternehmen begonnen – verdeutlicht den wirtschaftlichen Niedergang eines Landes, das noch im geschichtlichen Gestern als der unumstrittene Führer auf dem Gebiet des Automobilbaus galt. Freilich macht ausgerechnet ein prominenter Manager der Autoindustrie, der »Chrysler«-Vorsitzende Lee Iacocca, in einer 1991 gelaufenen Anzeigenkampagne seines Hauses deutlich, wie die »großen Drei« den »freien Markt« jahrzehntelang ausgenommen hatten: »1981«, gestand Iacocca in der Schlagzeile eines Inserates, »war die Qualität amerikanischer Autos ganz einfach lausig.«

Nicht nur im Autobau, auch in anderen wichtigen Branchen haben die Vereinigten Staaten ihre einst führende Position längst verloren und in manchen gänzlich das Feld räumen müssen. Zum mindesten zu einem erheblichen Teil ist das darauf zurückzuführen, daß kein vergleichbar industrialisiertes Land soviel für militärische Forschung und Entwicklung und sowenig für zivile Entwicklungsarbeit ausgibt: Die einstige Weltwirtschaftsmacht verkümmert zu einer, die nur mehr mit Raketen und »Stealth«-Bombern zu dominieren vermag. Sie wird zunehmend zu einer Macht, die nur mehr aus militärischem Muskel besteht. Ihr Weltführungsanspruch, also Mr. Bushs Anspruch, eine »Neue Weltordnung« zu entwerfen, gründet sich nicht auf zivilisationsorganisatorische Fähigkeiten, sondern ausschließlich darauf, daß die Vereinigten Staaten monopolistisch über den »big stick« verfügen, den »großen Knüppel«, den schon am Anfang dieses Jahrhunderts das präsidiale Vorbild des Präsidenten Bush, Theodore Roosevelt, als internationales Ordnungsinstrument amerikanischer Politik einführte.

Aber die Finanzierung des »big stick« war ursächlich für den wirtschaftlichen Niedergang. Als Mr. Bush eine »Neue Weltordnung« androhte, war sein ordnungsunfähiger Staat mit beispiellosen 3 214 512 688 472 Dollar verschuldet – und diese immense Verschuldung, die sich vor allem aus der nur anscheinend produktiven Rüstung ergab, stieg täglich um dreistellige Millionenbeträge. Gleichzeitig brachten es die amerikanische Industrie und das amerikanische Gewerbe auf eine Verschuldungssumme, die ebenfalls über drei Billionen Dollar lag, und die amerikanischen Bürger waren privat mit noch einmal mehr als drei Billionen Dollar in der Kreide. 1993, so schätzt der Wirtschaftsfachmann Alfred L. Malabre vom »Wall Street Journal«, wird die Bundesschuld die Vier-Billionen-Grenze überschreiten und eine Lage schaffen, in der die Regierung allein für die Zinsen jährlich 300 Milliarden

Dollar aufbringen muß – ein offenkundig aussichtsloses Unterfangen, da die Regierung schon 1991 allein für den Schuldzinsendienst mehr Geld aufbringen mußte, als sie für den öffentlichen Gesundheitsdienst, für die Wissenschaftsförderung, für die Raumfahrt, für die Landwirtschaft, für den Wohnungsbau, für den Umweltschutz und für die Rechtspflege zusammengenommen zu erübrigen vermochte.

Zwischen 1985 und 1990 hatte sich der Anteil der von Ausländern verbürgten amerikanischen Staatsschuld von 15 auf etwas mehr als 20 Prozent erhöht; das heißt: Die Vereinigten Staaten waren schuldabhängig geworden. Aus der noch vor kurzer Zeit reichsten Nation der Erde wurde die größte Schuldnernation der Welt, deren Investitionen im Ausland etwa 600 Milliarden Dollar weniger wert waren als das, was Ausländern in den Vereinigten Staaten gehörte. »Wir geben unsere produktiven Werte auf«, fand Benjamin F. Friedman, ein Wirtschaftswissenschaftler der »Harvard University«, »und zwar nicht im Austausch gegen produktive Werte, die wir im Ausland erwerben, sondern nur, um einen Konsum zu finanzieren, den wir uns tatsächlich nicht mehr leisten können«, und Friedmans Kollege von der »Yale University« schätzte Anfang 1991, daß in absehbarer Zukunft allein deutsche und japanische Unternehmen 35 Prozent der amerikanischen Industrie besitzen würden. Unterdessen berichteten Zeitungen an der amerikanischen Westküste etwas indigniert darüber, daß Masaki Kurokawa, der Vorstandsvorsitzende der japanischen Finanzierungsgesellschaft »Nomura Securities International«, mit amerikanischen Dinnergästen ernsthaft erörterte, den Bundesstaat Kalifornien – der seinerseits aussichtslos verschuldet ist und im Frühsommer 1991 viele seiner Schulen schloß, weil die Schulverwaltungen zahlungsunfähig waren – als japanisch-kalifornisches »Joint-venture« zu führen.

Die Vereinigten Staaten, während sie über eine »Neue Weltordnung« nachdachten, waren eine Weltführungsmacht »auf Pump«. Ihrem machtvollen Auftritt nach außen stand keinerlei innere Qualität gegenüber, die diesen Auftritt hätte legitimieren können.

140

Der real existierende Kapitalismus war pleite und wurde nur noch ausgehalten. Die Mär seiner Effizienz war entlarvt, nur: Anders als der real existierende Sozialismus Osteuropas, der doch wenigstens noch den Anstand hatte, sein Scheitern einzugestehen, ging der Kapitalismus weiter seinen Ritualen nach und suchte Rekonvaleszenz auf jenem »freien Markt«, unter dem er in Wahrheit längst begraben war.

Der »freie Markt« – wer sonst? – erfand die »planned obsolescence«, die produktionstechnisch angelegte frühe Vergänglichkeit der von ihm produzierten Güter, er erfand, mit anderen Worten, den am Fließband hergestellten Betrug und Lee Iacoccas »lausige« Autos. Der »freie Markt« war am Ende und, genau besehen, auch nur das »Free for all«-Gebot, das Amerikas Kriminelle auf ihre Weise umsetzten. Der »freie Markt« war staatlich geschützte Gesetz- und Morallosigkeit, in deren Obhut der Vorsitzende des US-Verbandes der Hersteller von Damenoberbekleidung auf einem Jahreskongreß seiner Organisation das Credo des »freien Marktes« vortragen konnte: »Es ist unsere Aufgabe«, sagte er, »die Frauen unglücklich mit der Garderobe zu machen, die sie jetzt tragen«, und: »Wir müssen den Prozeß beschleunigen, in dem Mode altert. Wir brauchen jedes Jahr einen gänzlich anderen ›look‹«, und noch einmal: »Frauen müssen das sichere Gefühl haben, daß sie unglücklich mit ihrer Garderobe sind«, und schließlich: »Wir sind, wenn wir unseren Job richtig verstehen, Verkäufer von Unglück.«

Das war, was vermeintlich »linke Spinner«, die man verlachte, in Deutschland gelegentlich »Konsumterror« nannten. Und keineswegs beschränkte sich dieser Terror bloß auf die – freilich ganz besonders dafür geeignete – Branche der Damenoberbekleidung; er herrschte überall auf dem »freien Markt«. Die »Verkäufer von Unglück«, unterstützt von der Sturmartillerie des »freien Marktes«, der Werbung, schufen sich das profitable Perpetuum mobile und feuerten auf jeden Amerikaner, ehe der noch 18 Jahre alt wurde, 500 000 Fernsehspots ab, die nicht mehr nur warben, sondern terrorisierten. Die Unglücksverkäufer befriedigten nicht Bedürfnisse, sie erzeugten sie selber. Sie terrorisierten mit »peer pressure« – und dem Verkauf von Schund. Mit Hilfe der gewaltigsten Reklamemaschinerie, die je eine Nation unter ihr Bombardement nahm, wurde der »freie Markt« zur Kommandowirtschaft, in der freilich nicht, wie im real existierenden Sozialismus, rote Bonzen die Kommandos gaben, sondern jene schwarzen Bonzen, die zum »Verkauf von Unglück« befahlen und das Land systematisch unter den Eindruck setzten, jeder verfehle den »American way of life«, der sich dem Verkaufsantrag entzieht.

Ein Kennzeichen des kapitalistischen »freien Marktes« ist seine fortgesetzt zum Konsum pressende Tyrannei – die zu der dramatischen Verschuldung der amerikanischen Privathaushalte führte –, ein anderes seine zwanghafte Hervorbringung zweifelhafter Produkte, ein weiteres schließlich seine Neigung zum simplen Betrug, der seinerseits unvermeidlich ist, wo Werbung ständig gezwungen ist, immer noch fabelhaftere Produktwirkungen zu versprechen.

Während eines kurzen Zeitraumes im Jahr 1990 enthüllte der »freie Markt« seine betrügerische Eigenschaft mit diesen Fällen:

Die Firma »Woolworth«, auch in Deutschland vertreten, wurde mit einer Geldstrafe von 100 000 Dollar belegt, weil sie vorgab, einen »Ausverkauf« zu veranstalten, während sie tatsächlich vor diesem »Ausverkauf« nur ihre Preise aufgebläht, während des heftig propagierten »Ausverkaufs« also die normalen Preise verlangt und natürlich von einem Publikum auch bekommen hatte, das im »freien Markt« nie gewinnen kann.

Die »Best Buy Company«, eine Ladenkette mit elektronischen und Haushaltswaren, wurde für schwindelhaften Umgang mit der Kundschaft mit einer Geldstrafe von 200 000 Dollar belegt.

»General Mills« mußte 21 000 Dollar Buße zahlen, weil der Hersteller den falschen Eindruck vermittelte, seine Getreideprodukte würden den Cholesterinspiegel senken. Auch »CPC International« log, mit »Mazona Corn Oil« lasse sich Cholesterin abbauen; die Firma zahlte für den werblich intensiv verbreiteten Schwindel eine Buße von 100 000 Dollar.

»Nabisco Brands«, ein fast den »freien Markt« beherrschender Gigant im Geschäft mit Lebensmitteln, versprach eine Minderung der Gefahr von Herzerkrankungen durch den Genuß seiner »Fleischmanns«-Margarine und zahlte für diese Irreführung des »freien Marktes« 135 000 Dollar Buße.

In Texas mußte sich »Texas C & L Industries« auf eine Geldbuße einstellen, denn das Unternehmen hatte mit lamentöser Werbung für das von ihm hergestellte »Atlantis Water Purification System« versprochen, es entferne sämtliche Stoffe aus dem Leitungswasser, die der menschlichen Gesundheit abträglich seien.

Die »Schering Corporation« wurde von der »Federal Trade Commission« verfolgt, weil das pharmazeutische Unternehmen von seinem Produkt »Fibre Trim« fälschlich behauptete, es beseitige Cellulitis.

»Ralston-Purina« log mit immensem Werbeaufwand, das von dem Unternehmen auf den »freien Markt« geworfene Hunde- und Katzenfutter könne tierische Hüfterkrankungen verhindern; die Firma wurde mit einer Buße von gleich 10,4 Millionen Dollar belegt, zahlbar an ein Konkurrenzunternehmen, denn nicht nur der »freie Markt« wird betrogen, sondern auch der Mitbewerber: Zur gleichen Zeit, in der die eben angeführten Fälle des vollendeten Betruges an Konsumenten geahndet wurden, entschied ein Gericht in Boston, daß der Kamerahersteller »Eastman Kodak« an seinen Konkurrenten »Polaroid« 910 Millionen Dollar zu zahlen habe, denn, so fand das Gericht, »Eastman Kodak« hatte patentrechtlich geschütztes »Polaroid«-Eigentum schlicht gestohlen.

Die auch in Deutschland tätige Firma »Johnson + Johnson« wurde mit einer Geldstrafe von 116 Millionen Dollar belegt, weil ein Gericht fand, sie habe den Konkurrenten »3M« bestohlen, und in New York hat ein Unternehmen, das Patentrechte schützt, Verfahren gegen 2000 große Gesellschaften angestrengt – darunter IBM, Kodak, Sears, Exxon und Xerox –, denen vorgeworfen wird, Diebstahl geistigen Eigentums begangen zu haben.

Aber wiederum war es mit den entdeckten und verfolgten Fällen des kriminellen Umgangs mit dem »freien Markt«, wie es mit der ordinären Kriminalität auf den Straßen des Landes war: Die Dunkelziffer ließ sich nur erahnen. Sowenig die Polizei die Gewaltkriminalität zu kontrollieren vermochte, sowenig konnte die »Federal Trade Commission« den im System institutionalisierten Betrug kontrollieren. Dr. Victor Herbert, Medizinprofessor an der »Mount Sinai School of Medicine« in New York City, schätzt, daß allein die Ernährungsindustrie in den Vereinigten Staaten durch schwindelhafte Versprechungen – oder, wie er das nennt, durch »eine Ernährungs-Pornographie« – die Konsumenten um jährlich zehn Milliarden Dollar betrügt, ohne daß der »freie Markt« eine Chance hätte, sich dagegen zu wehren.

Das sichere Gefühl der amerikanischen Konsumenten, den Diktatoren des Marktes ausgeliefert zu sein, unterscheidet sich nicht von jenem, das die Bewohner des kommunistischen Ostblocks hatten, als sie ebenso hilflos den erratischen und korrupten Mechanismen des roten Marktes ausgesetzt waren. Hier wie dort wurde nicht fair für einen Markt, sondern bloß in der Hauptsache für die eigene Tasche produziert, und der Mangel, der stets in der roten Kommandowirtschaft herrschte, ist von jenem Mangel nur graduell, nicht aber grundsätzlich verschieden, der im »freien Markt« unter den ärmeren Bevölkerungsschichten beispielsweise dadurch entsteht, daß die in den Vereinigten Staaten zu 95 Prozent den Markt beherrschenden Hersteller von Babynahrung, »Ross Laboratories«, »Mead Johnson Nutritional Group« und »Wyeth-Ayerst Laboratories« – mutmaßlich durch Preisabsprachen –, ihre Preise bis zur Unerschwinglichkeit in die Höhe treiben, denn es macht für den Betroffenen keinen Unterschied, ob er vor leeren Regalen steht oder vor vollen, deren Preisangaben ihm den Kauf verbieten.

Das zynisch Menschenverachtende ist dem Kapitalismus angeboren. Wo der Profit alles andere überragt, ist das Vergehen gegen die Moral so unvermeidlich, wie auf den Straßen des Landes nach den Umgangsgesetzen, die es sich gab, die Kriminalität unvermeidlich war: Man muß, hier wie dort, nehmen, was nur immer zu nehmen ist, legal, wenn es geht, illegal, wenn es denn nicht anders möglich ist.

Das ist nicht nur im neuerdings bis zur Existenzbedrohung verschuldeten Kapitalismus so, dessen Verhaltensweisen angesichts der prekären Umstände verwildern; vielmehr: Die dramatisch zunehmende Entdeckung der Kriminalität auch großer Unternehmen ist nur darauf zurückzuführen, daß sich der Staat wirksamere Kontroll- und Verfolgungsorgane gab, daß also gegenwärtig in einer offeneren Gesellschaft transparent wird, was früher entweder gar nicht verfolgt oder im Wege der Korruption »beigelegt« wurde. Freilich vermögen die Kontroll- und Verfolgungsorgane wenig, sowenig jene Organe etwas vermochten, die auch im real existierenden Sozialismus bestanden, um den sozialistischen »Markt« zu kontrollieren. Hier wie dort waren und sind die Wurzeln der gleichermaßen marktfeindlichen Systeme unangreifbar.

Wenig sprach also dafür, als Mr. Bush seine »Neue Weltordnung« verhieß, daß die innere Ordnung seines eigenen Landes, insbesondere die wirtschaftliche Ordnung, die Vereinigten Staaten zu irgendeiner Führungsrolle legitimierte. Denn aus der desaströsen Lage, in der sich seine Volkswirtschaft befand, ergaben sich nicht nur unmittelbare volkswirtschaftliche Auswirkungen, sondern auch Konsequenzen selbst für die Ränder der Gesellschaft, und Max Lerners Credo »Jeder für sich und Gott für uns alle« schuf im Schlagschatten der Wirtschaft eine Unordnung, deren Opfer in erster Linie die Schwächsten der Gesellschaft wurden – Kinder.

Daß die Befindlichkeit der Kinder Wesentliches über die Befindlichkeit einer Gesellschaft aussagt, empfand auch Mr. Bush, als er sagte: »Unser nationaler Charakter wird daran gemessen, wie wir für unsere Kinder sorgen.«

Tatsächlich stellten Kinder, als Mr. Bush, nicht ohne Pathos, diesen Satz sprach, den größten Anteil jenes Bevölkerungssegments, das in Armut lebt. Der in den Vereinigten Staaten real existierende Kapitalismus, den Mr. Bush zum globalen Export empfiehlt, hat eine Gesellschaft produziert, in der alle acht Sekunden ein Kind vorzeitig und für immer die Schule verläßt. Alle 26 Sekunden läuft ein Kind dem Elternhaus davon, alle 47 Sekunden wird ein Kind körperlich schwer mißhandelt. Alle 67 Sekunden wird ein Teenager von einem Baby entbunden, alle sieben Minuten ein Kind wegen Drogenhandels verhaftet, alle 36 Minuten ein Kind durch

Handfeuerwaffen verletzt oder getötet, und an jedem Wochentag bringen 135 000 Kinder eine Pistole oder einen Revolver mit in die Schule.

Jedes achte Kind in den Vereinigten Staaten hungert, und zwar ständig. Jedes zehnte Neugeborene kommt rauschgiftgeschädigt auf die Welt; viele von ihnen mit irreparablen Schäden. Zwölf Prozent aller amerikanischen Kinder leiden an seelischen Erkrankungen, gar 30 Prozent aller Kleinkinder unter 18 Monaten tragen Anzeichen erheblicher psychischer Deformationen, und die Zahl der gewaltkriminellen Kinder und Jugendlichen explodiert, was den Psychologen Robert Coles von der »Harvard University« nicht wundert, denn: »Kinder«, sagte er, »um die man sich nicht kümmert, sind Kinder, die sich gegen jene Welt wenden, denen die Kinder gleichgültig war.«

In dem Jahr, in dem Mr. Bush Milliardenbeträge aktivierte, um am Persischen Golf einen Krieg zu führen, wurden in seinem Land 250 000 dramatisch untergewichtige Kinder geboren, die eine bedrückend große Chance auf Blindheit, Taubheit oder Geisteskrankheit hatten, denn es gebrach ihren Müttern aus Kostengründen an vorgeburtlich-medizinischer Pflege. Begütertere Mütter konnten, denn jede Gesellschaftsordnung hat ihre Prioritäten, zwar den Kaufpreis eines Teppichs von der Steuer absetzen, nicht aber die meisten Kosten, die durch Kinderpflege entstehen.

Während Mr. Bush die Welt zu seiner Ordnung aufrief und mit ihrer Schaffung am Persischen Golf begann, belief sich die Rate der Kindersterblichkeit rund um das Weiße Haus in Washington D. C. auf mehr als 23 pro 1000 Geburten; das war schlimmer als auf Jamaika oder in Costa Rica, und an der anderen Küste des Landes, in Kalifornien, war rund um Hollywood und Disneyland nur die Hälfte aller Kinder unter zwei Jahren schutzgeimpft.

T. Berry Brazelton, Professor für Kinderheilkunde an der »Harvard University«, beklagt: »Wir sind die am wenigsten familienorientierte Gesellschaft der zivilisierten Welt«, und: »Die Amerikaner sind, was Berichte über die Hoffnungslosigkeit ihrer Kinder angeht, taub geworden«, und in der Tat: Die Mitteilung, daß mehr als 45 Prozent aller schwarzen Kinder in Armut leben, 39 Prozent aller Kinder hispanischer Abkunft und immerhin noch 15 Prozent aller weißen Kinder, schockiert niemanden mehr; sie hat die Normalität eines Wetterberichtes.

Fachleute vermuten, daß es jährlich zu zehn Millionen Fällen schwerer Kindesmißhandlungen kommt und mindestens 700 000 Pflegeeltern benötigt werden, um mißhandelte oder von ihren leiblichen Eltern ausgesetzte – bisweilen in Mülltonnen gesteckte oder zum Fenster hinausgeworfene – Kinder zu versorgen. Aber es fanden sich nur 150 000 Pflegeeltern, denn der Staat zahlt ihnen pro Tag nur zehn Dollar für ihre Mühen. Allein in New York City – wo ein Vater sein Kleinkind erschlug, zerstückelte und an seinen Hund verfütterte – wurden 1986 fast genau 45 000 Fälle schwerer Kindesmißhandlung gemeldet, und 1989 war die Zahl auf 57 891 angestiegen. Von 1987 bis 1990 erlagen allein in dieser Stadt annähernd 350 Kinder erlittenen Mißhandlungen, und niemand kennt die Dunkelziffer.

Schockierende Statistiken ließen sich bis ins ermüdende Detail fortführen, aber: »Es ist unglaublich«, fand Lewis King, Dekan der Medizinischen Fakultät an der »Charles R. Drew University of Medicine and Science« in Los Angeles, »wie paralysiert wir als Nation sind, wenn es um Hilfe für unsere Kinder geht.«

Von der Paralyse sind auch die Schulen betroffen. Natürlich nicht die feinen Schulen der Oligarchie, die jährlich kleine Vermögen zahlt, um ihren Kindern den Verbleib in der »upper upper class« zu sichern. Dagegen sind die Schulen des übrigen Volkes, unterfinanziert und unterbesetzt und oft mit Lehrern versehen, die erbarmungswürdige Löhne beziehen, nur die Fortsetzung der Nichtachtung, die Kinder im System erfahren: Bei einer Bewertung der Fähigkeit, korrekt zu schreiben und zu lesen, nehmen Schulabgänger der Vereinigten Staaten in einem Vergleich von 158 Nationen den 49. Rang ein, und insbesondere Absolventen von Schulen für schwarze und Kinder hispanischer Herkunft verlassen ihre Lehranstalten verblüffend häufig als »funktionale Analphabeten« und verewigen so ihren Verbleib ganz am Boden der Gesellschaft, wie andererseits die Kinder der Reichen schon durch den Schulaufwand die gesellschaftliche Immobilität erhalten und die Mär von der »vertical mobility« ad absurdum führen.

Wesentlich hat die Tragödie, zu deren Hauptdarstellern amerikanische Kinder wurden, zwei Gründe. Zum einen setzt sich in der Ausgrenzung schwarzer Kinder von angemessener medizinischer und dann schulischer Betreuung nur der Rassismus der weißen Gesellschaft fort, der herrschte, seit sich die weiße Gesellschaft schwarze Sklaven ins Land holte. Zum anderen drückt sich in der Tatsache, daß auch immer mehr weiße Kinder zu Opfern der sozialen Unordnung werden, die Konsequenz der Priorität aus, die sich die kapitalistische Gesellschaft verordnete: daß man nämlich – und zwar nur oder doch ganz überwiegend in materieller Hinsicht – ein »success« sein muß.

Erfolg aber, materiell sichtbarer Erfolg ist im Regelfall der mittleren Klassen nicht mehr erreichbar, wenn nur der Familienvater Geld verdient. Da die Realeinkommen dieser mittleren Klassen nun schon seit etwa 20 Jahren sinken, mußten immer mehr Frauen und Mütter zusätzlich um Gelderwerb bemüht sein und hinzuverdienen und sich notwendigerweise wenigstens für erhebliche Teile der Tage von ihren Kindern abwenden. Während Vater und Mutter dem Streß des Erwerbslebens ausgesetzt sind – und mindestens die Mutter dem Doppelstreß der zusätzlichen Versorgung des Haushalts –, sind die Kinder der Straße, vor allem aber der Ansprache durch das Fernsehen ausgeliefert. Geschädigt werden, wie amerikanische Psychologen wissen, Eltern und Kinder gleichermaßen, denn: »Kinder werden von Eltern großgezogen«, sagt Dorothy Otnow Lewis, Professorin für Psychiatrie an der »New York University«, »die selber mehr und mehr gestört sind, und was sie heranziehen, sind mißgeformte Persönlichkeiten«, und das Nachrichtenmagazin »Time« formulierte, was die Eltern, außer dem mörderischen Streß des Erwerbslebens, »gestört« macht, so: »Mütter und Väter sorgen sich um das Gift, dem die Kinder ausgesetzt sind: zuviel Fernsehen, zu viele gewalttätige Video-Spiele, zuwenig Disziplin.«

Das Gift hat längst Wirkung gezeigt. Der »freie Markt« des Fernsehens führt jedem durchschnittlichen amerikanischen Kind in seinen ersten 18 Lebensjahren 250 000 Gewaltakte vor und 40 000 Morde oder Mordversuche. Schon das durchschnittliche Kind zwischen zwei und elf Jahren sieht 25 Stunden pro Woche der Gewalt auf dem Fernsehschirm zu und empfindet sie mehr und mehr als normal. Die Auswirkungen haben – neben vielen anderen – die Psychologen Leonard Eron und L. Rowell Huesman von der »University of Illinois« studiert. Sie fanden, daß Kinder, die seit dem achten Lebensjahr häufig Gewaltdarstellungen im Fernsehen betrachteten, im Alter von 30 Jahren sehr viel öfter als andere selber zur Gewaltanwendung gegen Kinder und Frauen oder zur Gewaltkriminalität bereit waren. »Wir glauben«, berichteten die Psychologen, »daß dauernde Gewaltdarstellung eine der Ursachen für aggressives Verhalten, Kriminalität und Gewalt in der Gesellschaft ist«, und: »Gewaltdarstellung im Fernsehen hat auf junge Menschen aller Altersgruppen Auswirkungen, auf junge Menschen beider Geschlechter, auf junge Menschen aller sozioökonomischen Standards und aller Grade der Intelligenz... Das kann nicht bestritten und nicht hinwegerklärt werden.«

Die eher vom Fernsehen als von den Eltern oder Lehrern beeinflußten Kinder liefern seit langem statistische Daten, die belegen, daß die Einsichten der Psychologen richtig sind. 1984 wurden 1022 Teenager ermordet, 1988 bereits 1641 und 1990 schon annähernd 2000 Teenager – die meisten von ihnen von Gleichaltrigen. Unter den Mördern war auch der 15 Jahre alte Ronny Zamora, für den ein psychiatrischer Gutachter auf »Fernsehvergiftung« und deshalb Schuldunfähigkeit plädierte. Der Psychologe und Buchautor Charles Patrick Ewing prophezeit, daß die ständige Zunahme der vernachlässigten und mißhandelten Kinder und die Zunahme der Armut unter Jugendlichen zu »der blutigsten Dekade jugendlicher Gewalttätigkeiten« führen werden, »die dieses Land je erlebte«. Daten belegen, daß das stimmt: 1976 wurden 19 649 Kinder und Jugendliche wegen illegalen Waffenbesitzes verhaftet, aber 1989 bereits 31 577, und in Los Angeles, wo 90 000 Kinder und Jugendliche zu Banden gehören, fielen 1990 annähernd 700 von ihnen der Gewalt zum Opfer – das waren mehr Ermordete, als ganz Europa in einem Jahr registriert.

Schulen, insbesondere in den heruntergekommenen Kernen der großen Städte, erinnern äußerlich eher an Gefängnisse: Gitter vor den Fenstern, ferngelenkte Kameras an strategisch wichtigen Punkten und mehrfach gesicherte Türen sollen eine Sicherheit vermitteln, die es gleichwohl nicht mehr gibt. In der »Belvedere Junior High School« in Los Angeles wurden 1990 trotz aller Sicherheitsmaßnahmen sieben Schüler ermordet. Im Bundesstaat Illinois gaben bei einer Umfrage 5,3 Prozent aller Schüler zu, gelegentlich mit einer Schußwaffe zum Unterricht zu erscheinen, und einer von je zwölf Befragten räumte ein, manchmal aus Furcht vor der Gewalt in der Schule die Lehranstalt zu meiden. Eine »High School« in Seattle im Bundesstaat Washington führt regelmäßig Alkoholtests unter den Schülern durch, in Detroit müssen Schüler, ehe sie in ihre Klassenräume gehen dürfen, Metalldetektoren passieren, in der »Fairfax Elementary School« in Mentor im Bundesstaat Ohio wird aus gegebenem Anlaß gedrillt, daß sich die Kinder unter ihre Tische werfen, wenn Schüsse fallen, und in jedem Jahr wieder kommen Lehrer ums Leben – ermordet von Kindern, die Opfer der Gesellschaft waren, ehe sie zu Tätern wurden.

Es ist wahr, daß von den ruinösen Vorgängen besonders schwarze Kinder betroffen sind, aber es ist auch wahr, daß sich die Vorgänge weiter und weiter in die jugendliche weiße Bevölkerung fortsetzen, unter der besonders der Drogenhandel floriert, der seinerseits immer mit zunehmender Gewaltkriminalität verbunden ist.

Die jetzt in den Vereinigten Staaten heranwachsenden Kinder sind in einem Land, das nie einen hochentwickelten Sinn für soziale Zuwendung und »Kinderfürsorge« besaß, die von der Gesellschaft verlassenste Generation. Eher hat ein Kleinkind in einem Armenviertel von Panama die Aussicht, von schwerer Krankheit gerettet zu werden, als eines, das das Unglück hatte, in einem schwarzen Wohnviertel in Washington D. C. auf die Welt zu kommen, denn die Macht, die von Washington aus Ordnung in der Welt schaffen will, hat an sozialer Ordnung in ihrer Hauptstadt nur ein mäßiges Interesse.

Die Kindersterblichkeitsraten in Washington sind nicht neu; es gibt sie, seit man Daten darüber erhebt. Die verheerende Kindersterblichkeit in Teilen Philadelphias, New Yorks und anderer Großstädte ist nicht Folge der ständig weiter zunehmenden Auflösung der schwarzen Familie; sie ging auch schon um, als die Realitäten der kapitalistischen Gesellschaft die schwarze Familie noch nicht zerstört hatten. Die »Taubheit« gegenüber der Kindernot, die Professor Brazelton beklagt, ist in Wahrheit so alt wie die Nation.

Während aber die Kinderarmut ständig zunimmt, wendet sich die im »freien Markt« tätige Maschinerie mit gierigem Interesse jenem Kindermarkt der begüterteren Kreise zu, von dem sie weiß, daß er jährlich Anschaffungen in Höhe von 150 Milliarden Dollar beeinflußt und Ausgaben in Höhe von 82 Milliarden Dollar selber tätigt. Amerikanische Kinder werden systematisch dazu erzogen, sich jenem Konsumverhalten anzupassen, das unter der erwachsenen Bevölkerung zu einer verheerenden Verschuldung geführt hat. So hat, zum Beispiel, im statistischen Durchschnitt jeder erwachsene Inhaber einer Kreditkarte annähernd 4000 Mark Schulden, aber gleichwohl begann die »Young Americans Bank« 1989 damit, Anträge von Kindern entgegenzunehmen, die sich um eine »MasterCard« bewarben. »Visa« testete Kinder-Kreditkarten in Schnellrestaurants und fand die Ergebnisse ermutigend. »American Express« untersuchte die Möglichkeiten expandierender Geschäfte in Zusammenarbeit mit einer besonders von Kindern frequentierten Pizza-Kette in Manhattan und lud die Kleinen zur Verschuldung ein: Sie durften ihr Kreditkartenkonto bis zu 100 Dollar überziehen und schon mal die Verführung des Plastikgeldes genießen.

In Manhattan, und zwar ausgerechnet im Laden des im ganzen Land berühmten Spielzeugvertreibers F. A. O. Schwarz, wurde die »First Children's Bank« eröffnet und war auf Anhieb ein großer

Erfolg, und – vermutlich für jene Kleinen, die mit der Bank die richtigen Geschäfte machten – in Boston kündigte das »Ritz-Carlton Hotel« an, für 395 Dollar pro Nacht eine Luxus-Suite für Kinder bereitzuhalten, nämlich die »Junior Presidential Suite« mit »Entertainment Center« und »Junior Toilette« und voll von Spielzeug jeder Art.

Herbert Christopher Whittle plante unterdessen den Großangriff auf den kindlichen Markt und entwickelte »Channel One«, ein zwölf Minuten langes Video-Programm für Schulen, das zwei Minuten Werbung enthält. In Tausenden von Klassenräumen gehört »Channel One« inzwischen zum normalen Schulpensum, was Whittle für logisch hält, denn: »Bücher«, findet er, »sind, technologisch gesehen, Produkte direkt aus dem Mittelalter«, und: »Textbücher sind in Schulen längst überholt«, und der »aufgeklärte Kommerzialismus«, den er mit seinem »Channel One« in die Schulen trägt, sagt Whittle, »ist einfach überfällig«, wie auch ein anderes seiner Unternehmen: »Special Reports«, ein in Wartezimmern von Ärzten ausliegendes Magazin, das für genau 27 Minuten Lesestoff bietet – exakt die Zeit, die im statistischen Mittel vergeht, ehe ein wartender Patient zum Arzt gerufen wird.

Kindern, findet der Marktführer Whittle, sind Bücher nicht zumutbar. Mehr als acht Seiten, so hat er ermittelt, dürfte ein Buch für Kinder nicht umfassen. Die notorisch kurze Aufmerksamkeitsspanne amerikanischer Kinder hat man, sagt der Verleger, zu respektieren, denn auch er fühlt sich von »ausgewachsenen Büchern eingeschüchtert«.

45 Millionen Kinder in 102 000 Schulen: Das ist der Gesellschaft des »freien Marktes« nichts, das in erster Linie staatliche und kommunale Hilfe braucht – der Staat gibt pro Tag zehnmal mehr für einen Soldaten als für ein Schulkind aus –, sondern: 45 Millionen Kinder sind ein Markt, und sie bilden einen besonders lukrativen und formbaren Markt, in dem der »peer pressure«, der Anpassungsdruck, zu enormen Profiten führen kann, wenn es nur einem Produkt gelungen ist, unter Kindern populär zu werden.

12 000 Unternehmen haben sich darauf spezialisiert, durch

»Direct mail«-Initiativen aus Schulkindern Kunden zu machen. Adressenlisten von Schülern jeder Altersgruppe sind jederzeit käuflich zu erwerben; der Handel mit ihnen ist schwungvoll und profitabel. Die »American Student List Company«, mit Sitz in Great Neck im Staat New York, macht mit der Vermittlung solcher Listen glänzende Geschäfte. »Manche Leute sagen«, erklärte der Präsident dieses Unternehmens, Martin Lerner, »daß wir in die Privatsphäre der Kinder eindringen. Ja, das tun wir, aber das richtet schließlich keinen großen Schaden an.«

»Coca-Cola« und »Pepsi-Cola« führen seit etwa 1950 einen erbitterten Kampf um Präsenz in den Schulen und damit um die kleinen Kunden, von denen die »Cola«-Abfüller wissen, daß sie mit hoher Wahrscheinlichkeit, einmal für diese »Cola«-Variante entschieden, lebenslange Käufer bleiben könnten. Die Schulen, chronisch um Geld verlegen, geben dem Werben der »Cola«-Giganten gern nach, wenn die eine Beteiligung am Umsatz versprechen, der seinerseits wiederum davon abhängig ist, wo die Automaten mit den eiskalten Getränken in den Schulen aufgestellt werden. »Wenn die Automaten so stehen«, weiß »Pepsi-Cola«-Marketing-Direktor Joe Harber, »daß die Kinder sie in den Pausen schnell erreichen können, steigt der Umsatz rapide nach oben« – was Schulen, da sie am Umsatz partizipieren, gern bedenken.

Lehrern werden attraktive Präsente – aber auch Bares – für Bemühungen offeriert, den ihnen anvertrauten Kindern bestimmte Waren aufzuschwatzen, und wiederum: Da Lehrer chronisch unterbezahlt sind, ist die Versuchung groß. »Public-Relations«-Offensiven machen sich über Schulen her, Kaufhäuser bieten »special offers« an, und zwar »nur und ausschließlich für eure Schule«, und Schulen richten Transportdienste ein, um die Waren heranzuschaffen, die von den umworbenen Kindern gekauft wurden.

Das sind im Verständnis der kapitalistischen Gesellschaft nicht Auswüchse des »freien Marktes«, sondern: So ist der »freie Markt«, und so ist es gut, auch wenn er eher »Nintendo«-Idioten erzieht als Kinder, die richtig schreiben lernen. Da der »freie

Markt« alles regiert, darf er auch in die Schulen hinein und über die Kinder regieren und, zum Beispiel, eine bestimmte Turnschuhmarke zu einer machen, die »man« einfach besitzen muß. Mit der Kehrseite eines solchen »Konsumterrors« lebt die Gesellschaft des »freien Marktes« zwar nicht in Harmonie, aber doch in der Gewißheit, daß sie sich nicht vermeiden läßt: Seit 1989 ist es geradezu Mode geworden, bestimmte Turnschuhe mit Waffengewalt zu rauben; selbst zu Morden ist es mehrfach gekommen, weil sich kindliche Armut nehmen wollte, was sie zu kaufen nicht in der Lage war.

Der hektischen Bemühung des »freien Marktes«, geldwerten Gewinn aus Kindern zu ziehen, steht eine auch nur annähernd angemessene Bemühung nicht gegenüber, diese Kinder lebenstüchtig aus der Schule zu entlassen.

1989 wurde wieder einmal einer jener internationalen Schüler-Vergleichstests veranstaltet, bei denen die amerikanischen Teilnehmer mit verblüffender Gleichmäßigkeit schlecht abschneiden. Diesmal handelte es sich um einen Vergleich von Kindern aus sechs Ländern, deren mathematische Kenntnisse abgefragt wurden. Koreanische Schüler schnitten dabei am besten, die amerikanischen, wie üblich, am schlechtesten ab, aber bemerkenswerter war ein anderes Resultat. Man hatte nämlich die Kinder zuvor nach der eigenen Einschätzung ihrer mathematischen Fähigkeiten befragt, und dabei ergab sich, daß die Koreaner, also die nachmaligen Test-Sieger, am bescheidensten in der Selbsteinschätzung waren, die amerikanischen Kinder dagegen, also die Verlierer des Tests, am unbescheidensten: 68 Prozent von ihnen erklärten: »Ich bin in Mathematik gut«, während das nur 23 Prozent der wirklich »guten« Koreaner von sich behaupteten.

Das Fehl-Selbsturteil der Kinder hat vermutlich weniger mit individueller Ignoranz oder Arroganz als damit zu tun, daß das amerikanische Kind in der Gewißheit aufwächst, grundsätzlich und in jeder Hinsicht zur »Number one«-Nation zu gehören, in der alles besser als anderswo ist – also auch die Vermittlung mathematischer Kenntnisse. Tatsächlich fand dagegen das Management von

»General Motors«, daß 20 Prozent ihrer von den amerikanischen Schulen kommenden Fließbandarbeiter nicht in der Lage waren, Arbeitsinstruktionen zu lesen, die für die Einhaltung der Qualitätsnormen wichtig waren. »Motorola«, ein Hersteller von Kommunikationsmitteln, testete das mathematische Wissen von jungen Stellenbewerbern und ermittelte, daß 80 Prozent von ihnen nur das Wissen von Schülern der vierten Klasse besaßen. Tests an College-Absolventen ergaben zur tiefen Besorgnis des »National Endowment for the Humanities« eklatante Wissenslücken selbst in banalen Feldern der amerikanischen Geschichte, und auch auf der höheren akademischen Ebene wies sich die Pädagogik des »freien Marktes« als zweifelhaft aus: 1990 wurde jedes dritte Doktorat der Natur- und Ingenieurwissenschaften von amerikanischen Universitäten – und fast jedes zweite Patent – an Ausländer vergeben.

»Die Vernachlässigung unserer Kinder durch die Gesellschaft«, warnte Marian Wright Edelman, Begründerin des Kinderschutzbundes »Children's Defense Fund«, »stellt für unsere Sicherheit eine größere Bedrohung dar als die Bedrohung durch irgendeinen auswärtigen Feind«, aber am Ende war auch Kinderfürsorge nur eines jener »öffentlichen Interessen«, das, da geldzuwendungsbedürftig, dem eigenen Interesse im Wege war. Am Ende war es nur normal, daß auch die Kinder »dem freien Spiel der Marktkräfte« ausgesetzt wurden, und es war auch lehrreich für sie, denn sie würden es lebenslang mit diesem »Spiel« zu tun haben, das das Land beherrscht. Am Ende war auch jedes Kind nur sich selbst der Nächste und mußte sehen, was die »vertical mobility« für ihn ergab. Am Ende war, kurz, die Gesellschaft des real existierenden Kapitalismus im Umgang mit Kindern nur so sozialunfähig, wie sie das im Umgang mit allen Individuen schon immer nachgewiesen hatte.

Daß Kinder den größten Teil der in Armut lebenden Bevölkerung stellen, ist nur die logische Folge der Unwilligkeit der kapitalistisch erzogenen Gesellschaft, das »öffentliche Interesse« zu bedenken, wie andererseits auch das Credo eines Managers in New York City nur die Logik dieser Gesellschaft ausdrückte, der, mit dem Blick auf den Kindermarkt, fand: »You gotta get to 'em young«, und also wurde erfolgreich ein Büstenhalter für vierjährige Mädchen vermarktet, auch Mascara und Deodorants, auch ganze Serien von »Kidsmetics«, denn, wie »BertSherm«-Präsident Philip Davis wußte: »Unsere Herausforderung besteht darin, Kinder zu Kunden gemacht zu haben, wenn sie zwölf oder dreizehn Jahre alt sind.«

Die Ordnung des Landes, das Mr. Bush als den globalen Ordnungshüter ansah, war eine, die das Materielle vergötterte. Ordnung war »laissez-faire«. Ordnung war die Zweitrangigkeit aller gesellschaftlichen Werte; erstrangig war der Egoismus, der Profit, der »success«. Ordnung wurde von der, wie William James sie nannte, »verfluchten Göttin Erfolg« geschaffen. Ordnung war, so Max Lerner, »eine Kultur, die nervös-gespannt auf das ›big killing‹ wartet«, unten in der Gesellschaft im Wortsinn und oben in der Gesellschaft auf das »killing« im Sinn eines mordsmäßigen Profits.

Ordnung war auch Rastlosigkeit, und zwar am Arbeitsplatz wie am Wohnort. Die oberflächliche Fehlerhaftigkeit, die den amerikanischen Industriearbeiter auszeichnet, ist nur das legitime Kind des kapitalistischen Prinzips, daß man schnell, schnell das zum alsbaldigen Verbrauch und zur alsbaldigen Abnutzung bestimmte Produkt herstellen muß, denn das durable Produkt wäre das Ende des profitablen Perpetuum mobile, das sich der »freie Markt« schuf. Die selbst von der Parteizeitung des Kapitalismus, dem »Wall Street Journal«, beklagte mangelnde Qualität so erstaunlich vieler amerikanischer Produkte ist keine Erscheinung des späten 20. Jahrhunderts, sondern Eigenart eines »freien Marktes«, auf dem die Angebotsseite die Verfahrensweisen bestimmt, und das war so, seit sich die Angebotsseite mit der Staatsgründung zum Herrn aller wirtschaftlichen Verfahren aufschwang.

Aus der nicht qualitäts-, sondern bloß profitorientierten Produktion ergab sich aber auch, da sie eine Identifizierung der Arbeiter mit ihrer Beschäftigung ausschloß, eine allgemeine Rastlosigkeit. Der real existierende Kapitalismus kennt das »job-hopping« sehr viel intensiver als andere Gesellschaften und hat mit ihm jedenfalls sehr viel häufiger als mit »Firmentreue« der abhängig Beschäftigten zu tun. Niemand anders in einem industrialisierten

Land wechselt so häufig seinen Wohnort – im Durchschnitt alle fünf Jahre – wie der durchschnittliche Bürger der Vereinigten Staaten. Er ist wurzel- und ruhelos wie sein Ahne, der frühe Siedler, der, ganz wie sein Nachkomme, stets das sichere Gefühl hatte, er müsse weiterziehen, um sein großes Glück, das »big killing«, woanders zu finden. Diese Mobilität führt wiederum notwendig zur Oberflächlichkeit der im neuen Wohnort – und am neuen Arbeitsplatz – eingegangenen Beziehungen. Auch der neue Ort ist nur Parkplatz, nicht Ziel. Er ist eine Station, auf der man sich vorübergehend aufhält, um zu erfahren, wo das wirkliche Ziel ist, das seinerseits wiederum bloß zum Übergang wird, wenn man es erreicht hat. Die Mobilität ist der Ausdruck der Unfähigkeit, einen Lebensinhalt und einen Platz zu finden, der das Bleiben lohnt. Sie ist das »Rattenrennen«, das Symbol der geschäftigen Sinnleere, der Jagd nach dem Nichts, der ziellosen Bewegung in der Kälte.

Die Gesellschaft hat sich, das ist wahr, Ausgleichsmechanismen angeeignet, denen die Aufgabe zufällt, die allenthalben spürbare Kälte des Unsozialen zu ummänteln – und die von besuchenden Europäern gern als sympathische Zeichen amerikanischer Freundlichkeit im Umgang miteinander mißdeutet werden. Die verbreitete Anrede mit dem Vornamen gehört dazu, die Beziehungswärme – und im Wirtschaftsunternehmen im Umgang zwischen Boß und Arbeiter auch so etwas wie demokratische Gleichheit – andeuten soll, von der in neun von zehn Fällen im Ernst nicht die Rede sein kann. Auch die Ritualisierung freundlicher Redensarten gehört dazu: »Have a nice day«, zum Beispiel, oder: »Let's have lunch together one of these days«, oder, immer wieder: »How are you?« – lauter vorgeschriebene Leerformeln, von denen Untersuchungen ergaben, daß kaum jemand, der sie benutzt, meint, was er sagt, während andererseits kaum jemand, dem sie entboten werden, annimmt, der Wortfreundliche meine, was er sage. Ähnliches gilt in der Werbung, der großen Schwindlerin des »freien Marktes«, wo sich der »friendly« Lebensmittelladen, die »friendly« Tankstelle oder das »friendly« Textilgeschäft eben deshalb als »freundlich« empfehlen, weil es in der Kälte der Gesellschaft notwendig einen Mangel an und deshalb einen Hunger nach Freundlichkeit gibt. Der verblüffend häufige Gebrauch der werbenden Vokabel »friendly« entlarvt in Wahrheit den Charakter einer Gesellschaft, die zwar noch das Urbedürfnis der Menschen nach Freundlichkeit kennt, aber es längst unter den raffenden Regularien des »freien Marktes« begrub.

»Friendly« ist der Wortschein, der als Tünche auf der gesellschaftlichen Wirklichkeit liegt, so, wie »quality« in der Produktwelt verheißt, was sie nur selten liefert. Gesellschaftliche Wirklichkeit ist das zum steten und verbissenen Kampf denaturierte menschliche Leben.

Professor Allan Bloom von der »University of Chicago« hat in seinem Buch »Der Niedergang des amerikanischen Geistes«, in dem er vom »Land der Spießer« schreibt, »das allerdings mittlerweile zur mächtigsten Nation der Erde aufgestiegen« sei, tiefe Einblicke in die gesellschaftliche Wirklichkeit der Weltordnungsmacht ermöglicht und deutlich gemacht, was die Partikularisierung des Kapitalismus bewirkte, zum Beispiel in der Familie, die unter einer Flut von Ehescheidungen in der Gefahr ist, als Regelfall einer sozialen Einheit auszusterben. Tatsächlich ist der prozentuale Anteil der Ehen an der Gesamtzahl häuslicher Verbindungen 1991 auf den tiefsten Stand seit 200 Jahren gesunken, was Professor Bloom nicht wundert, denn: »Scheidung in Amerika«, konstatiert er, »ist das augenfälligste Beispiel dafür, daß die Menschen nicht dafür geschaffen sind, miteinander zu leben«, und: »Alle Beziehungen sind sich in ihrer Unbestimmtheit gleich geworden«, und: »Das alte Gebot, wir sollten unseren Nächsten lieben, hat unerfüllbare Forderungen an uns gestellt, nämlich Forderungen wider unsere Natur . . . Notwendig ist nicht Nächstenliebe oder Glaube, Hoffnung und Wohltätigkeit, sondern egoistische, rationale Arbeit im eigenen Interesse«, sowie schließlich: »Dem einsam lebenden Wilden kann man nicht vorwerfen, daß er zuerst an sich denkt. Ebensowenig kann man dies einem Menschen zum Vorwurf machen, der in einer Welt lebt« – nämlich in der Gegenwart und in der Welt des real existierenden Kapitalismus –, »in der das Primat des Eigeninteresses sich überdeutlich in den fundamentalsten Institutionen zeigt, in denen die ursprüngliche Selbstsucht des Naturzustandes erhalten geblieben ist, wo Interesse am Gemeinwohl nur geheuchelt wird und Moral klar auf der Seite des Eigennutzes zu stehen scheint.« Und Max Lerner spricht von den Scheidungsraten in den Vereinigten Staaten als »einem Zeichen und Beweis der Desintegration der amerikanischen Kultur, an der sie so scheitern wird, wie das Römische Reich scheiterte«.

Wahr ist aber, daß der real existierende Kapitalismus – wiederum: mit Ausnahme seiner Bemühungen, die militärisch stärkste Gemeinschaft zu sein – keine anderen als zentrifugal wirkende Kräfte hat, und deshalb mußte sich am Ende auch die Familie unter ihrem Einfluß auflösen. Kapitalismus, in seiner vulgären Form und auf die Spitze getrieben, ist die Reduzierung auf das Ich, und nur auf das Ich. Er ist die Abschaffung jeder menschlichen Wärme. Er ist die Liquidation jeder Art von Geborgenheit. Er ist die definitive Aufkündigung jeder Art von Humanität. Er ist der fortgesetzte Appell, die Bestie im Menschen loszubinden. Er ist die Rückkehr des Bloomschen »einsam lebenden Wilden« in die Primitivität, bloß daß der Nahrungskonkurrent nicht mehr mit der Keule, sondern mit den Mitteln der modernen Ökonomie erschlagen wird.

Die real existierende kapitalistische Gesellschaft: Das ist »oben« eine größere Zahl von Millionären, als das Land sie je kannte, und das ist »unten« ein Millionenheer von Obdachlosen, in dem jeder, der länger als zwei Jahre ohne Heim war, die Tuberkulose hat. Das ist eine Gesellschaft, die auch nach dem Zusammenbruch des Ostblocks immer noch annähernd 300 Milliarden Dollar jährlich für Rüstung und bewaffnete Streitkräfte ausgibt und 400 000 Geisteskranke aus Heimen verwies und auf die Straße setzte und 500 000 Geisteskranken ihre Wohlfahrtsunterstützungen nahm. Das ist das eine Prozent ganz »oben«, das 14,7 Prozent aller Einkommen bezieht, und das sind »unten« die Arbeiter und Angestellten des »mittleren Managements«, die sich, nach den Worten des Unternehmensberaters Peter F. Drucker, »wie Sklaven auf der Auktion fühlen«. Das ist auch im politischen »Oben« die akzeptierte und institutionalisierte Korruption und Kaufbarkeit des politischen Mandats – bei den Wahlen des Jahres 1988 zahlte die Lobby 115 Millionen Dollar an Mandatsinhaber, aber nur 17 Millionen an Herausforderer –, und das ist im politischen »Unten« eine Demokratie, die nahezu leblos ist: Bei den Bundeswahlen des Jahres 1990 beteiligten sich zwei Drittel der stimmberechtigten Bevölkerung nicht an dem Volksentscheid, und bei den Kommunalwahlen in Los Angeles gingen nur mehr 19 Prozent zu den Urnen, um ihr Votum abzugeben.

Die real existierende kapitalistische Gesellschaft: Das sind »oben« die studentischen Bünde an den Universitäten der »Ivy League«, wo sich die »upper upper class« durch brüderliche Vernetzung immer neu ihre gesellschaftliche Dominanz sichert – auch Mr. Bush gehört einem solchen Bund an –, und das ist »unten« eine buchstäblich durch Mord und Totschlag vom Aussterben bedrohte schwarze Jugend. Das ist »oben«, an der Wall Street, mehr Betrug im Börsenhandel, als man ihn an irgendeinem anderen Platz der Welt kennt, wo mit Aktien gehandelt wird, und das ist »unten« die Ohnmacht gegen »die da oben«.

Und dennoch und bei aller Unansehnlichkeit: Mr. Bush fand, als er seinen Kapitalismus der Welt empfahl, offene Ohren. Vor allem in jenen Ländern wurde der »American way of life« begehrlich herbeigesehnt, in denen die »Sozialismus«-Betrüger volkswirtschaftliche Ruinen und verstörte, nach freier Freude hungernde Seelen hinterließen, die »Coke« wollten, endlich »the real thing«, und »Big Mac's« und Pop und Rock und alles andere aus »Amerika«, was Synonym für Lebensfreude ist; sie wollten nicht mehr die verfluchte, »Sozialismus« genannte Solidarität, zu der man sie über die Jahrzehnte zwang. Sie wollten endlich die ganz große, die von niemandem disziplinierte, die schrankenlose Freiheit, von der sie – mit Recht – vermuteten, daß es sie nur im real existierenden Kapitalismus der Vereinigten Staaten gibt.

Und natürlich wurde nicht nur in den endlich von den Pseudo-Sozialisten befreiten Ländern so geträumt, vielmehr: Die Verhältnisse im ungebändigten Kapitalismus waren immer und sind auch heute die Träume eines großen Teiles der »Unternehmer« genannten Kapitalisten in den demokratischen Ländern Westeuropas – weshalb sonst legten sie, wenn sie sich in den Vereinigten Staaten einkauften, so großen Wert darauf, von Gewerkschaften unbehelligt zu sein? Aber selbst in den kleinbürgerlichen Schichten, selbst in Arbeiterkreisen bleibt die alte Gewißheit verbreitet, daß es »Amerika besser hat«, daß sein Kapitalismus die am höchsten entwickelte Gesellschaftsform ist, nämlich eine, die als einzige den ganz großen Lebenspreis verteilt, den phantastischen Lottohauptgewinn, die Realisierung des Traums vom materiellen Glück.

Die über die Jahrzehnte ganz unreflektiert betriebene Verherrlichung des Kapitalismus macht seine Verbreitung auch in Europa jederzeit möglich. Das Potential der rohen Dynamik, das ihn zu einer politischen Realität machen kann, ist in jedem europäischen Land vorhanden, und tatsächlich regt es sich längst nach der Art des amerikanischen Vorbildes: Auch am Erfolgsweg der deutschen »upper upper class« liegen inzwischen, ganz wie in den Vereinigten Staaten, ein paar Millionen, die Opfer der »vertical mobility« wurden und der gesellschaftlichen Zuwendung weitgehend entraten müssen.

Nur sozialistische Träumer, nur politische Illusionisten oder, schlimmer, Demagogen und Ideologen können den Wert der menschlichen Dynamik leugnen, der aus dem Streben nach dem eigenen Nutzen kommt. Kein Mensch ist ganz und gar von Egoismus frei; er ist so sehr Lebensnotwendigkeit wie Angst und Mut und Hoffnung. Nur politische Torheit ignoriert oder entmutigt oder »verbietet« den Egoismus, der vermutlich die stärkste Antriebskraft ist, über die ein Mensch verfügt, wenn er »nach vorn« will, »etwas werden«, ein »Lebenswerk schaffen«. Es ist die reine Gefühlsduselei, schon in der Bemühung um Herausgehobenheit, um Erfolg, auch um privaten und materiellen Erfolg, das Unsoziale zu erkennen, und es ist sozial so bösartig, es zu diffamieren oder gar physisch zu bekämpfen, wie es andererseits bösartig

161

ist, einen errafften Erfolg zu Lasten derer zu kapitalisieren, die erfolglos blieben, weil sie die Voraussetzungen nicht besaßen, die zum Erfolg führen.

Es kommt darauf an, den Egoismus mit den Erfordernissen der Gemeinschaft zu versöhnen, also ihn sozial zu zähmen und zu verpflichten, also Freiheit zu beschneiden und zu disziplinieren. Es kommt, sozusagen, darauf an, den Kapitalismus zu sozialisieren.

Es ist Europa zum Segen ausgeschlagen, daß im Schoß des menschenverachtenden Kapitalismus von Manchester der Sozialismus entstand, der langfristig jenen kapitalistischen Exzeß unmöglich machte, zu dem es in den Vereinigten Staaten kam. Nicht, daß der Sozialismus – in welcher Form auch immer – eine wirkliche Alternative zum Kapitalismus hätte werden können; das war er selten; nicht in Schweden, nicht in Labours Großbritannien, nicht im sozialistisch regierten Frankreich, auch nicht in Westdeutschland, als die Sozialdemokraten in Bonn den Bundeskanzler stellten. Westeuropäischer Sozialismus war in der jüngeren Vergangenheit, also in der Zeit, in der er sich, was überfällig war, entideologisierte, bloß noch das Arrangement mit kapitalistischen Mechanismen, die er erfolgreich zu mildern, die er menschlicher zu machen vermochte. Die Sozialisten wurden in Wahrheit mehr und mehr »Soziale«, sie wurden Korrektoren des Kapitalismus und waren nicht mehr Umstürzler. Sie zwangen die Kapitalisten zu sozialer Einsicht – das war ihr Hauptverdienst. Wenn sie klug waren, begingen die Sozialisten nicht die Torheit der Verstaatlichung von Industrien – die den Egoismus »verbot«, also Wirtschaft lähmte –, sondern bändigten den Egoismus so, daß er sozial verträglich, daß er einer wurde, an dessen Erträgen möglichst viele angemessen und nach ihren Fähigkeiten und Leistungen partizipieren konnten, während jene nicht vergessen wurden, die schwach waren und der Hilfe der Gesellschaft bedurften.

Jene Länder, in denen Sozialisten und die »christlich« oder »liberal« genannten Kapitalisten um Macht streiten – und in der Tat wechselseitig die Macht nehmen und Pendelschläge nach links oder rechts wieder korrigieren –, haben am Ende des 20. Jahrhunderts eine sehr viel bessere »Lebensqualität« als das einzige Land, in dem der vulgäre Kapitalismus seine Allmacht etablierte, und zwar nicht nur gemessen an konkreten Daten, sondern vor allem gemessen an dem sozialen Selbstverständnis, das ihnen eignet. Sie sind soziale Demokratien, während die Vereinigten Staaten, eben nicht durch das Wechselspiel miteinander konkurrierender Vorstellungen von gesellschaftlichen Werten zu ständiger Selbstüberprüfung gezwungen, in Wahrheit eine verläßlich abgesicherte Plutokratie darstellen und einen »Wilden Westen« in den Formen des späten 20. Jahrhunderts.

Aber wie schon der »Wilde Westen« auch den Europäer faszinierte, fasziniert ihn heute der »glamour«, der Flitterglanz, die Sumpfblüte des im Elend gemachten Glücks in »Amerika«. Die märchenhaften Karrieren faszinieren ihn, die immer noch in »God's own country« gemacht werden, und diese Faszination: Das ist, was dem Kapitalismus Konjunktur verschafft.

Schwerlich wird diese Konjunktur durch doktrinär sozialistische Ideen unterbunden werden, aber: Es liegt im Wesen des vulgären Kapitalismus, daß er sozial aufgeklärten Menschen sein wahres Gesicht zeigt – und abschreckt und regulierenden Widerstand erzeugt.

Einmal im Jahr, zumeist im März, erhält das Pflegepersonal der – wie überall im Lande überfüllten – Waisenhäuser der Stadt New Orleans im Bundesstaat Louisiana von einem großen Modehaus den Auftrag, Waisenkinder für eine Bühnenshow auszuwählen. Die Kinder, schwarz oder hispanischer Herkunft, werden alsdann in das Modehaus gebracht und mit der neuesten Kinder-Frühjahrsmode gekleidet: fröhliche Kleidchen und weitrandige Hüte für die Mädchen, hübsche, sogar elegante Kombinationen für die Buben.

Und dann wird die Mode und dann werden mit ihr die Waisen vorgeführt. Sie müssen auf den Laufsteg, und unten sitzt das begüterte Publikum und erwägt entweder eine Investition in die Mode oder in ein Kind, denn beide sind gleichermaßen zu erwerben, und dann verlassen die Kinder, wenn sie denn nicht gekauft wurden, den Laufsteg und müssen ihre teuren Kleider und Anzüge abgeben, und dann werden sie, nun wieder sehr viel weniger ansehnlich, in ihrem armen Textil in ihr überfülltes Waisenhaus zurückgebracht, und dann hat sie der real existierende Kapitalismus wieder, der sich eine unterhaltsame Stunde lang in einem Kaufhaus in New Orleans offenbarte. ▬▬▬▬▬▬▬▬▬▬▬▬▬▬▬

4. KAPITEL
DER FÜHRER

Die Vereinigten Staaten, als sie sich erstmals für den Führer der »freien Welt« hielten, waren ein Land, in dem verbreitet Unfreiheit herrschte. Schwarzen wurden jene Bürgerrechte vorenthalten, die Washington von Moskau einklagte, Antisemitismus war verbreitet, und es ging etwas durch das Land, das einer stalinistischen »Säuberung« nicht unähnlich war: Linke wurden gejagt.

Dieses Land ist das helle Leuchtfeuer der Hoffnung für die ganze Welt. Es hat das Recht auf die moralische Führung dieses Planeten.

Präsident John F. Kennedy

■■■■■■ So wird das nun schon bald in allen denkbaren Sprachen in Schulen gelehrt und in Werken von Historikern stehen und von Politikern als bedenkenswertes Lehrstück vorgetragen werden: daß nach einem beinahe ein halbes Jahrhundert währenden sogenannten »kalten Krieg«, nach dem gewaltigsten materiellen und Rüstungs- und Nervenaufwand – denn man nannte den »kalten« auch einen »Nervenkrieg« –, der je in der Menschheitsgeschichte getrieben wurde, nach gefährlichen Konfrontationen und Ersatzkriegen und verwegen-frivolen Spielen mit dem nuklearen Feuer die »freie Welt« am Ende des 20. Jahrhunderts unter ganz unerwarteten, nämlich völlig friedlichen Umständen über den kommunistischen Ostblock siegte. Daß die Sache der Freiheit, geführt von »God's own country«, den Vereinigten Staaten von Amerika, gegen das unterdrückend Kollektivistische gewann, das Noble gegen das Infame, das Humane gegen die institutionalisierte Unmenschlichkeit, der vitale Kapitalismus gegen den lähmenden und menschenverachtenden Kommunismus, das Aufrechte und Demokratische gegen das Joch – ganz wie im Märchen: das Gute gegen das Böse.

Aufregende Fakten und Daten werden den historisch beispiellosen Vorgang belegen: wie die einander feindselig gegenüberstehenden Blöcke immer neue und immer noch wirksamere Massenvernichtungsmittel entwickelten und erprobten, so daß sie am Ende in der Lage waren, die gesamte Menschheit nicht nur einmal, sondern dutzendfach in der atomaren Glut verbrennen zu lassen. Wie sie in ihrem Vernichtungsfanatismus bei der Entwicklung dieser Massenvernichtungsmittel stillschweigend und offenbar unter allgemeiner Billigung der Völker das alte Prinzip über Bord warfen, welches gebot, daß in einem Krieg die Zivilbevölkerung zu verschonen sei. Wie hundert Atomraketen im sowjetischen Machtbereich allein auf Ziele in der amerikanischen Bundeshauptstadt Washington D. C. gerichtet waren und gar 120 gleichartige Raketen auf Ziele in der sowjetischen Metropole Moskau, so daß auf der Karte des amerikanischen Generalstabes die Stadt unter den vielen Zielmarkierungszeichen nicht mehr zu erkennen war. Wie die Feinde Giftgase präparierten und andere, wie sie das nannten, »binäre Waffen«, mit denen man flächendeckend schreckliche und mählich und qualvoll zum Tode führende Krankheiten verursachen konnte, und wie sie drohend und »abschreckend«, wie sie das gern nannten, mit ihren Lebensauslöschern experimentierten. Wie sie, während sie noch experimentierten, schon dabei waren, noch Schrecklicheres oder, wie sie sagten, noch Effizienteres zu ersinnen, um dem Feind in dem Rennen des Wahnsinns voraus, ihm überlegen zu sein und also in der Lage, einen wirklichen, einen »heißen« Krieg gewinnen zu können, obwohl doch ersichtlich schien, daß er längst nicht mehr gewinnbar war, zum mindesten nicht so, wie früher Kriege gewonnen wurden, als sie noch auf Schlachtfeldern und nur auf Schlachtfeldern stattfanden. Für einen Sieg, der diesen Namen verdient hätte, waren die beiderseitigen Zerstörungspotentiale schon nach ein paar Jahren des Wettrüstens zu groß, aber das focht Politiker und vollends natürlich Militärs nicht an, so daß auch noch das wahnhaft letzte Szenario entworfen wurde: »MAD«, hieß es, wie das englische Wort für die deutsche Vokabel »verrückt«, aber in Wahrheit stand dieser Begriff für eine wechselseitig stattfindende atomare Zerstörung, und dann zählten die Militärs im Auftrag der Politik nach »MAD«-Planspielen die Überlebenden, die es beim atomaren Austausch hätte geben können, und die Politiker erwogen, ob nicht auch »MAD« noch eine reale Option des »heißen«

169

Krieges war, der auf den »kalten Krieg« hätte folgen können, und in der Tat hielt der amerikanische Präsident George Bush stets auch einen atomaren Krieg für führ- und sogar gewinnbar, worin er sich von den wahnhaften Aufrüstern im Ostblock nicht unterschied.

Auch davon wird berichtet werden, wie sich die bedrohte Menschheit erstaunlich schnell und weitgehend widerspruchslos an den allenthalben in unterirdischen Silos gelagerten und in schnittiger Raketenform gestalteten Massentod gewöhnte, wie Farmer im amerikanischen Bundesstaat North Dakota ebenso gleichmütig Äcker bestellten, in denen Interkontinental-Raketen auf die »Stunde X« warteten, wie Landarbeiter im Fernen Osten der Sowjetunion oder Bauern in der westdeutschen Eifel, wo neben den – auf andere Deutsche gerichteten – Atomraketen mehr Giftgas lagerte, als man brauchte, um die gesamte europäische Bevölkerung umzubringen. Von dem erstaunlichen Phänomen wird man berichten, daß die Menschheit den kranken Zustand der permanenten und zum Prinzip erhobenen Überrüstung mit dem potentiellen und vielfachen »overkill« schon bald als normal, als »Realpolitik«, ansah und mit ihm lebte, als hätte er seine gute und irgendwie »friedensbewahrende« Ordnung, daß sie ihn widerspruchslos finanzierte und immer weiter finanzierte – während gleichzeitig in der »Dritten Welt« täglich 40 000 Kinder starben, denen Medikamente im Wert von drei Mark das Leben hätten erhalten können –, bis die Finanzen der beiden ganz großen Rüstungsmächte, der Sowjetunion und der Vereinigten Staaten, gleichermaßen heillos zerrüttet waren.

Aber schließlich, so wird die Historie wahrheitsgemäß berichten, geschahen das Ende und das Wunderbare, das zu schön war, als daß sich irgend jemand den Ausgang des dramatischen kalten Krieges so hätte vorstellen können: Noch ehe auch nur eine Waffe aus den gigantischen Arsenalen im Ernst gefeuert wurde, kapitulierte, sozusagen, der rote Ostblock, und der schöne Geist der Freiheit siegte, und dann war der schlimme, von den Realpolitikern beförderte Spuk jäh und wirklich so schnell vorüber, daß die Menschen das Geschehen kaum faßten.

Schließlich wird von den Helden dieser Zeit die Rede sein und, da es sie in einem solchen Zusammenhang ohne ihr Gegenteil nicht geben kann, auch von den Bösewichten einer Ära, in der die Welt am Abgrund stand: Josef Stalin, er besonders, aber auch seine Nachfolger in Moskau, auch seine Provinzherren in den von Moskau streng bewachten und beherrschten Satellitenländern, und hier in erster Linie seine deutschen Untertanen, sogenannte Sozialisten, die unter dem Staunen der Welt veritable Mauern und »Todesstreifen« genannte Minengürtel und Selbstschußanlagen quer durch Deutschland bauten und Soldaten so indoktrinierten, daß die bedenkenlos auf westliche Landsleute schossen, die freilich nicht mehr als Landsleute angesehen wurden, sondern als imperialistische Feinde, vor denen man schützen mußte, was sozialistisch und zukunftsgewandt war, während natürlich in Wahrheit die gigantischen Mauern und Minengürtel und Todesstreifen keine andere Funktion als jene hatten, die von solchen Bauwerken und Installationen auch in Gefängnissen erfüllt werden. Und die Westdeutschen, wenn sie schon nicht zurückschossen, übten doch wenigstens den Schuß auf den Bruder, der im »kalten Krieg« nicht mehr Bruder, sondern Feind der »freien Welt« war, und Hunderttausende ließen sich in den Kasernen drillen, um, käme es denn dazu, die Ostdeutschen niederzumachen.

Helden?

Was die Deutschen angeht, so hat gewiß Dr. Konrad Adenauer gute Aussichten, ein geschichtlich verklärter Held in der dramatischen Saga des »kalten Krieges« zu werden, da er doch 1949 sein in der Bundesrepublik Deutschland zusammengefaßtes westdeutsches Teilvolk in das Lager der »freien Welt« führte, wenngleich: Er führte es nicht eigentlich, sondern wurde eher von den westlichen Siegermächten des Zweiten Weltkrieges mit fester Hand in die »freie Welt« geführt, denn den Westmächten war dringlich an der Rekrutierung der Westdeutschen zur Auseinandersetzung mit dem kommunistischen Ostblock gelegen, und dann auch daran, daß sich die Westdeutschen – nur wenige Jahre nach der

Beendigung des schrecklichsten Krieges aller Zeiten – wieder militärische Uniform anlegten und erneut übten, Feinde zu töten. Aber gleichwohl: Ob nun aus eigener Vollmacht oder eher unter der Order der westlichen Weltkriegssieger oder nur aus Gründen des platten Opportunismus – denn mit der Rekrutierung seines Teillandes verband sich materieller Segen, der vorwiegend aus den Vereinigten Staaten kam –, in der Ägide Dr. Konrad Adenauers wurden die Weichen gestellt, die dazu führten, daß die westdeutsche Republik in der »freien Welt« eine wesentliche Rolle spielte und den »kalten Krieg« gewinnen half.

Auch Herr Dr. Helmut Kohl, der sich gern als ein »Enkel Adenauers« bezeichnete, obwohl das physiologisch stets nur schwer vorstellbar war, denn Dr. Adenauer war dürr und allenfalls mittelgroß, Herr Dr. Kohl dagegen, von hohem Wuchs und kolossaler, von ein wenig Disziplinlosigkeit und viel Saumagen zeugender Leibesfülle, wird, wenn man die Geschichte des »kalten Krieges« schreibt, vermutlich unter den Helden erscheinen, weil sich aus dem Sieg der »freien Welt« über den kommunistischen Ostblock der Zusammenbruch der Deutschen Demokratischen Republik samt ihren Mauern und »Todesstreifen« und Minengürteln und aus diesem Zusammenbruch wiederum die Vereinigung Deutschlands ergab, der Herr Dr. Kohl triumphierend präsidierte. Es ergab sich also, was Dr. Adenauer schon 1949 bei der Begründung der westdeutschen Republik prophezeit hatte, der die Westintegration seiner Teilrepublik und damit die Festigung der deutschen Teilung betrieb, um sie, wie er seinem Wahlvolk stets versicherte, eines Tages überwinden zu können, und zwar gemeinsam mit dem Westen durch eine »Politik der Stärke« gegenüber dem kommunistischen Block, die in der Tat zum Exitus dieses rotgefärbten Machtmonstrums zum mindesten wesentlich beitrug.

Schließlich wird vermutlich auch ein sozialdemokratischer Bundeskanzler zum mindesten ehrende Erwähnung finden, wenn man die Rolle der Westdeutschen im »kalten Krieg« darstellt, denn Helmut Schmidt war ein beispielhafter Kämpfer für die Sache der »freien Welt« und ein allenthalben im Westen hochgelittener Teilnehmer des »kalten Krieges« und ganz die zivile Version des Oberleutnants der Wehrmacht, den er im Zweiten Weltkrieg abgegeben hatte. Nie ließ er sich, wenn die Arsenale der »freien Welt« aufzufüllen waren, von friedseligen Einreden beirren; nie hatte er das mindeste Bedenken gegen die Verwandlung Westdeutschlands in einen gigantischen Atomwaffenträger – auf deutschem Gebiet befanden sich auf der Höhe des »kalten Krieges« mehr Atomwaffen als in irgendeinem anderen Teil der Welt –, und dann war der Sozialdemokrat, von dem viele Sozialdemokraten nie recht begriffen, wieso dieser nur zur Führung, zur Loyalität aber gänzlich ungeeignete Mann in ihrer Partei landen und dort auch noch reüssieren konnte, sogar bereit, sein Placet zum Bau einer ganz und gar geisterhaften, nämlich der Neutronenbombe zu geben, die Menschen töten, Waffen und Geräte und Baulichkeiten dagegen nicht zerstören würde, aber zu dieser monströsen Waffe kam es nicht mehr, auch nicht zur Patenschaft Helmut Schmidts für diese kranke Ausgeburt der Waffentechnologen und -ideologen, denn seine Partei, was überfällig war, schickte ihn nach Hamburg-Langenhorn zurück, so daß er den »kalten Krieg« der »freien Welt« nur mehr als Lohnredner – bis zu 20 000 Dollar pro Auftritt – und Privatmann und Zeitungsverleger führen konnte.

Freilich werden, so ist zu vermuten, die Herren Dr. Adenauer und Dr. Kohl und Schmidt, wenn Historiker das Geschehen in der zweiten Hälfte des 20. Jahrhunderts darstellen und würdigen und Helden und Bösewichte sortieren, eher zweitrangige, gleichsam provinzielle Helden in der monumentalen Geschichte des »kalten Krieges« sein, eher brave und folgsame Chargen als Hauptdarsteller, was dem Vollzug der Wirklichkeit entspricht. Denn zwar ist wahr, daß die westdeutsche Republik, und zwar wegen ihrer Nahtstelle der verfeindeten Welten, im »kalten Krieg« stets eine überaus wichtige Rolle spielte. Es ist auch wahr, daß sich alle ihre Kanzler, christlich-demokratische und sozialdemokratische gleichermaßen, für diesen »kalten Krieg« rekrutieren ließen, den entschlossen zu führen Staatsräson war. Und schließlich ist ebenso wahr, daß die westdeutsche Republik infolge ihrer imposanten Wirtschaftskraft stets auf den real und kümmerlich dahinvegetierenden Sozialismus eine gefährlich destabilisierende Wirkung ausübte, denn der vermochte noch nicht einmal verläßlich und kontinuierlich Hosenknöpfe oder Toilettenpapier herzustellen, während Westdeutschland schon in den frühen 50er Jahren ein weltweit bestauntes Wirtschaftswunder hervorzubringen begann und für viele Menschen im Osten zum Land der Sehnsucht wurde.

Aber dennoch: Die Westdeutschen, auch ihre politischen Führer, waren nur Nebendarsteller in dem Drama, das die Welt von 1945 bis 1988 unter ständiger Lebensgefahr für Darsteller und Zuschauer aufführte. Übrigens waren das auch die anderen westeuropäischen Demokratien, die sich zur »freien Welt« organisierten. Großbritannien, eine Weltmacht, als es den Zweiten Weltkrieg aufnahm, war, als das staatlich organisierte Massenmorden nach 60 Millionen Toten beendet war, alsbald aber durch den »kalten Krieg« fortgesetzt wurde, nur noch eine Weltmacht in Liquidation und angestrengt mit der Auflösung seines Imperiums beschäftigt, überdies in einem heruntergekommenen wirtschaftlichen Zustand und zu internationalen Führungsaufgaben nicht mehr fähig. Ähnlich stand es um Frankreich, das, historisch betrachtet, noch am ehesten zur Führung Europas in die Freiheit befähigt, tatsächlich aber durch die Kriegsfolgen kraftlos und nur mit sich selber beschäftigt und obendrein ohne einen wirklich überzeugenden und durchsetzungsfähigen Staatsmann war; der würde erst später auftauchen, aber als Charles de Gaulle, der einzige Europäer, der wirklich diese Bezeichnung verdiente, sich in den frühen 60er Jahren zutraute, Europa »vom Atlantik bis zum Ural« friedlich zu organisieren und auf Distanz zu den Vereinigten Staaten von Amerika zu halten, denen der vom General zum Staatsmann gewordene Mann tief mißtraute, fand er für seine schöne Vision keine Gefolgschaft, schon gar nicht in Bonn, wo man, sozusagen, nicht Frankreich, sondern eben die Vereinigten Staaten als Nachbarn betrachtete und gar nicht daran dachte, die Führung durch die Vereinigten Staaten gegen eine durch Frankreich einzutauschen.

Die ganz große, die alles überragende, die unumstrittene führende Rolle in der schicksalhaften Auseinandersetzung zwischen den einander feindselig gegenüberstehenden Systemen wurde von den Vereinigten Staaten gespielt, von der mächtigsten Nation der Erde, der einzigen, der der Zweite Weltkrieg nicht zur Schwächung, sondern ganz im Gegenteil zur Erstarkung ausgeschlagen war, und einer der wenigen Nationen, denen das namenlose Glück zuteil wurde, den Krieg nicht auf eigenem Boden erleiden zu müssen. Sie, sie allein erfanden und organisierten und führten die »freie Welt«. Sie rekrutierten und militarisierten und stabilisierten und kommandierten; sie waren stets unumschränkte Herren des Verfahrens. In keiner Phase dieses »kalten Krieges« war, sieht man einmal von der aussichtslosen Bemühung de Gaulles um die Europäisierung Europas ab, die Führungsposition der Vereinigten Staaten auch nur ein Gesprächsthema. Sie waren allmächtig, und was sie taten, war im Verständnis der von ihnen Geführten stets wohlgetan, auch und besonders im Verständnis der Westdeutschen, die eine frühe Liebe zu den Vereinigten Staaten entfalteten, in denen sie ein Vorbild an Humanität und Liberalität und Grundsatztreue erblickten.

In Wahrheit war das eine opportunistische Liebe. Sie hatte mehr mit »Lucky Strike«-Zigaretten und weißem Brot und Nylonstrümpfen und schließlich mit dem »Marshall-Plan« genannten Sold für die Rekrutierung der Westdeutschen in den »kalten Krieg« zu tun als mit wirklicher Kenntnis der Vereinigten Staaten. Sie hatte auch eher mit nützlicher Vergeßlichkeit zu tun als mit dem Glauben an demokratische Grundsätze. Denn die Kriegskoalition der Vereinigten Staaten mit Stalin – war das Ausdruck der prinzipientreuen Humanität und Liberalität einer Weltmacht?

Gewiß, das generöse »Pacht- und Leihprogramm«, das die Vereinigten Staaten der Sowjetunion Stalins gewährten, hatte in erster Linie zum Ziel, die Roten im Kampf gegen das Hitler-Monstrum zu stärken, das niederzumachen oberste Priorität war. Aber natürlich stützten die Vereinigten Staaten, indem sie Stalin halfen, nicht nur den tapferen und entsetzlich verlustreichen Kampf der Sowjetsoldaten gegen Hitlers Eindringlinge, sondern sie konsolidierten auch das Regime eines Mannes, der sich noch heute in der Hölle mit Hitler darüber streiten mag, wer von ihnen der größere Halunke war.

Die Westdeutschen, als sie zum »kalten Krieg« gerufen wurden, vergaßen das. Sie vergaßen auch die perfiden und kriegsrechtswidrigen Bombardements deutscher Innenstädte durch amerikanische Bomberpiloten, die sich, indem sie ihre Bomben auf Frauen und Kinder hageln ließen, mit dem Terror gemein machten, den zuvor schon deutsche Piloten ausgeübt hatten. Sie vergaßen sogar die Rolle Dwight D. Eisenhowers – den sie nur wenige Jahre später, nachdem er Präsident geworden war, wie ihren König empfingen – bei der Behandlung deutscher Kriegsgefangener am Ende des Zweiten Weltkrieges.

Daß, wie der kanadische Gelehrte James Bacque behauptet, »sehr wahrscheinlich mehr als eine Million« deutsche Kriegsgefangene in amerikanischem Gewahrsam starben, weil sie durch Orders des Kommandierenden Eisenhower ausgehungert wurden, ist gewiß nicht richtig. Aber richtig ist, daß in amerikanischen Kriegsgefangenenlagern massenhaft gehungert und gestorben wurde, richtig ist, daß Eisenhower Hilfslieferungen des Internationalen Roten Kreuzes, die für die deutschen Gefangenen bestimmt waren, zurückschicken ließ, und richtig ist vor allem: Da er durch die Bestimmungen der »Genfer Konvention« über die Behandlung von Kriegsgefangenen gezwungen gewesen wäre, sie mit gewissen Mindestmengen zu ernähren, nahm er den Kriegsgefangenen in seiner Verfügungsgewalt diesen Status und erklärte sie zu »Disarmed Enemy Forces«, was ihn in die Lage versetzte, mit seinen Gefangenen nach Belieben umzugehen.

Die Aberkennung des Status von Kriegsgefangenen war ein eklatanter Bruch der »Genfer Konvention«. Daß er mit der Absicht herbeigeführt wurde, die Kriegsgefangenen hungern zu lassen, ergibt sich aus der Zurückweisung der Hilfe des Roten Kreuzes. Daß Eisenhower nicht bloß mit Verachtung, sondern mit schierem Haß über die deutschen Kriegsgefangenen redete, ist vielfach belegt, und belegt ist auch, so Stephen E. Ambrose, der Direktor des »Eisenhower Center« an der »University of New Orleans«: »Es gab, und zwar verbreitet, im Frühjahr und im Sommer 1945 Mißhandlungen von deutschen Kriegsgefangenen (in amerikanischen Lagern). Männer wurden geschlagen, Wasser wurde ihnen vorenthalten, sie wurden gezwungen, im Freien zu leben, man gab ihnen unzureichende Nahrungsrationen und unzureichende medizinische Fürsorge. Ihre Post wurde einbehalten. In einigen Fällen bereiteten sich die Kriegsgefangenen ›Suppen‹ aus Wasser und Gras, um ihren Hunger zu bekämpfen. Kriegsgefangene starben unnütz und auf eine Weise, die unentschuldbar ist . . . Amerikanische G. I. s und ihre Offiziere waren fähig, fast so brutal wie Nazis zu verfahren.«

Ob, wie Mr. Ambrose meint, »nur« 56 000 deutsche Kriegsgefangene durch aktive oder passive Mißhandlung in amerikanischen Lagern starben, ist zum mindesten strittig. Amerikanische Augenzeugen halten eine weit höhere Ziffer für möglich oder wahrscheinlich. »Ich war Offizier in einem amerikanischen Kriegsgefangenenlager«, bekundet zum Beispiel E. F. Siegfriedt aus Louisville in Kentucky, »und Zeuge der schlechten Behandlung der Gefangenen und der Todesfälle, die sich aus der Unterernährung . . . ergaben. Ich lebe seit 45 Jahren mit der Erinnerung an Gefangene, die zusammenbrachen und dann als Leichen an meinem Büro vorbeigetragen wurden.« Martin Brech aus Mahopac im Staat New York weiß: »Wir waren direkt am Rhein, aber wir verweigerten den deutschen Kriegsgefangenen Wasser. Verrückt vor Durst, krochen einige unter den Stacheldraht und rannten bei hellem Tageslicht zum Fluß, und dann wurden sie von amerikanischen Soldaten mit Maschinenwaffen erschossen.« Und Edward Field aus New York City erinnert sich seiner Zeit als US-Offizier auf einem Flughafen im südfranzösischen Istres, wo sich auch ein Kriegsgefangenenlager für Deutsche befand: »Die Gefangenen mußten im Freien schlafen und bekamen zweimal am Tag einen Teller Suppe. Es war kein Wunder, daß unter der heißen Sonne an jedem Tag zwei oder drei der unterernährten Gefangenen tot umfielen«, und: »Wir sind manchmal über die Grenze des zivilisierten Betragens gegangen und ähnelten jenen, gegen die wir doch eigentlich kämpften.«

Die Nachkriegsdeutschen, in ihrem Bestreben, den Amerikanern nur recht zu gefallen, vergaßen das, und sie vergaßen auch, daß Dwight D. Eisenhower massenhaft in Deutschland befindliche »Displaced Persons«, nämlich auch Russen, gegen ihren Willen in die Sowjetunion abschob, wo viele von ihnen im »Gulag« des US-Verbündeten Stalin umkamen. Verzweifelt baten die Menschen, im Westen bleiben und in die Vereinigten Staaten auswandern zu dürfen; Eisenhower kannte kein Pardon und, obschon doch eigentlich auf dem Kreuzzug für die Freiheit, trieb die Menschen in die Arme des Despoten, der zu ihrem Empfang die Peitsche schwang.

Aber Sieger, so weiß man in der Welt des Sports, sind immer von ansehnlichster Schönheit; das gilt nicht nur für den Sport. Der Sieger des Zweiten Weltkrieges – und es gab, genau besehen, nur einen, nämlich die Vereinigten Staaten – verklärte sich im Triumph und war nicht mehr bloß in seinem eigenen Selbstverständnis, sondern er war in den Augen eines großen Teiles der Welt, vor allem aber der Deutschen, ersichtlich »God's own country« und der geborene Führer der Koalition, die sich bildete und »freie Welt« nannte.

Mit ein bißchen Phantasie läßt sich leicht ausmalen, wie die Geschichtsschreibung die Formung dieser Koalition würdigen wird: wie die Vereinigten Staaten nach der Beendigung des Zweiten Weltkrieges schon abzurüsten begannen und gerade noch rechtzeitig das Unheilvolle des zuvor mit ihnen im Kampf gegen Hitlerdeutschland verbündeten Moskauer Regimes erkannten und mutig Position bezogen. Wie aus dem amerikanischen Präsidenten Harry Truman, der eben noch versichert hatte: »I like Joe«, womit er den Massenmörder Stalin meinte, jemand wurde, der Stalin nun einen »son of a bitch« nannte und von Herzen haßte. Wie die Vereinigten Staaten ganz gegen ihren Willen, denn eigentlich hatten sie nun profitablen Handel führen und die hochverdienten Früchte des Krieges ernten und den Segen des Kapitalismus über die ganze Welt verbreiten wollen, wieder aufrüsteten, da sie doch sehen mußten, daß sich der kommunistische Osten zunehmend feindselig und militant gebärdete. Wie die Vereinigten Staaten darangingen, mit ingeniöser Staatskunst im Namen der Freiheit eine, wie Herr Dr. Kohl das gern nannte, »Wertegemeinschaft« zu bilden, deren oberster und alle miteinander verbindender Wert die liberale Demokratie war, und wie dann die »freie Welt« unter Entbehrungen und Opfern und auch in Monaten der krisenhaften Zuspitzung des »kalten Krieges« zusammenhielt, um jenem zu widerstehen, das der amerikanische Präsident Ronald Reagan zwar erst in den 80er Jahren das »Reich des Bösen« nannte, von der »freien Welt« aber schon immer als genau das angesehen wurde.

Die Historiker werden die Selbstlosigkeit rühmen, mit der die Vereinigten Staaten die immense Last der geldfressenden Rüstung auf sich nahmen und nehmen mußten, weil niemand anders diese Lasten hätte tragen können, und wie die amerikanischen Ingenieure stets das mörderische Tempo der Rüstung bestimmten und ihren östlichen Widerparts in der Entwicklung immer noch fürchterlicherer Massenvernichtungsmittel stets ein paar Schritte voraus waren, und wie die gewählten Obrigkeiten in Washington immer noch fabelhaftere Geldsummen zur Verfügung stellten, um den Osten auf die Knie zu rüsten, und wie dann in der Tat der Ostblock dieses irrsinnige Wettrüsten verlor und, sozusagen, kapitulieren mußte und in der Amtszeit des Präsidenten Reagan, also in den späten 80er Jahren, zu bröckeln und dann spektakulär zu stürzen begann, immer tiefer und immer unkontrollierter, so daß Michail Gorbatschow, der Liquidator des kommunistischen Blocks, schließlich gar um die Hilfe des vormaligen Feindes nachsuchen mußte, die der – waren die Länder der »freien Welt« nicht immer generös im Umgang mit den Bedürftigen der Welt gewesen? – auch gewährte.

Die Historiker, so darf man annehmen, werden sich mit den Merkmalen des kommunistischen Blocks nicht weniger intensiv als mit denen der »freien Welt« beschäftigen, denn das geschichtlich Abgestorbene hat sie immer fasziniert, und, in der Tat: Sie werden erstaunliche und für die Menschheit höchst lehrreiche Episoden vom Ursprung und von der Entwicklung und schließlich der Entartung des Kommunismus zu erzählen haben, von seiner merkwürdig perversen Entwicklung zur Karikatur des Marxismus, zum sogenannten Leninismus, der schon, da sich die marxistische Theorie nur schwer in die Praxis umsetzen ließ, zur Stützung des Regimes zu terrorisieren und totzuschlagen und zu verbonzen begann, und schließlich zum Stalinismus und seinen unvorstellbaren Grausamkeiten und millionenfachen Gehirnwäschen und dem grundsätzlichen Ersatz der Wahrheit durch ideologischen Schwindel, von der Abrichtung ganzer Völker zu gigantischen Herden der Willenlosigkeit, die alle Jahre wieder, zum Beispiel am 1. Mai, rote Fahnen schwenkten und auf Großdemonstrationen baren Unsinn skandierten und gewaltige Siege beschworen, gar auch den über die kapitalistische Welt, obwohl sie doch im Wortsinn ohne Hosenknöpfe und Toilettenpapier waren, von gehobeneren Bedarfsgütern ganz zu schweigen.

Dagegen, so werden die Historiker finden, die von den Vereinigten Staaten dynamisch geführte »freie Welt«: eben – frei. Getrieben von den schönen, wenn auch nicht immer unkomplizierten Mechanismen der parlamentarischen Liberalität und der Toleranz und insbesondere des dem Sozialismus turmhoch überlegenen Kapitalismus, der immer sorgend auf die Bedürfnisse des Marktes blickte, so daß man in der »freien Welt« keinen Mangel kannte. Ständig belebt durch den fairen, irgendwie immer der gemeinsamen Sache verpflichteten Streit der redlichen, eben freien Demokraten. Getragen vom Gefühl der »Wertegemeinschaft«, der Solidarität, sozusagen vom Geist, den die Freiheitsstatue verkörpert, die vor New York City das ewige Feuer der Liberalität und Menschenliebe leuchten läßt. Vereint auch im Glauben an Gott. Mehr als bloß ein Zweckbündnis zur Verteidigung gegen das gottlose Böse, vielmehr: eine große Familie der Gerechten.

Schwarz-weiß. Die Kinder der Zukunft, wenn man sie über die

Episode des »kalten Krieges« in der Weltgeschichte belehren wird, werden es nicht schwer finden, sie zu verstehen, sowenig es die Kinder der Gegenwart schwer finden, den »good guy« im Western-Film am weißen, den »bad guy« dagegen am schwarzen Hut zu erkennen. Die Rollenverteilung des »kalten Krieges« ist eindeutig, jedes Mißverständnis ganz ausgeschlossen, auch jede Mißdeutung selbst noch im Detail. Stalin mit seinem blutigen »Gulag« und Millionen von Leidenden und Gemordeten ist schlechterdings nicht differenziert zu betrachten, nichts an ihm, nichts an seinen furchtbaren Nachfolgern, nichts an den Bauherren der Todesstreifen mitten durch Deutschland gestattet Zweideutigkeit. Die Roten waren ein Verhängnis.

Das ist so richtig wie das andere: daß nämlich dem offenkundigen Verhängnis nie das offenkundig Gute gegenüberstand, nie eine »freie Welt«, die diesen Namen verdiente, nie eine, die ihrer schönen Selbstbeschreibung entsprach, nie eine »Wertegemeinschaft«, nie eine Nationenkoalition, von der sich die Menschheit Wegweisung in eine humane Zukunft erhoffen dürfte. »Freie Welt« ist in Wahrheit eine Wortblase, das Verbalgeschöpf politischer Gaukler und Hochstapler, argumentatives Falschgeld, Etikettenschwindel – eine Phrase.

Aber Phrasen, einmal verselbständigt und im alltäglichen Umgang der politischen Wortfabriken verankert, sind sowenig rückholbar wie Zahnpasta, nachdem sie einmal die Tube verließ; das ist mit der wirklichkeitsfernen Phrase von der »freien Welt« nicht anders. Der Begriff steht fest wie eine vom Baumsterben noch nicht angekränkelte deutsche Eiche. Daß er das Gute auf diesem Planeten namhaft macht, gilt Milliarden Menschen als gesicherte Wahrheit. »Freie Welt« – das ist so simpel einleuchtend, wie es der amerikanische Präsident George Bush auf der Höhe des Golfkrieges im Frühjahr 1991 formulierte: »Ich reduziere das alles ganz klar auf den Gegensatz zwischen Gut und Böse«, so einfach war das. Die »freie Welt«, geführt von den Vereinigten Staaten, vertrat immer und grundsätzlich das Gute und führte auf den Pfad zu einer, wie Präsident Bush das gern nannte, »Neuen Weltordnung«, in der die schönen Prinzipien der »Freien« endlich in der ganzen Welt gelten würden, so daß es Besorgnis über Böses nicht mehr geben mußte.

Die Unantastbarkeit des Begriffs »freie Welt« ergab sich auch aus der Tatsache, daß er, sozusagen, der mächtigsten Sprachregelungsmaschinerie gehörte, die je existierte, und sie ließ an ihm nicht rütteln, denn er war ein exzellentes Markenzeichen. »Freie Welt« – das schmückte. »Freie Welt« – das ließ schlechterdings keine Alternative zu, für die sich der einigermaßen vernunftbegabte Mensch entscheiden konnte. »Freie Welt« – das erweckte die Assoziation von einer Menschlichkeit, wie dieser Planet sie brauchte: idealistisch, human, vor allem human, aber eben auch militant-wachsam, wenn es um den Schutz von Menschenrechten ging, rastlos, bis auch am Ende der Welt die Freiheit eingekehrt war und der letzte Diktator verschwunden. »Freie Welt« – das war gut wie »Get the feeling« oder »Coke is it«, wie der ganz große, der markterobernde Wurf des raffiniertesten Texters im kreativen Stab der besten Werbeagentur irgendwo an der Madison Avenue in New York City, wo sie ständig über Slogans brüten, mit denen man Menschen fangen kann.

Der Schwindel mit dem Wort geht freilich, wie man weiß, längst nicht mehr bloß werblich in der Wirtschaft bei der hechelnden Jagd um den Konsumenten, er geht auch in der Politik um, und hier eher häufiger, auch unverschämter und jedenfalls folgenreicher als dort. Die Politik ging beim »marketing« in die Schule, bei den Verkäufern, bei den Sloganisten, denen oft das lockende Wort die Qualität ersetzt, und »Freiheit« war, worauf sie verfielen.

Freiheit – das ist die Hure der politischen Sprache, nur noch ein bißchen williger als sie und schlimmeren Perversionen ausgesetzt. Freiheit ist immer und für jedermann verfügbar, der sich politisch zu betätigen wünscht, täglich in allen Idiomen dieses Planeten vieltausendfach benutzt, lockend, preisend, drängend, fordernd, verlogen, pathetisch, vor allem pathetisch; selbst noch Stalin hurte mit der Freiheit, selbst noch Hitler, vermutlich auch schon Attila der Hunne und Dschingis-Khan.

Kein Politiker in irgendeinem Land der Welt, der ohne Freiheitsversprechen zur Macht gekommen wäre, was über seine wirklichen Absichten nichts aussagte. Freiheits-Verkünder wurden, einmal an der Macht, zu Kerkermeistern und folternden Peitschenschwingern, zu Jägern von Sozialisten und Gewerkschaftern, aber auch zu Jägern von Konservativen und Liberalen, und zwar wurden sie das, wie man sehen wird, auch und besonders unter der Schirmherrschaft der Vereinigten Staaten in der »freien Welt«, die sich die bereitwilligste aller Worthuren hielt und sich dessen nie genierte, denn nichts war erfolgreicher als der Erfolg, und die Wortblase Freiheit – das war der ganz große Erfolg, wie der Ausgang des »kalten Krieges« bewies.

In der realen Politik, die in Wahrheit nicht sehr viel mehr als eine ständig an der Kapazitätsgrenze hektisch arbeitende Wortfabrik ist, stellt die Vokabel Freiheit die Minimalform verbaler Grundausstattung dar. Jeder handelt mit ihr und kann davon profitieren, weil auf dem politischen Markt, so oft er auch betrogen wurde, die Nachfrage nach Freiheit ungebrochen stürmisch ist. Da nahezu jeder vernunftbegabte Mensch eine schöne Vision – oder, genauer: eine schöne Illusion – von Freiheit mit sich herumträgt, bleibt Freiheit der Grabbeltisch der Politik, spottbillig und ständig im Sonderangebot.

Gewiß gehörten der »freien Welt« auch vorbildhaft freie Länder an, Beispiels-Demokratien und fast lupenreine Volksherrschaften, aber zu ihr gehörten auch Halunkendespotien en masse, Totschlagregimes und Kleptokratien. Vor allem aber: Selbst die Führungsmacht der »freien Welt« war, als sie das Kommando übernahm und ihren agitatorischen und dann auch den Rüstungsfeldzug gegen die Kommunisten eröffnete, weit davon entfernt, ein für alle ihre Bürger freies Land zu sein.

Zu der Zeit nach dem Zweiten Weltkrieg, in der sich die Vereinigten Staaten erstmals als Leitnation der »Freien Welt« zu erkennen gaben und Freiheit und bürgerliche Rechte für die Menschen im kommunistischen Ostblock einforderten, getraute sich in den amerikanischen Südstaaten, den früheren Mitgliedern der Konföderation, kein schwarzer Bürger, sein Auto, wenn er denn eines besaß, vor einem Postamt zu parken – er hätte als »uppity« gegolten, als unverschämt und aufsässig-frech, und wäre im Zweifel von empörten Weißen verprügelt worden, die rassebewußt darauf bestanden, daß ein Schwarzer, begegnete er ihnen auf dem Bürgersteig, auf die Straße trat und sie, durch seine Nähe nicht belästigt, passieren ließ, ehe der »nigger« den Bürgersteig wieder betreten durfte. Der Parkplatz vor dem Postamt gebührte den Weißen, nur ihnen, denn Schwarze waren in der Führungsnation der »freien Welt« minderwertig, nicht zweit-, sondern drittklassig, und man mußte sie das spüren lassen. Es gab, während sich die ehemaligen Nazis im besiegten Deutschland gerade ihrer amerikanisch inspirierten »re-education« unterzogen und Hitlers Rassismus zu verachten lernten, in dem Land, das die »freie Welt« erfand, mehr und virulenteren und auch gewalttätigeren Rassismus als irgendwo anders, wo man sich demokratisch nannte.

Die Schwarzen in den Vereinigten Staaten waren nicht frei, sondern bedroht wie Liberale oder Juden in Stalins Sowjetunion. Eine verlogene politische Nomenklatur – die Freiheit als Hure – bezog die Schwarzen für den externen Sprachgebrauch zwar in das »land of the free« ein und gestattete, beispielsweise, die Einberufung junger Schwarzer zu den bewaffneten Streitkräften – sie waren bis 1952 rassisch streng getrennt –, damit sie helfen konnten, die »freie Welt« zu stärken, aber 97 Prozent der ihrem Alter nach wahlberechtigten Schwarzen der Vereinigten Staaten besaßen, als sich die »freie Welt formte«, weder das aktive noch das passive Wahlrecht. Sie waren Millionen, aber sie hatten im Herzen der »freien Welt« keine Stimme und kaum jemanden in Washington, der für ihr Stimmrecht kämpfte, denn mit der zornigen Reaktion weißer Wähler mußte rechnen, wer sich für die Schwarzen einsetzte.

Der Entzug der demokratischen Rechte war die Norm im südlichen Teil des Landes, in dem zwischen 1900 und 1930 noch 3000 Schwarze gelyncht worden waren und in dem nun nicht nur der »Ku-Klux-Klan«, sondern eine große Mehrheit der weißen Bevölkerung alles Schwarze drangsalierte, und wenn schwarze Bürgerrechtler für demokratische Teilnahme warben, banden weiße Polizisten ihre Hunde los, und ein wenig später, als die Kreuzritter der »freien Welt« längst unterwegs waren und den Osten Europas unter Druck setzten, verwehrte in der Führungsmacht der »freien Welt« eine »Wahlsteuer« den – natürlich überwiegend armen – Schwarzen die Teilnahme an jenem demokratischen Willensbildungsprozeß, den doch andererseits die »freie Welt« nicht nur im Osten Europas, sondern überall in der Welt herbeiführen wollte.

Die Verlogenheit hatte Tradition. Noch 1939, also in dem Jahr, in dem der Rassist Hitler seinen Krieg begann und – zu Recht – von der amerikanischen Politik und der amerikanischen Publizistik als manisch-arischer Verbrecher bezeichnet wurde, war in einigen Bundesstaaten der Vereinigten Staaten die Begrüßung per Handschlag zwischen Weißen und Schwarzen gesetzlich verboten und strafwürdig, und noch 1951, als die »freie Welt« längst erfunden und in der rhetorischen Offensive war, durfte man in den Bundesstaaten South Carolina und Alabama nach alter amerikanischer Art an Wahlen nicht teilnehmen, wenn man »gewisses Eigentum« nicht besaß, das zu erwerben den Schwarzen andererseits durch die vorherrschende und allseitige Diskriminierung unmöglich gemacht wurde. 1948, einem informativen Jahr der »freien Welt«, fand J. Strom Thurmond, Senator des Staates South Carolina und in Washington einer der einflußreichsten Politiker aus dem reaktionären Süden: »Unsere Armee hat nicht genügend Soldaten, um ein für allemal zu verhindern, daß Neger in unsere Häuser, in unsere Restaurants, unsere Swimmingpools und unsere Theater eindringen«, und das war eine Erklärung, die auf den begeisterten Beifall seiner weißen Wähler stieß, die ihn folgerichtig ständig wieder als ihren Repräsentanten nach Washington entsandten. Noch 1951, als sie in Washington für den externen Gebrauch schon lange von der »Unteilbarkeit der Freiheit« redeten, die im Ostblock gelten müsse, verbot der Bundesstaat Indiana, was in anderen Bundesstaaten bereits untersagt und nach der unter Weißen verbreiteten Meinung ohnehin gotteslästerlich und einfach widerwärtig war: die Ehe von Partnern zweier Rassen.

In den Jahren, in denen das Selbstverständnis der »freien Welt«

entstand und ihre Selbstgewißheit, Vorbild für den Rest der Menschheit zu sein, wurde ein schwarzer Professor einer schwarzen Universität in Atlanta im Südstaat Georgia auf der Straße grundsätzlich nicht von Weißen gegrüßt, auch nicht von ihm sehr gut bekannten Weißen. Im Hotel hatte der Gelehrte den Frachtaufzug zu benutzen, im Zug einen ungesäuberten Waggon »Nur für Schwarze«, und in einem Ladengeschäft war es ihm verboten, einen Hut anzuprobieren, denn natürlich war einem Weißen nicht zuzumuten, eine Kopfbedeckung zu erstehen, die zuvor den Wollschädel eines »nigger« berührt hatte. Verließ der Professor das Hutgeschäft, wurde auch von ihm, denn auch er war nur ein »boy«, erwartet, daß er auf dem Bürgersteig jedem Weißen auswich, also auch weißen Kindern, auch und vor allem weißen Betrunkenen.

Freiheit? Die Schwarzen in den Vereinigten Staaten waren von ihr, während in Washington und in den anderen Hauptstädten der »freien Welt« fortgesetzt Reden zum Ruhm der Freiheit geschrieben wurden, so weit entfernt wie Bürger in Stalingrad von der nächsten Geschäftsstelle einer liberalen Partei. Und nicht nur enthielt die Führungsmacht der »freien Welt« ihren schwarzen Bürgern das Recht vor, sich am Prozeß der demokratischen Willensbildung zu beteiligen, sondern sie benutzte die Schwarzen auch als billige Arbeitskraft, Selma in Alabama war, sozusagen, Workuta in Sibirien, gesklavt wurde hier wie dort, auch gehungert, auch verzweifelt, denn dies war die Zeit, von der George Bernard Shaw mit guten Gründen fand: »Die hochmütige amerikanische Nation läßt die Schwarzen ihre Schuhe putzen und beweist die rassische Unterlegenheit der Schwarzen mit der Tatsache, daß sie die Schuhe der Weißen putzen.«

In den Schulen wurde, als von Washington aus die Wortgranaten der Freiheit auf Moskau geschleudert wurden, gelehrt, daß die Schwarzen als Sklaven in den Vereinigten Staaten vorwiegend in Heiterkeit, singend und tanzend, lebten. W. E. Woodward, ein zu dieser Zeit hochangesehener Geschichtswissenschaftler, schrieb in seinem verbreiteten Werk »A New American History«: »Die Sklaverei hat der weißen Bevölkerung des Südens unermeßlichen Schaden zugefügt und nur den Schwarzen Nutzen gebracht, denn sie diente als riesige Trainingsschule für die afrikanischen Wilden. Zwar war das Regime auf den Sklavenplantagen strikt, aber es war gütig im Vergleich zu dem, was die importierten Sklaven in ihren eigenen Ländern erfahren hatten. Die Sklavenplantage lehrte Disziplin, Sauberkeit und Moral« – vermutlich wäre es dem Professor recht gewesen, hätte sich an jedem Eingang zu einer Sklavenplantage ein Schild mit der Aufschrift »Arbeit macht frei« befunden.

Noch 1964, nachdem fast zwei Dekaden vergangen waren, in denen sich die »freie Welt« als Vorhut weltweiter Demokratie gerierte, waren im Dallas County im Südstaat Alabama weniger als ein Prozent der Schwarzen als Wähler registriert, und der weiße Repressionsapparat arbeitete mit Verbissenheit daran, diese Rate nicht steigen zu lassen. Im selben Jahr legte sich der Restaurantbesitzer Lester Maddox in Atlanta, der Hauptstadt Georgias, eine Axt an den Eingang seines Etablissements und versprach, mit ihr jeden Schwarzen zu vertreiben, der es wagen würde, sein Haus zu betreten – kurz darauf wurde der Mann zum Gouverneur des Staates gewählt und ein Idol der weißen Rassisten. Und noch 1965, als es der unermüdlichen Wortmanufaktur der »freien Welt« längst gelungen war, ihr Schwarzweiß-Bild von den Verhältnissen auf dem Globus zu verfestigen, besaßen im Bundesstaat Mississippi nur 6,7 Prozent aller erwachsenen Schwarzen das Wahlrecht, was der weiße Rassismus für den Anfang vom Ende hielt.

Im Herzen der »freien Welt« wurden Büchereien, Spielplätze, Swimmingpools und Parks von weißen Behörden geschlossen, um zu verhindern, daß Weiße und Schwarze sie gemeinsam nutzten. In Albany im Staat Georgia schlug ein weißer Polizist eine schwarze Frau und Bürgerrechtlerin, die im sechsten Monat schwanger war, besinnungslos; ihr Baby wurde tot geboren.

1962 versuchte in Indianola im Sunflower County des Bundesstaates Mississippi die 45 Jahre alte Fanny Lou Hamer, sich als Wählerin registrieren zu lassen. Sie wurde verhaftet und mißhandelt; ein Haus von Freunden, in das sie floh, wurde beschossen. Ein Jahr später, als sie gemeinsam mit Freunden erneut Zugang zur

Wahlurne begehrte, wurde sie von der Polizei so zusammenge-schlagen, daß sie bleibende Augen- und Nierenschäden davontrug. Männliche Begleiter, die in Winona in Mississippi die nur für Weiße bestimmte Toilette eines Busbahnhofes benutzt hatten, wurden festgenommen und brutal mißhandelt: »Die Polizisten«, berichtete Mrs. Hamer, »versuchten, den Männern die Geschlechtsteile wegzubrennen.« Die weißen Polizisten wurden strafrechtlich nie verfolgt.

In Anniston im Bundesstaat Alabama schlugen Angehörige des rassistischen Ku-Klux-Klan die Fensterscheiben von Schwarzen ein, die sich um ihr Wahlrecht bemühten. Autoreifen wurden zer-stochen und Bomben in die Häuser der Bürgerrechtler geworfen. Jeder im Ort kannte die Täter, die gleichwohl nie angeklagt wurden.

In Montgomery im Bundesstaat Alabama, wo die schwarzen »Freedom Riders« für ihr Wahlrecht demonstrieren wollten, wurde ihr Bemühen in Blut erstickt. Keine Ambulanz weißer Hilfs-organisationen ließ sich blicken; alle Fahrzeuge, so erklärten die Weißen, waren »momentan fahruntüchtig«.

In Monroe im Bundesstaat Georgia wurden Roger Malcolm, der den Weißen aufsässig erschien, sowie seine Frau und ein weiteres schwarzes Ehepaar gelyncht. Eine Anklage gegen die bekannten weißen Täter wurde nicht erhoben.

In Spring City im Bundesstaat Pennsylvania wurde in der Tenn-hurst School, einer Anstalt für geistig behinderte Kinder, der schwarze Robert Byers zu Tode geprügelt. Die weiße Justiz fand, daß eine strafrechtliche Verfolgung des Falles nicht angebracht sei.

In Money im Bundesstaat Mississippi pfiff der vierzehnjährige schwarze Emmet Till einer weißen Frau nach. Der Ehemann der Frau und ein Freund kidnappten den Jungen, brachten ihn um und warfen die Leiche in den Tallahatchie River. Das Staatsgericht ließ die Mörder frei.

Im Sommer 1963 wurde Medgar Evers, ein schwarzer Bürger-rechtsführer in Mississippi, von einem Weißen erschossen, der Evers »in der Hand der Kommunisten« wähnte. Zwei gerichtliche Versuche, den Mörder zu bestrafen, endeten ergebnislos, weil sich die weiße Jury nicht auf einen Schuldspruch verständigen konnte.

Im Sommer 1964, als die »Freedom Riders« erneut für Demokratie und Wahlrecht demonstrierten, wurden mehr als 1000 von ihnen verhaftet und polizeilicher Gewalt ausgesetzt. In 35 Fällen wurde auf die unbewaffneten und ausdrücklich gewaltfrei demonstrierenden Schwarzen geschossen, sechs von ihnen wurden ermordet. Gerichtliche Nachspiele gab es in den seltensten Fällen, und wenn es sie gab, blieben sie in der Regel ergebnislos.

Im Frühjahr 1968 feuerte die Polizei in Orangeburg im Bundesstaat South Carolina auf 400 Studenten des »State College«, die gegen die Rassentrennung einer Kegelbahn in der Nähe des Campus demonstrierten. Drei Studenten starben, 40 wurden verletzt. Alle Polizisten wurden von Gerichten freigesprochen.

Jean Seberg, eine berühmte – und blonde – Filmschauspielerin, der man Affären mit Schwarzen nachsagte, wurde dieser Beziehungen wegen von der Bundespolizei, dem FBI, auf den »Security Index« gesetzt und öffentlichem Rufmord preisgegeben. Sie flüchtete nach Paris und nahm sich dort das Leben.

Und so weiter, denn: Die Diffamierung und Verfolgung der Schwarzen – und derjenigen Weißen, die Sympathie für das demokratische Anliegen der Schwarzen bekundeten – sowie die Selbstjustiz der rassistischen Weißen waren nicht die Ausnahmen in einer im übrigen gesitteten Gesellschaft, sondern sie waren die Regel. Schwarze Unfreiheit war die Norm, nicht der Einzelfall. Während einerseits in Moskau Nikita Chruschtschow auf dem Parteitag der KPdSU des Jahres 1956 doch wenigstens mit der grausamen Willkürherrschaft Stalins abrechnete und seine Genossen zur »sozialistischen Gesetzlichkeit« aufforderte – die ihrerseits natürlich noch längst nicht demokratische Freiheit bedeutete –, war in der Führungsnation der »freien Welt« die infame Ungesetzlichkeit im Umgang mit den Schwarzen politischer Alltag – und blieb es noch lange.

Die Lohnsklaverei schwarzer Landarbeiter war verbreitet und ein Kavaliersdelikt; eine Arbeitsgerichtsbarkeit, die derlei hätte verhindern können, existierte nicht. Wo nicht Lohnsklaverei herrschte, zahlten Weiße den auf den Baumwollfeldern hart arbeitenden Schwarzen erbarmungswürdige Löhne, so daß in Alabama und Mississippi und North und South Carolina gleichsam die Dritte Welt zu besichtigen war, in der bare Armut in windschiefen Holzhütten hauste. Aus nichtigem Anlaß eine Tracht Prügel für schwarzen »Ungehorsam« war an der Tagesordnung, gelegentlich wurde ein Schwarzer auch halb totgeschlagen, weil man ihn verdächtigte – der Verdacht genügte –, begehrlich eine weiße Frau angesehen zu haben; hin und wieder wurde auch gelyncht. Der Ku-Klux-Klan, die amerikanische Variante der Hitler-SA, stabilisierte keineswegs nur in den Südstaaten mit Terror das Regime der »überlegenen Rasse« – denn die Ähnlichkeit des Klans mit der deutschen SA erstreckte sich auch auf die Sprache –, und vor den Gerichten wog ein Delikt grundsätzlich schwerer, war also härter und »abschreckender« zu bestrafen, wenn es einem Schwarzen nachgewiesen wurde – und oft genug auch dann, wenn man es ihm nicht zweifelsfrei nachweisen konnte. Es wurde so gut wie nie die Todesstrafe gegen Weiße verhängt, die Schwarze ermordet hatten, während sich andererseits nie ein mildernder Umstand für einen Schwarzen fand, der weißes Leben gewaltsam beendete.

Schwarzes Leben in der Führungsmacht der »freien Welt« war die Hölle. Es war, obzwar die Beendigung des Zweiten Weltkrieges schon wieder mehr als zwei Jahrzehnte zurücklag, immer noch ganz so wie Anfang 1945, als eine schwarze Frau, befragt, wie man den Kriegsverbrecher Hitler bestrafen solle, die Antwort fand: »Schickt ihn her und laßt ihn unter uns Schwarzen leben.«

Schwarze durften nicht wohnen, wo sie wohnen wollten, und noch nicht einmal an einem Erfrischungsstand eines Kaufhauses ein Glas Limonade trinken. Sie durften in der Dunkelheit nicht durch weiße Wohngebiete gehen und ihre Kinder nicht in Schulen ihrer Wahl schicken. Sie durften nicht frei ihren Arbeitsplatz wählen oder auch nur einer Gewerkschaft beitreten, sie rangierten in der Gesellschaft, wo sie auch in öffentlichen Transportmitteln untergebracht waren: ganz hinten, abgetrennt von den übrigen, den weißen Passagieren, die sich nicht durch die augenfällige Nähe dunkler Haut belästigt fühlen wollten, und noch 1964 fand das der damalige Kandidat für die Senatswahl in Texas, George Bush, ganz in Ordnung und polemisierte gegen die »Civil Rights Act«, die der Zwei-Klassen-Gesellschaft ein Ende machen sollte, denn Mr. Bush war dafür, daß Schwarze zu weißen Hotels, Restaurants, Theatern und anderen öffentlichen Einrichtungen keinen Zutritt haben dürften.

Und nicht, daß sich diese Zwei-Klassen-Gesellschaft im Schatten abspielte: Sie war ein offenes Geheimnis nicht nur in den Vereinigten Staaten, sondern auch überall in der »freien Welt«. »Amnesty International« bescheinigte den Vereinigten Staaten, »weder in der äußeren Erscheinung noch in der politischen Wirklichkeit fair zu sein«, aber das nahm niemand zum Anlaß, die Führungsfähigkeit der Vereinigten Staaten in der »freien Welt« zu hinterfragen, sowenig die spektakulären und oft tragisch ausgehenden Demonstrationen der Bürgerrechtler zu Zweifeln am Charakter der Führungsmacht Anlaß gaben: Der Busboykott der Schwarzen im Jahr 1955 in Montgomery in Alabama, die Aussperrung schwarzer Schüler durch weiße Rassisten 1957 in Little Rock in Arkansas, die schwarzen »sit-ins« 1960 in Greensboro in North Carolina, die »Freedom Rides« 1961, die von weißer Gewalt bedrohten Bemühungen der Schwarzen in McComb in Mississippi, als Wähler registriert zu werden, die bösartigen Angriffe weißer Obrigkeiten 1963 gegen Bürgerrechtler in Greenwood in Mississippi, in Birmingham in Alabama, in Cambridge in Maryland und Danville in Virginia, der 1964 durchgeführte »Marsch nach Washington«, die Ermordung der Bürgerrechtler James Chaney, Michael Schwerner und Andrew Goodman in Mississippi – das alles wurde der »freien Welt« in Wort und bewegtem Bild berichtet. Sie sah auch zu, wie weiße Polizisten in Birmingham in Alabama ihre Deutschen Schäferhunde auf Bürgerrechtler hetzten, und sie hörte Dr. Martin Luther King zu, als der in Washington gegen den repressiven Rassismus in den Vereinigten Staaten predigte, aber nie kamen der »freien Welt« Zweifel an der Validität der Freiheitsrhetorik, die im Washington des »kalten Krieges« formuliert wurde. Washington

– das war für die »freie Welt« das Weiße Haus, nicht der schwarze Slum.

Das eine, nämlich der bösartige und freiheitsentziehende Rassismus, ging mit dem anderen, nämlich dem Anspruch, die »freie Welt« zu führen, nicht zusammen? Es gab da einen eklatanten Widerspruch, der für die »freie Welt« nichts Gutes verhieß? Die Wurzel der »freien Welt« war schon verfault, ehe sie noch Früchte hervorbringen konnte?

Die reale Politik der Wortproduktion setzte sich leicht und ganz mühelos über die offensichtliche Unvereinbarkeit der politischen Wirklichkeit mit dem politischen Anspruch hinweg. Mochte, zum Beispiel, das Mississippi-Delta in der Zeit, in der Dr. Adenauer seine ersten huldigenden Besuche in Washington abstattete, ein schlimmes Armenhaus rechtloser Schwarzer und ein Ort verheerender Kindersterblichkeit sein, ein Betätigungsfeld für Halbnazis und »Arier«: Irgendwie war – nicht nur für Dr. Adenauer – auch das Mississippi-Delta ein Teil der »freien Welt«. Irgendwie wog die hier heimische Recht- und Freiheitlosigkeit nicht, was sie etwa im sibirischen Workuta wog. Irgendwie war, was am Mississippi-Delta und anderswo und in den Reservationen der amerikanischen Indianervölker geschah, denen es eher noch schlechter als den Schwarzen erging, gar nicht vorhanden. Irgendwie, kurz, gelang es der Politik, was ihr häufig gelingt: Sie schwieg das offenkundig Skandalöse, das Unerträgliche, das Entlarvende und Verlogene fort. Sie ignorierte das in Wahrheit Unübersehbare. Sie log, indem sie schwieg. Sie hurte mit der Freiheit.

Die Politik nennt das häufig den »Sachzwang« oder auch das Arrangement mit dem »übergeordneten Interesse«; sie kennt tausend Wege, Beschwernisse des Gewissens gar nicht erst aufkommen zu lassen und den Anstand für etwas zu halten, das im Sinne einer höheren Zielsetzung vernachlässigt werden darf. Dr. Adenauers Staatskunst, die ihn zu einem mutmaßlichen Helden der Geschichte des »kalten Krieges« machte, bestand zu einem großen Teil darin, sich einspruchslos der Führung durch die Vereinigten Staaten zu unterwerfen und ihren Rassismus und ihre undemokra-

tischen Verhaltensweisen schweigend-billigend in Kauf zu nehmen. Das war sein »Sachzwang«, und seine Wähler, wie man weiß,
akzeptierten das nicht nur, sondern huldigten ihm für seine, wie sie
fanden, realistische Politik.

Den Westdeutschen fiel das Arrangement mit der Verlogenheit
des »Sachzwanges« leicht. Waren sie vielleicht nicht wirklich, so
fühlten sie sich doch zum mindesten von der Sowjetunion bedroht,
die an ihren Grenzen stand. Da es aber nur eine Macht gab – nämlich die atomar hochgerüsteten Vereinigten Staaten –, die wirksamen Schutz vor der Sowjetunion zu garantieren vermochte,
umarmte man die Schutzmacht und übersah ihre Unansehnlich-
keiten, denn: Sollten ausgerechnet die Deutschen, gerade eben
noch mit Hitler mörderische Rassisten und nun re-educated, die
Moral ins Spiel der Politik bringen und die Vereinigten Staaten
auffordern, um der Glaubwürdigkeit der »freien Welt« willen
Demokratie und Gerechtigkeit für Schwarze und Indianer im eigenen Land walten zu lassen? Tauschte man die Gunst einer Weltmacht, tauschte man die Subsidien aus »God's own country«,
tauschte man den Geldsegen des »Marshall-Planes« gegen die Rolle
des moralischen und moralisierenden Prinzipienreiters?

Das wäre offenkundig politischer Unfug gewesen, vollends für
den Realpolitiker Dr. Adenauer, der es mit nichts anderem als den
Realitäten der »Sachzwänge« zu tun hatte. Man rief, fand er, fanden auch seine politischen Freunde, fanden millionenfach auch
seine Wähler, eine Schutzmacht nicht zur demokratischen Ordnung. Man übersah taktvoll und klug – nannte man Dr. Adenauer
nicht, und mit guten Gründen, einen »Fuchs«? –, was da an der
Schutzmacht allenfalls nicht so ganz und gar in Ordnung war. Man
riskierte patronisierende Freundschaft nicht. Politik, wie die Einladung zum Unanstand und zum Kompromiß selbst noch mit dem
Unakzeptablen besagt, war die Kunst des Möglichen, und man
mußte froh sein, das Bündnis mit den mächtigen Vereinigten Staaten möglich gemacht zu haben, und nun mußte man sich arrangieren, ein- und unterordnen, loyal sein, schweigen und willig seinen
Beitrag zur Kräftigung der »freien Welt« leisten.

Im Angesicht der »Sachzwänge« reduzierte sich der Makel der inneren Befindlichkeit der Vereinigten Staaten auf das politische Nichts. Zwar, man wußte – aber mußte man deshalb auch darüber reden? Bestand Staatskunst nicht auch darin, gelegentlich etwas, wie Politiker das nennen, »auszuklammern«?

Es war ja richtig, daß zum mindesten im Süden der Vereinigten Staaten die Apartheids-Verhältnisse der Südafrikanischen Union aus deren schlimmster Zeit herrschten, daß es in weiten Teilen des Landes nach den blutigen Regeln des Polizeistaates zuging und eher kolonialistisch als frei, daß amerikanische Brüder im Geist Hitlers unter den Schwarzen aufräumten und staatliche Obrigkeit das duldend sah, aber: Stand nicht sehr viel mehr als das Befinden schwarzer Bürger in den Vereinigten Staaten auf dem Spiel, auch sehr viel mehr als das Befinden einiger, kleiner Indianervölker, nämlich, wie man das gern nannte, das Schicksal des christlichen Abendlandes?

Und dann: Die »Neger«, ahnte man in Deutschland, waren ja vielleicht wirklich noch gar nicht fähig, verständig und nach der Art wirklich zivilisierter Menschen mit Bürgerrechten umzugehen. Sie wären ja vielleicht wirklich viel besser irgendwo an der afrikanischen Elfenbeinküste im Kral aufgehoben als in Birmingham in Alabama, wo die Weißen nun ihre Last mit den »Negern« hatten. Auch in Deutschland wollte man »Neger« nicht zu Nachbarn und verstand die Schwierigkeiten, die man in den Vereinigten Staaten mit ihnen hatte, verstand gar auch, daß, wenn es gar nicht mehr anders ging, Deutsche Schäferhunde losgebunden werden mußten, um Ruhe und Ordnung wiederherzustellen. Der alte deutsche Rassismus, mit einem Wort, doch wohl nicht ganz und gar »re-educated«, verklärte, was sich in den Vereinigten Staaten abspielte, zur entschuldbaren Bagatelle, zur kaum noch sichtbaren Miniatur in dem großen Bild, auf dem man den alles entscheidenden Kampf der »freien Welt« im »kalten Krieg« sah.

So war das mit der Realpolitik, und sie waren in Bonn stolz auf ihre Einsichten und Erfolge, die sie zu esthimierten Partnern des Landes machten, das »God's own country« war. Wie ein bißchen

weiter östlich von Bonn immer neu die Führung durch die »ruhm-
reiche Sowjetunion« gefeiert wurde, festigte man am Rhein verbal
und per Akklamation und Hammelsprung und Applaus die Führung der zur Führung in Wahrheit nicht Fähigen – sie waren an
Spree und Rhein gleichermaßen Vasallen, blindgläubig und zur
Wahrheit nicht willens. Die einen ignorierten die breiten Blutspuren des Schnauzbärtigen aus Georgien, die anderen die etwas
schmaleren Blutspuren, die vom Ku-Klux-Klan, von Polizei und
von Deutschen Schäferhunden in Mississippi hinterlassen wurden
und die »freie Welt« beschmutzten. Es war deutlich, es war überdeutlich, daß die Vereinigten Staaten kein freies Land waren, daß es
ihnen zwar um irgend etwas, aber im »kalten Krieg« gewiß nicht
um Freiheit gehen konnte, da sie doch diese Freiheit vielen Millionen ihrer eigenen Landsleute vorenthielten, aber im Deutschen
Bundestag und im Bonner Palais Schaumburg, in dem damals noch
der Bundeskanzler amtierte, existierte diese offenkundige Wahrheit nicht, sondern nur die andere, die alles andere überlagernde,
nämlich die des »kalten Krieges«. Es ging, wie die Realpolitiker
gern sagen, um den »großen Zusammenhang«, um den Endsieg der
»freien Welt«, der dann auch viele kleine Siege mit sich führen
würde, vielleicht auch den der Bürgerrechtler in den Vereinigten
Staaten.

John F. Kennedy, er mehr als irgend jemand sonst, wurde der
»freien Welt« zur Personifizierung der guten Sache, und in
Deutschland, wo man immer noch ein bißchen begeisterungsfähi-
ger als anderswo war, wenn es um die Vereinigten Staaten ging,
wurde John F. Kennedy zum Helden, als er einmal vom Balkon des
Schöneberger Rathauses in Berlin einer ekstatischen Menge
zurief: »Ich bin ein Berliner«, womit er sagen wollte, daß er sich mit
dem Freiheitskampf der Westberliner solidarisiere. Jede größere
Stadt in Westdeutschland, die das Anliegen der von Kennedy
geführten »freien Welt« verinnerlicht hatte, nannte, nachdem der
Präsident im texanischen Dallas ermordet worden war, eine Straße
oder einen Platz nach ihm, denn mit ihm war der weiße Prinz der
Freiheit gestorben, und als sie ihn in Arlington bei Washington

D. C. zu Grabe trugen und Fernsehbilder den anrührenden Vorgang in alle Welt übertrugen, weinten Menschen, und nicht nur in den Vereinigten Staaten oder in Westdeutschland, sondern auch in Ländern des kommunistischen Ostblocks.

In Wahrheit war John F. Kennedy auf eine ganz andere Weise, als es die Verklärung will, die Personifizierung der Führungsmacht der »freien Welt«. Er war der Sohn eines Mannes, der auf außerordentlich dubiose Weise zu Vermögen gekommen war und sich mit ihm gesellschaftliches und schließlich auch politisches Avancement erkaufte. Der Senior wurde, wie man in Boston sagte, wo er wirkte, »gerade noch diesseits des Diebstahls« reich und spekulierte und bestach auch gelegentlich und schaltete sich, wenn nur die Profite stimmten, zur Zeit der Prohibition auch in den illegalen Alkoholhandel ein. Nach der Überzeugung des Präsidenten Franklin Delano Roosevelt handelte es sich bei Vater Kennedy »um das größte Ekel, das je auf Gottes Erdboden herumlief«, und als er das inzwischen einflußreich gewordene »Ekel« gleichwohl 1934 zum ersten Vorsitzenden der »Security and Exchange Commission« ernannte, einer obersten Banken- und Börsenaufsichtsbehörde, begründete Roosevelt die Ernennung mit den Worten: »Manchmal braucht man einen Dieb, um einen Dieb zu fangen.«

Ob nun Ekel oder Dieb: Vater Kennedy entwickelte den brennenden Ehrgeiz, einen seiner Söhne zum Präsidenten des Landes zu machen. Zunächst hatte er seinem ältesten Sohn Joe diesen Job zugedacht, aber Joe starb während des Zweiten Weltkrieges. Erbfolger war John Fitzgerald Kennedy, der, als er sich in der Tat um die Präsidentschaft bewarb, gelegentlich witzelte: »Dad hat gesagt, daß er mir einen Sieg kauft, aber keinen Erdrutschsieg«, eine Sentenz, die sehr viel weniger lustig und sehr viel realitätsnäher war, als sie von den lachenden Zuhörern aufgenommen wurde.

John F. Kennedy flunkerte sich, ganz im Geist des »kalten Krieges«, in die Präsidentschaft, indem er seinem republikanischen Amtsvorgänger Dwight D. Eisenhower vorwarf, die Entstehung einer »Raketenlücke« zugelassen zu haben, die eine ernsthafte Bedrohung der Vereinigten Staaten und einen womöglich kriegsentscheidenden Vorteil für die Sowjetunion darstelle – die »Lücke«, wie sich bald erwies, gab es gar nicht. Kennedy ließ wunderschöne Reden entwerfen und trug sie mit unvergleichlichem Charisma vor und feierte die »freie Welt«, die er mutig zu führen versprach, als die irdische Erlösung der Menschheit. Er gewann l960, wie man weiß, die Präsidentschaftswahl, wenn auch nur knapp – und war tatsächlich in seinem eigenen Land nie so populär wie etwa in Deutschland –, und war der allseits anerkannte Führer der »freien Welt«, jung, dynamisch, ansehnlich, eine schöne Frau an der Seite, reizende kleine Kinder, kurz: ein Freiheitsführer wie gemalt.

In Wahrheit war John F. Kennedy korrupt wie sein Vater. Dafür, daß er gegen einen Kennedy-Bruder zu einer Wahl nicht als Kandidat antreten würde, bot John F. Kennedy einem hochverschuldeten Politiker in der Kennedy-Domäne Massachusetts das Mittel an, mit dessen wesentlicher Hilfe er selber Präsident geworden war: Geld, und zwar sehr viel Geld. Und dafür, daß er zehn Reden für den Präsidentschaftsbewerber John F. Kennedy hielt, bekam Adam Clayton Powell, ein Schwarzenführer aus dem New Yorker Harlem, 50 000 Dollar auf die Hand, und dann zog Powell los, um Kennedy unter den Schwarzen wählbar zu machen.

Und der Mann war ein Brandstifter: John F. Kennedy, er sehr viel mehr als irgend jemand sonst, legte das Feuer in Vietnam und inszenierte das kriegerische Drama in Südostasien, und als der mit den Vereinigten Staaten verbündete südvietnamesische Präsident Diêm den Amerikanern im Wege war, wurde er mit der schweigenden Duldung Kennedys umgebracht, wenn er nicht, wie amerikanische Quellen versichern, gar die Order gab, den Vietnamesen zu exekutieren.

Und Kennedy schwindelte: Mindestens Teile seines Buches »Profiles in Courage«, das ihm frühen Ruhm und gar den hochbegehrten Pulitzer-Preis eintrug, hat er nach nie widerlegten Behauptungen des renommierten Kolumnisten Drew Pearson nicht selber geschrieben, sondern von Lohnschreibern formulieren lassen.

Und Kennedy verging sich auch außerhalb Südostasiens gegen das Völkerrecht und ließ in seinem Land Söldner ausbilden, die dann in der kubanischen Schweinebucht landeten, um Fidel Castro zu stürzen, und als das mißlang, ermutigte er seine Geheimdienste, Castro umzubringen, während seine Administration gleichzeitig, wie an anderer Stelle in diesem Buch ausführlicher nachzulesen ist, in derselben Region das mörderische Regime »Papa Doc« Duvaliers auf Haiti stützte und alimentierte.

Und schließlich: Der Mann, der den guten Geist der »freien Welt« verkörperte und in Berlin eine so schön-griffige Freiheitsphrase ins jubelnde Volk geworfen hatte, war in seinem eigenen Land alles andere als der mutige und prinzipienfeste Kämpfer für die Bürgerrechte der Schwarzen, für den ihn die Europäer, insbesondere aber die Deutschen, halten.

Als in den frühen 60er Jahren die »Freedom Riders«, die Vorkämpfer der schwarzen Gleichberechtigung, von ihrem Demonstrationsrecht Gebrauch machten, verwahrte sich John F. Kennedy gegen diese Kundgebungen. Als J. Edgar Hoover, der Chef der Bundespolizei FBI, damit begann, schwarze Bürgerrechtler auszuspionieren und zu unterwandern und als Kommunisten zu diffamieren, die im Auftrag Moskaus rote Revolution in den Vereinigten Staaten wollten, hatte er dafür das Placet des Justizministers Robert Kennedy, der sich seinerseits die Zustimmung seines Bruders, des Präsidenten, eingeholt hatte. Die Kennedy-Administration und das FBI vereinbarten, daß bei Zusammenstößen in den Südstaaten auch dann kein weißer Rassist verhaftet werden sollte, wenn FBI-Beamte Augenzeugen von Tätlichkeiten weißer Schläger gegen gewaltfreie schwarze Bürgerrechtler wurden; der Grund: John F. Kennedy fürchtete, durch das Eingreifen der ihm unterstehenden Bundespolizisten weiße Wählerstimmen zu verlieren, auf die er angewiesen war, wollte er seine Wiederwahl gewinnen.

Das Bild John F. Kennedys als entschlossener Mann der Freiheit und der Bürgerrechte ist eine Fiktion. Im konkreten Fall der amerikanischen Bürgerrechtskämpfe war er ein Drückeberger. Im konkreten Fall war ihm stets die Sympathie der weißen Mehrheit wichtiger als ein klares Wort für die Minderheit der schwarzen Bürgerrechtler. »Ich habe nachts nicht schlaflos gelegen und mir Sorgen um die Schwarzen gemacht«, gestand damals Robert Kennedy, des Präsidenten Justizminister und Alter ego, und es gibt viele gute Gründe für die Annahme, daß auch der zur Legende gewordene Präsident gut schlief.

Vergeblich appellierten die schwarzen Bürgerrechtsführer an den Präsidenten, sich offen und couragiert an ihre Seite zu stellen und den Weißen im Lande ein Signal zu geben, aber: »Was Präsident Kennedy an meiner Rolle am meisten schätzte und was ich an meiner Rolle am wenigsten liebte, war meine Funktion als Puffer zwischen ihm und den Bürgerrechtlern, die Taten des Präsidenten verlangten«, sagte Harris Wofford, der Berater John F. Kennedys für Bürgerrechtsfragen, und in der Tat: Dem Mann, der sich mit den »Profiles in Courage« schmückte, ging die Courage ab, als sie sich im Kampf der Bürgerrechtler hätte bewähren können; Kennedy war auch nur, wie alle anderen, ein stets um perfekte Tarnung bemühter Taktiker, und er war auch, wie die meisten anderen Weißen in Washington, von etwas krankhafter Kommunistenfurcht besessen, die ein Kennzeichen der »freien Welt« im »kalten Krieg« war und allerlei Repression gestattete.

Als auf der Höhe der Bürgerrechtsdemonstrationen beinahe täglich darüber berichtet wurde, daß Weiße auf demonstrierende Schwarze einschlugen, gutachtete ein stellvertretender Justizminister der Kennedy-Administration: »Es ist fraglich, ob das Recht, nicht verprügelt zu werden, durch die Bundesverfassung oder durch ein Bundesgesetz geschützt ist«; eine Bekundung, die sich die weißen Schläger nicht zweimal sagen ließen.

Und nicht nur sahen die Bundespolizeibeamten den Schlägereien tatenlos zu – sie durften nur, so waren sie aus Washington angewiesen, protokollieren, was sie sahen, nicht aber einem Schwarzen zu Hilfe kommen, der unter den Prügeln der Weißen verblutete –, sondern sie gingen auf Anweisung aus Washington in die geheimdienstliche Initiative. Es war die Administration John F. Kennedys, die dem Begehren des FBI zustimmte, das Telefon des Bürgerrechtsführers und nachmaligen Friedensnobelpreisträgers Martin Luther King abzuhören, und es war Präsident Kennedy, der – sehr wirksam bei der weißen Wählerschaft – King aufforderte, sich von »den Kommunisten in der Bürgerrechtsbewegung zu trennen«, die es nur in der Phantasie des Präsidenten und des FBI-Chefs gab. Es war auch die Kennedy-Administration, die King mit anonymen Briefen wie diesem des FBI-Beamten William Sullivan terrorisierte: »King, schau in Dein Herz. Du weißt, daß Du ein kompletter Betrüger und eine schwere Belastung für uns Neger bist. Du hättest unser größter Führer sein können, aber Du bist fertig. Die amerikanische Öffentlichkeit wird Dich entlarven. Es gibt nur einen Ausweg für Dich. Benutze ihn, bevor Dein schmieriger, perverser und betrügerischer Charakter von der Nation entlarvt wird.« Es war, kurz, die Kennedy-Administration, die den weißen Haß gewähren ließ und gar schürte, bis dann folgerichtig weißer Haß den Bürgerrechtsführer Dr. Martin Luther King ermordete.

Es war nicht so, daß untere Bundesbehörden ohne das Wissen des Präsidenten ihr befremdliches Unwesen in »God's own country« trieben. Das Thema der Bürgerrechte war in der Präsidentschaft Kennedys ein viel zu zentrales Anliegen, als daß sich der Präsident aus den Vorgängen hätte heraushalten können, und überdies: Sein Bruder Robert – übrigens gegen den Willen des Präsidenten, aber durch die Forderung des Kennedy-Seniors, des Finanziers, Justizminister in der Kennedy-Administration geworden –, der unmittelbar mit den Bürgerrechtsfragen befaßt war, trug Präsident Kennedy nahezu täglich vor, was geschah, und auch FBI-Chef Hoover hatte unmittelbaren Zugang zum Präsidenten, und manchmal erzwang er ihn sich, denn er hatte stets von allen Präsidenten, denen er diente, heikle Dossiers anlegen lassen und keineswegs verschwiegen, daß er eine Menge wußte.

»Da so viele Angehörige der Kennedy-Administration die Aktionen des FBI akzeptierten«, fand der Historiker Kenneth O'Reilly, der vermutlich kenntnisreichste amerikanische Wissenschaftler, was Bürgerrechtsfragen zur Zeit John F. Kennedys angeht, »ist die Geschichte des FBI nichts mehr und nichts weniger als die Geschichte einer Regierung, die Krieg gegen ihre eigenen Bürger führte.«

So war der in Deutschland verehrte Held der »freien Welt«, und so war auch er: John F. Kennedy, der gern Hollywood besuchte und Freundschaft mit männlichen Stars, vor allem aber mit weiblichen Schauspielerinnen schloß, hatte den Sänger Sammy Davis jr. zum festlichen Bankett ins Weiße Haus nach Washington geladen, nachdem er zum Präsidenten gewählt worden war. Vermutlich sollte das eine Geste der Dankbarkeit sein, denn Davis hatte sich sehr für Kennedys Wahl eingesetzt, aber dann heiratete der schwarze Davis zum schieren Entsetzen der weißen Rassisten die weiße und obendrein auch noch blonde May Britt – Präsident Kennedy zog seine Einladung unverzüglich zurück und machte sich mit den Keifenden gemein, die über die »Rassenschande« in Hollywood empört waren und es dem Präsidenten nie verziehen hätten, wäre er bei seiner Einladung geblieben.

Schließlich bleibt jeder Versuch einer Charakterisierung des zur Legende und zum Helden der hochmoralischen »freien Welt« gewordenen Präsidenten ganz unvollständig, wenn er die zahllosen Liebeleien nicht wenigstens erwähnt, die Kennedy zuweilen im Weißen Haus praktizierte. Selbst im »Lincoln-Raum«, der so etwas wie ein nationaler Schrein ist, trieb er es und brüstete sich damit. Kein Präsident vor ihm hat je so ungeniert seinen Männerspaß gesucht und gefunden, keiner seine Frau so schamlos bloßgestellt, keiner einen größeren Widerspruch zwischen moralischer Rede und alltäglichem Verhalten dargestellt. Eine Frau teilte er sich mit einem Boß der Mafia, und sein in Hollywood lebender Schwager Peter Lawford arrangierte gelegentlich amouröse Treffen mit hübschen Damen der Filmstadt, unter anderen auch mit Marilyn Monroe, deren Selbstmord, wie inzwischen amerikanische Medien unwidersprochen berichten, zweifelsfrei darauf zurückzuführen ist, daß sie von den Brüdern John Fitzgerald und Robert Kennedy ungefähr mit der Delikatesse behandelt wurde, mit der die Männer auch ein besonders ansehnliches T-Bone-Steak verzehrten und vergaßen.

Der Volkswirtschaftsgelehrte Galbraith, der es in der »Harvard University« mit dem Studenten John F. Kennedy zu tun gehabt hatte, kennzeichnete den jungen Mann als »heiter, charmant, respektlos, gut aussehend und alles andere als fleißig«. Eben diese Eigenschaften prägten auch seine ersten politischen Jahre, die er, mit der finanziellen Hilfe seines Vaters zum Abgeordneten des Staates Massachusetts gewählt, in Washington verbrachte: Er belegte in der Liste jener Abgeordneten, die bei Sitzungen fehlten, ständig und mit weitem Abstand den ersten Platz. Er liebte das etwas leichtere Leben damals, als er noch ein Hinterbänkler im Repräsentantenhaus war, und er würde es auch später lieben, nachdem er sich zum Präsidenten hatte wählen lassen, aber gleichwohl war er empört und äußerte das, als ihn einer seiner Biographen »nicht sehr religiös« nannte.

John F. Kennedy, der umschwärmte Führer der »freien Welt«, war ein politisches »marketing«-Produkt, nicht mehr. Er rauchte im Weißen Haus seine Joints, aber nie mehr als drei, denn – doch wenigstens das! – er wollte, würden die Sowjets zuschlagen, reaktionsfähig sein. Er hatte die moralische Qualität des Richard Milhous Nixon, der aber doch wenigstens als Schlawiner enttarnt und aus dem Weißen Haus verjagt wurde. »Kennedy«, fand Thomas Reeves, Historiker an der »University of Wisconsin«, »war wie sein Bruder Robert und wie sein Vater ohne jede intellektuelle, philosophische oder moralische Vision in der Ausübung seines Amtes. Politik, wie das Leben überhaupt, hatte für ihn mit Gewinnen zu tun, mit wenig sonst«, und deshalb, so der Professor, führte Kennedy 1960 mit seinem fanatischen Siegeswillen einen skrupellosen Präsidentschaftswahlkampf »mit zynischer Manipulation der Sachfragen und zügellosem Geldaufwand, mit Wahlbetrug und Mafia . . . und Unehrlichkeit in der Gewichtung der intellektuellen Leistungen« des Präsidentschaftsbewerbers, der, meinte Reeves, genau besehen, wenig mehr als ein in sich selbst verliebter Heuchler war und Frauen so zwanghaft wie Wahlen zu gewinnen trachtete: Frauen, so meinte Reeves, waren in der Tat »die Karriere« dieses Mannes.

So wenig beispielhaft war John F. Kennedy, aber auch das Washington, in dem er regierte. Washington war nicht die vorbildliche Hauptstadt, der Dr. Adenauer so gern seine Reverenz erwies, wenn er – besonders vor Bundestagswahlen – in die Vereinigten Staaten reiste, um seinen subalternen Beitrag zur Konsolidierung der »freien Welt« zu leisten, vielmehr: Am Rand Washingtons gab es Golf- und Country-Clubs in Fülle, die keinen Juden aufnahmen – von Schwarzen zu schweigen –, und in der Hauptstadt gab es in Apartmenthäusern, in denen Wohnungen nicht gemietet, sondern nur gekauft werden konnten – wozu das Einverständnis aller Wohnungsinhaber erforderlich war –, das »blackballing« von Juden, ihre begründungslose Abweisung, und das war hier in Washington ebenso wie in New York City und in anderen Großstädten die Regel, denn Juden waren, ganz so wie noch im geschichtlichen Gestern in Deutschland, unerwünscht. In Washington, wo Dr. Adenauer gern die gemeinsamen Werte der Demokratie und der Menschenrechte und das Teuflische an den Roten in Osteuropa beschwor, verwehrten Arier, die mit Adolf Hitler zum mindesten weitläufig verwandt waren, William Paley, einem großen und bedeutenden Rundfunkpionier und Schöpfer der Radio- und Fernsehkette CBS, den Zugang zum »Metropolitan Club«, dem feinsten und einflußreichsten Gentlemen-Verein der Hauptstadt, und zwar ungeniert mit der Begründung, der Club wünsche keine Juden zu Mitgliedern, und später pflegte Präsident Nixon den Gossen-Antisemitismus, wie man ihn zuvor in Deutschland aus dem »Stürmer« gekannt hatte.

Aber Washington war, was den Umgang mit Juden anging, noch vergleichsweise liberal: Je weiter man ins »Herzland« der Vereinigten Staaten des Präsidenten Kennedy vorstieß und sich von der Ostküste entfernte, desto ungetarnter gingen der Antisemitismus und der Rassismus um – und hielten sich über die Jahrzehnte, hielten sich bis 1991, denn noch immer gibt es feine Golf- und Country-Clubs – zum Beispiel in Palm Beach in Florida, wo die Familie Kennedy immer gern den Winter verbrachte –, auf deren Anlagen die Arier mit dem beruhigenden Gefühl zum Eisen 6 greifen können, daß man unter seinesgleichen, daß man im »richtigen« Amerika ist.

Und wiederum: Der Antisemitismus in der Führungsmacht der »freien Welt« war sowenig ein Geheimnis wie ihr Unvermögen und ihr Unwille, zivilisierten Frieden zwischen Schwarzen und Weißen herzustellen. Der Antisemitismus verbarg sich nicht. Er diskriminierte nicht diskret oder gar mit schlechtem Gewissen. Er war ein »way of life«, und jedermann in den Vereinigten Staaten wußte von ihm, und jeder Europäer, der sich so willig der Führung durch die Vereinigten Staaten überließ, und vollends jeder europäische Politiker, der die amerikanischen Interna kannte, wußte von ihm, aber das böse Wissen wurde unterdrückt, verdrängt, unterschlagen, denn der »Sachzwang«, der »große Zusammenhang« des »kalten Krieges« gestattete auch die kritische Auseinandersetzung mit der Infamie des Antisemitismus in der Führungsmacht nicht.

Auf dem Capitolshügel von Washington D. C., zu dem Dr. Adenauer bei jedem seiner Besuche fuhr, um den Volksvertretern im Senat und im Repräsentantenhaus seinen Respekt zu bezeugen, um sie um Zuneigung zu bitten und um die Bewilligung von Geldern für den Unterhalt der in Westdeutschland stationierten amerikanischen Truppen, tagte regelmäßig das »House Un-American Activities Committee«, das vermeintliche oder wirkliche Linke vorlud und verhörte und tat, als wäre es ein Verbrechen des Aufruhrs, sozialistische Vorstellungen zu haben. Dem »Committee« saß Joe McCarthy vor, ein vom Verfolgungswahn besessener Mann, der allenthalben auch in Washington roten Einfluß sah, selbst im Pentagon, selbst im Außenministerium, selbst noch im Weißen Haus. McCarthy war ein gewissenloser Demagoge, der ungezählte Existenzen ruinierte, aber John Fitzgerald Kennedy lehnte es stets ab, sich öffentlich gegen den Rotenjäger zu äußern, und Bruder Robert, der nachmalige Justizminister, gehörte gar dem Stab des »Committee« an, das kritische Bürger mit Terror überzog.

Es war grotesk, nein, es war pervers: In diesem Sitzungssaal des

Capitols, in dem Joe McCarthy präsidierte und gegen Linke gnadenlos Berufsverbote verhängte, wurde täglich und routinemäßig und als Sache der Staatsräson gegen demokratische Meinungsvielfalt gearbeitet, und in anderen Sitzungssälen des Capitols wurden immer neue Reden geschrieben und gehalten und Resolutionen verfaßt, in denen die kommunistische Welt aufgefordert wurde, jene Meinungsfreiheit gelten zu lassen, die Joe McCarthy unter dem billigenden Schweigen John F. Kennedys unterdrückte. Aber Dr. Adenauer, wenn er auf dem Capitol war, sah immer nur den »großen Zusammenhang« und das »übergeordnete Interesse«, das ihm gebot, die Demokratenjagd des »House Un-American Acitivities Committee« für eine notwendige Erscheinung im alles überlagernden Kampf gegen den kommunistischen Ostblock zu halten.

Das »Federal Bureau of Investigation«, die amerikanische Bundespolizei, war zu der Zeit, in der sich Dr. Adenauer in Washington politische Wegweisung holte, nicht nur argwöhnischer Beobachter der Bürgerrechtsbewegung, sondern gleichfalls eine Institution zur Jagd auf Linke oder, wie man sie denunzierend nannte, »Liberale«. Telefone wurden abgehört, »Wanzen« an Hotelbetten Dr. Martin Luther Kings angebracht, und in Hollywood verloren Hunderte von Menschen in der Filmindustrie ihre Existenz, weil sie – einige von ihnen von einem eher zweitrangigen Filmschauspieler namens Ronald Reagan ans Messer geliefert – linker Tendenzen verdächtigt wurden oder sich in der Tat, was selbstmörderisch war, zu sozialistischen Gedanken und einer anderen als der in »God's own country« gewachsenen vulgär-kapitalistischen Gesellschaftsordnung bekannten.

Universitäten, von Recherchen des FBI und vom »House Un-American Activities Committee« unter Druck gesetzt, verlangten von allen Professoren schriftliche Bekenntnisse, nie Sympathien für Sozialistisches, also »Un-Amerikanisches« gehabt zu haben; ein Begehren, das einige Universitätslehrer als unwürdig, vor allem aber als undemokratisch zurückwiesen, worauf sie unverzüglich als »offensichtliche Gefahr für die studentische Jugend« entlassen wurden.

Es ging, kurz, als Dr. Adenauer und seine Westdeutschen immerfort dem Führer der »freien Welt« huldigten, etwas durch die Vereinigten Staaten, was einer parteilichen »Reinigung« osteuropäischen Zuschnitts nicht ganz unähnlich war. Der Führer der »freien Welt« verbot Linkes ganz so, wie der Führer der roten Welt alles Liberale verbot. Gewiß gab es Unterschiede in der jeweiligen Abstrafung der Nonkonformisten – Joe McCarthy schuf kein Workuta –, aber der politische Ansatz war in Moskau und Washington ganz gleich: Moskau unterdrückte systematisch alles Demokratische, und in den Vereinigten Staaten des Präsidenten John F. Kennedy ging es noch immer nach der Order zu, die schon im ersten Quartal dieses Jahrhunderts der Präsident Woodrow Wilson seinem Justizminister A. Mitchell Palmer gegeben hatte: »Palmer«, sagte Wilson, »ich will nicht, daß dieses Land etwas Rotes sieht.« Während der nächsten Monate ließ der Justizminister auftragsgemäß Tausende verhaften – nächtens und ganz so, wie das auch Hitler und Stalin mit ihren politischen Gegnern gehalten hatten, und noch 70 Jahre später, nämlich 1990, speicherte das »National Automated Immigration Lookout System«, mit Daten aus Washington beliefert und auf allen amerikanischen Flughäfen im Einsatz, 353 000 Namen überwiegend verdächtiger Linker aus aller Herren Länder, die in das Führungsland der »freien Welt« nicht einreisen durften, auch Gabriel García Marquez durfte das nicht, auch Doris Lessing nicht, auch nicht Graham Greene, auch nicht Yves Montand, denn sie waren sämtlich »ideologisch gefährliche Personen«.

Die Vereinigten Staaten waren kein freies Land, als sie die Führung der »freien Welt« übernahmen, sie waren es auch nicht, als John Fitzgerald Kennedy regierte – und in Mississippi immer noch in 193 Landkreisen weniger als 15 Prozent der erwachsenen Schwarzen das Wahlrecht besaßen –, sie führten die »freie Welt« als Hochstapler und blieben das bis 1991, denn noch immer verunstaltet bösartiger Rassismus das Land. Die Freiheit, in deren Namen sie den »kalten Krieg« führten, war eine Attrappe, war eine Mogelpackung, war Wortschwindel, wie jener, der aus der Madison Avenue kam und immer noch kommt.

Der Schwindel wurde fruchtbar. Die Reklame mit der Freiheit, die in Wahrheit gar nicht existierte, setzte sich in der »freien Welt« fort, die wirklich nur eine in An- und Abführungszeichen wurde. Aber sie siegte im großen Kampf der Systeme und gewann den »kalten Krieg«, und deshalb werden Dr. Adenauer und Herr Dr. Kohl und Helmut Schmidt, weil sie der Führungsmacht so tatkräftig und loyal zur Seite standen, Helden des »kalten Krieges« werden, zweitklassige nur, aber Helden. ■■■■■■■■■■■■■

5. KAPITEL
DIE » FREIE WELT «

████████ Vielleicht ist es übertrieben, die Bemühungen der Vereinigten Staaten, eine freie Welt zu organisieren, als Lumpensammlung zu bezeichnen, aber es ist nicht sehr übertrieben. Eine freie Welt, die diesen Namen verdiente, gab es im »kalten Krieg« nie.

Der große dynamische Erfolg des Kapitalismus hatte uns in unserer Schlacht gegen den Kommunismus eine mächtige Waffe gegeben: Geld.

US-Präsident Ronald Reagan

Ein legalistischer Maßstab in der Verfolgung internationaler Politik ist unangemessen.

Jeane Kirkpatrick,
US-Botschafterin bei den
Vereinten Nationen

■■■■■■ Es wächst kein Chrysanthemum, wo eine Distel wurzelt. Eine freie Welt, die diesen Namen verdiente, konnte unter der Anführung und Geburtshilfe einer Nation nicht entstehen, die selber Freiheit unter allen ihren Bürgern nicht gewährte und Freiheitswillen ganz so blutig unterdrückte, wie Lenin ihn unterdrückt hatte, nachdem er in der später nach ihm benannten Stadt proklamierte, die rote Revolution habe obsiegt. Übrigens bot auch die Geschichte der Vereinigten Staaten wenig Anlaß, darauf zu vertrauen, daß sie in der Lage sein würden, eine in der Tat freie Welt zu führen, denn sie waren als Plutokratie entstanden, nicht, wie es die europäische Romantik will, als Demokratie, und Plutokratie waren sie geblieben. Immer war die Gleichheit ihrer Bürger bloß eine papierne Formalie gewesen, immer hatte sich die Macht in den Händen der wenigen, der Reichen und jener befunden, die sich ihre formal-demokratischen Wahlen kaufen konnten, und immer waren die Unterprivilegierten, die Schwarzen, die Indianer, die Hispano-Amerikaner, aber auch glücklose Weiße nur Objekte eines Regimes, das sich sozial kaum verpflichtet sah.

Die Vereinigten Staaten, in Gewalt und Indianer-Genozid und Sklaverei der Schwarzen entstanden, waren in der Tat zur Führung der »freien Welt« so geeignet wie ein Blinder zur Leitung einer Malschule. In Wirklichkeit fiel ihnen diese Führung auch nicht zu, weil sie demokratisch integer und staatlich beispielhaft organisiert, sondern weil sie mit der Atombombe stärkste Macht der Welt waren. Die »freie Welt« scharte sich um die Bombe, nicht um einen Gedanken. Sie war sich einig in der Verteidigung gegen Stalin und den bösartig pervertierten Sozialismus, den er repräsentierte, aber nie hatte sie ein gemeinsames Freiheitsverständnis; sie hatte außer der Aversion gegen Stalin gar nichts, das sie miteinander verband, und die Vereinigten Staaten, wie man sehen würde, waren nicht das Land, ein Freiheitsverständnis zu vermitteln, das diesen Namen verdient hätte.

Ihre Demokratiedefizite waren, als sie sich zur großen Schlacht des »kalten Krieges« rüsteten, beträchtlich, aber sie wurden, da Bestandteil der politischen Ordnung, seit die Vereinigten Staaten existierten, nicht mehr als Defizite wahrgenommen. Da der politische Apparat für den »mainstream« und vollends natürlich für die Staatsinhaber, die Privilegierten, befriedigend funktionierte, wurde er, wenn nicht für perfekt, so doch mindestens für demokratisch gehalten. Sie empfanden kein Unrecht mehr, wenn sie in Washington von Freiheit und »freier Welt« sprachen, während gleichzeitig überall im Süden des Landes und vor allem in den Reservaten der Indianer die Verhältnisse autoritärer Staaten der Dritten Welt herrschten. Die Knüppel, mit denen staatliche Autorität auf Bürgerrechtler schlug, waren, sozusagen, demokratische Erziehungsmittel, waren wie die Rohrstöcke, mit denen zuweilen selbst der freundlichste Lehrer einmal unbotmäßige Kinder zur Vernunft führen mußte. Für die amtliche Politik in Washington, vor allem aber in den Südstaaten, waren die »nigger« in der Tat wie unreife Kinder; man mußte sie lehren und notfalls auch züchtigen, notfalls und zur Abschreckung auch lynchen: Als die Vereinigten Staaten schon wortstark die »freie Welt« anführten, waren 85 Prozent der Wahlbevölkerung in Texas entschieden gegen eine Verschärfung der Strafen für Lynchmord, und zu denen, die so ihre Sympathie für Lynchmörder bekundeten, gehörte auch der Abgeordnete Lyndon Baines Johnson, der es später zum Präsidenten und damit zum Führer der »freien Welt« bringen würde.

Tatsächlich waren die Vereinigten Staaten, was sich aus ihrer kapitalistischen Ordnung ergab, antikommunistisch, doch das machte sie noch nicht zu einem freien Land. Der Antikommunismus wurde zum Organisationsprinzip der »freien Welt«, nur er, und so war die »freie Welt« stets nur eine, die verläßlich frei von Kommunisten wurde – aber das, schließlich, war Hitlers Deutschland auch gewesen. Die Unfreiheit, die im Kernland der »freien Welt« für die rassischen Minderheiten und für »Linksabweichler« galt, würde fortan in Ländern, die von den Vereinigten Staaten in die »freie Welt« kooptiert und zum Kampf gegen den kommunistischen Ostblock rekrutiert und dafür bezahlt wurden, für andere Minderheiten gelten. Da die Vereinigten Staaten traditionell selber bei der Einhaltung der menschlichen Grundrechte die Fünf eine gerade Zahl sein ließen, würden sie, was menschliche Grundrechte anging, im Umgang mit anderen Ländern der »freien Welt« nicht sehr penibel sein und gar ganz im Gegenteil die Repression ermutigen, wenn sie sich gegen aufmüpfig Linkes richtete. Der gemeinsame Nenner der »freien Welt« wurde unter amerikanischer Führung nicht die ganze, die in unzähligen Reden immer wieder so gerühmte »unteilbare Freiheit« – obschon es natürlich in dieser Koalition des »kalten Krieges« vorbildlich demokratische und wirklich freie Länder gab –, sondern der krude, der bloß negative Antikommunismus, der freilich häufig genug nach eben jenen totalitären Regeln verfuhr, die den Kommunisten von der »freien Welt« zum Vorwurf gemacht wurden.

Es gab mithin nie eine »freie«, es gab allenfalls eine von den Vereinigten Staaten mit großem Aufwand organisierte antikommunistische Welt, wertneutral und verbunden nicht durch eine gemeinsame Philosophie, politische Grundüberzeugungen und gemeinsame Ziele oder gar Humanität, sondern bloß durch einen gemeinsamen Feind. Wer sich, wie undemokratisch auch immer seine innere Verfassung war, gegen Stalin und alles Rote aussprach, war dem Führer der »freien Welt« im »kalten Krieg« willkommen.

So war unvermeidlich, daß sich – denn so pervers kann Politik sein – auf einer ganz anderen Ebene wiederholte, was die Vereinigten Staaten ursprünglich in eine Koalition mit Stalins Sowjetunion getrieben hatte: Sie verbanden sich erneut mit der politischen Unansehnlichkeit – aber diesmal gegen ihren Kampfgefährten von gestern. Sie verbanden sich mit schrecklichen Diktatoren, mit raffgierigen Kleptokraten, mit grundkorrupten Regimes und gewalttätigen Juntas und mit Regierenden, in deren Ländern der Verstoß gegen jedes nur denkbare Bürgerrecht so an der Tagesordnung war wie der Knüppelschlag auf das Haupt des Schwarzen in Montgomery.

Sie fanden diese Bündnisse »pragmatisch« – wie eben noch das Bündnis mit Stalin. Sie fanden, ganz prinzipienlos, die Allianz mit der Unfreiheit im Rahmen der »freien Welt« keineswegs als anstößig und korrumpierend, sondern des »größeren Zusammenhanges« des »kalten Krieges« wegen als hinnehmbar und akzeptabel. Und keineswegs war diese Prinzipienlosigkeit bei der Auswahl von Verbündeten eine Erfindung jener, die Stalin zum Partner machten und dann den »kalten Krieg« führten, vielmehr hatte Stalin-Koalitionär Franklin Delano Roosevelt schon lange vorher einen nicaraguanischen Despoten zum Freund und auf Vorhaltungen, mit einem solchen Vorkommnis pflege man keinen Umgang, die klassische Antwort gegeben: »Ich weiß, daß er ein Hundesohn ist, aber wenigstens ist er unser Hundesohn« – und dann durfte der »Hundesohn«, Somoza war sein Name, und dann durften auch seine familiären Nachfolger ihr Land 45 Jahre lang unterdrücken, solange sie nur Loyalität gegenüber den Vereinigten Staaten bewiesen.

Das »Hundesohn-Prinzip« ist mithin tatsächlich alt und übrigens insbesondere in Mittelamerika vielfach, nicht nur in Nicaragua, bewährt, wo über ganze Jahrzehnte politisches Gesindel unter der Schirmherrschaft der Macht in Washington regieren durfte. Dem Prinzip, daß man sich, wenn es ein »größerer Zusammenhang« erfordert, auch mit dem politischen Unanstand verbünden darf, gab dann freilich erst ein paar Jahrzehnte später, nämlich zu Beginn der Präsidentschaft Ronald Reagans, die in Washington als Intellektuelle hochgeschätzte konservative Politikerin Jeane Kirkpatrick argumentativen und ideologischen Tiefgang, indem sie einen grundsätzlichen Unterschied zwischen rechten, von ihr so genannten »autoritären«, und linken, von ihr als »diktatorisch« bezeichneten, Regimen konstruierte. »Autoritäre« Systeme – also Entsprechungen des »Hundesohnes« in Managua – waren, fand Mrs. Kirkpatrick, akzeptabel, wenn zweifelsfrei antikommunistisch, »diktatorische« Regime dagegen, worunter sie kommunistische und nur kommunistische Staaten verstand, waren zu bekämpfen, und zwar mit amerikanischer Assistenz auch durch die »Autoritären«, denen, wie Mrs. Kirkpatrick, Kabinettsmitglied der Reagan-Administration, dringlich forderte, jede nur denkbare Hilfe zu gewähren sei, da das »übergeordnete Interesse« der Bekämpfung des Weltkommunismus diese Hilfe gebiete.

Die »Kirkpatrick-Doktrin«, die amtliche Außenpolitik wurde, machte also ausdrücklich keinen Unterschied in der ganz gleichartigen Freiheitsverweigerung der »autoritären« und »diktatorischen« Staaten, sondern wog nur, zu wessen Gunsten Freiheit verweigert wurde. Unfreiheit in den Diensten der »freien Welt« wurde akzeptiert, ja mit amerikanischen Subsidien belohnt, nur rote Unfreiheit war schlecht.

Das bewies: Freiheit war eben nicht, wie auch immer die »freie Welt« argumentierte, ihr vorrangiges Ziel. Wie die Vereinigten Staaten im Frühjahr 1991 den Golfkrieg, die von Präsident George Bush so genannte »harte Arbeit der Freiheit«, Arm in Arm mit notorischen Bürgerrechtsverweigerern führten, so führten sie auch den »kalten Krieg« Seite an Seite mit Regimen, deren Unansehnlichkeit nur schwer zu überbieten war und deren rüde Unterdrückungsmechanismen sogar noch jene der sowjetisch beherrschten Länder übertrafen.

Vielleicht ist es übertrieben, das Prinzip der Bemühung auch um repressive Partner als Lumpensammlung zu bezeichnen, aber es ist nicht sehr übertrieben, denn tatsächlich machten sich die Vereinigten Staaten – und natürlich ihre Partner in der »freien Welt«, die das widerspruchslos hinnahmen –, indem sie »Autoritäre« poussierten und stützten und alimentierten, mit dem Niederträchtigsten gemein, das nach dem Zweiten Weltkrieg irgendwo auf diesem Planeten Politik machte. Wenn die »freie Welt« je eine bündige und allgemein bindende Philosophie gehabt hätte – sie hatte sie nicht, sondern sie war bloß eine Sturzgeburt des »kalten Krieges« –, so wäre sie in dem Augenblick hinfällig und gänzlich unglaubwürdig geworden, in dem es die Vereinigten Staaten über sich brachten, bedenkenlos das erste Bündnis mit der Despotie zu schließen und es damit zu begründen, daß es das Ziel habe, eine andere Despotie zu besiegen.

Zum Beispiel Syngman Rhee, ein früher Zeuge der Entartung und moralischen Bodenlosigkeit der »freien Welt«.

Der Südkoreaner präsidierte an strategisch heikler Stelle der Weltpolitik der 50er Jahre einer rüden Dikatur. Sein Südkorea, entstanden nach dem Korea-Krieg des Jahres 1950 und schon in seinen ersten Tagen unter dem besonderen Schutz der Vereinigten Staaten, war nicht eigentlich ein Land, sondern ein großes Gefängnis, und Syngman Rhee war nicht wirklich Präsident, sondern ein Aufseher. Er sperrte Zehntausende ihrer liberalen Gesinnung wegen ein, aber er brachte auch Konservative und Linke gleichermaßen hinter Schloß und Riegel, wenn natürlich auch linke Neigung immer ein bißchen strafverschärfend wirkte. Ordentliche Gerichtsverfahren gab es im Südkorea Syngman Rhees kaum; Recht war im allgemeinen gesprochen, wenn sich hinter irgend jemandem die Gefängnistür schloß. Rhee schickte ein Heer von Spitzeln in die Hörsäle der Universitäten und in die Werkhallen und ließ erbarmungslos knüppeln und gasen, wenn sich auch nur die Spur eines demokratischen Widerstandes regte. Rhee gehorchten alle Medien, so daß von einem Austausch freier Meinungen nicht geredet werden konnte. Geistliche, die sich mit den für Demokratie demonstrierenden Studenten solidarisierten, wurden ebenso terrorisiert wie Menschen, die sich stumm an den Gräbern der von der Obrigkeit ermordeten Studenten versammelten.

An nahezu jeder Straßenecke in der Hauptstadt Seoul, allenthalben in den anderen Städten und selbst noch im entlegensten

Weiler war Rhees repressives Regiment sichtbar und einschüchternd präsent; mit einem Wort: Das Südkorea Syngman Rhees glich in allen seinen Erscheinungsformen akkurat einem stalinistischen Polizeistaat, allenfalls war der bösartige alte Mann in Seoul noch ein bißchen brutaler als Moskaus Männer für die Sicherheit, aber: Syngman Rhee war ein entschlossener Antikommunist. Er begründete auch seine Unterdrückung mit der Unterdrückungsgefahr, die von der nördlich der Grenze bestehenden kommunistischen Regierung Nordkoreas ausgehe. Er entzog Freiheit, um eine Unfreiheit zu bekämpfen – so verlogen begann es mit der »freien Welt«, und die Vereinigten Staaten, Rhees Patronatsmacht, duldeten das Verhalten des Satelliten nicht nur, sondern ermutigten die Repression, und wenn Syngman Rhees Männer wieder einmal knüppelnd und gasend durch die Straßen von Seoul liefen, wurden die in Südkorea stationierten amerikanischen Militäreinheiten vorsichtshalber in Alarmbereitschaft versetzt, um im Bedarfsfall die Repression zu unterstützen.

Demokratie? Es ging in Südkorea nicht um Demokratie, auch nicht in der Zeit nach Syngman Rhee, als brutale Generalität unter der Duldung der immer noch militärisch präsenten Vereinigten Staaten regierte. Vielmehr handelte es sich darum, daß, wie ein US-Botschafter in der südkoreanischen Hauptstadt es formulierte, »Sicherheit vor Demokratie« ging, daß also Demokratie der »freien Welt« nicht vorrangig erstrebenswert war. Gewiß, diese »Sicherheit« übersetzte sich in Wahrheit mit allem, was ein wenig nördlicher in Korea, bei den Kommunisten, so fluchwürdig war, aber einen Wert besaß diese »Sicherheit« für die »freie Welt« gleichwohl. Irgendwie gelang es der stets ein wenig zur Verlogenheit neigenden Politik und der amtsfrommen Publizistik, in der brutalen und systematischen Unterdrückung des Machtapparates in Seoul etwas grundsätzlich anderes als das zu sehen, was in Nordkorea und in Rotchina und in der Sowjetunion stattfand. Irgendwie war der südkoreanische Polizeistaat gar kein Polizeistaat, sondern nur ein etwas »autoritärer« Staat, der begrüßenswerte, weil antikommunistische »Eindämmungspolitik«

betrieb, in deren Verfolgung auch freie Meinungen einzudämmen waren. Irgendwie waren in der Nomenklatur der »freien Welt« die auf demokratische Studenten abgefeuerten Gasgranaten in den Straßen von Seoul nicht Barbarei – das wären sie nur 100 Kilometer weiter nördlich in der nordkoreanischen Hauptstadt Pjöngjang gewesen –, sondern ganz im Gegenteil Geschosse zur Stabilisierung der Demokratie, kurz: Schwarz war Weiß, und Weiß war Schwarz und der Wortschwindel im Instrumentarium des »kalten Krieges« früh und fest etabliert.

Die »freie Welt«, so jung sie noch war, besaß schon kein Prinzip mehr, das sie qualitativ von ihrem Gegner im »kalten Krieg« unterschied. Sie korrumpierte sich durch vermeintliche »Sachzwänge«, die in Wahrheit nur Ausweise ihrer Prinzipienlosigkeit waren. Sie hatte die flunkernde Hochstapelei der Vereinigten Staaten hingenommen, die sich zur Führerin der »freien Welt« aufschwangen, obwohl sie selber in ihrem Innern Freiheiten entzogen, und nun nahm sie auch Syngman Rhee hin und würde, wie man sehen wird, noch sehr viele Rhees in nahezu allen Erdgegenden hinnehmen, wenn sie nur »Sicherheit« gewährten und Rotem widerstanden. Zwar, die »freie Welt« wurde physisch zunehmend stärker, denn in den Vereinigten Staaten war inzwischen eine gigantische Rüstungsmaschinerie in Bewegung gesetzt worden – und Westdeutschland hatte sich auftragsgemäß und zur Stärkung der »freien Welt« remilitarisiert –, aber ihrem Wachstum an militärischer Stärke entsprach ihr moralischer Verfall.

Wer mit Syngman Rhee nicht nur paktierte, sondern ihn ermutigte, besaß keine Moral, sondern allenfalls pragmatische, aber ganz wertfreie politische Ziele. Wer, wie die Vereinigten Staaten, praktisch über Südkorea herrschte, ohne mäßigend auf ihren Statthalter einzuwirken und ihn zur Demokratisierung des Landes aufzufordern und gar zu zwingen, machte deutlich, daß Freiheit eben gerade nicht war, was die »freie Welt« im »kalten Krieg« anstrebte. Es ging ersichtlich nur um »Sicherheit« genannte Macht, um Geographiebesitz, um Lagerverstärkung, um Kapitalismus statt Kommunismus, wie drangsalierend der

Kapitalismus auch immer auftrat. Es ging um die Austreibung des Teufels durch Beelzebub. Es ging nicht um die schönen Phrasen, die Dr. Adenauer zu den Zeiten des Syngman Rhee vor dem heftig applaudierenden Bundestag in Bonn abließ, sondern um einen Antikommunismus, der alles verzieh – es ging um die Freiheit als willige Hure.

Zum Beispiel, an einem anderen Ende der Welt, »Papa Doc« Duvalier, Diktator von Haiti, »Präsident auf Lebenszeit« der mit weitem Abstand ärmsten Republik der westlichen Hemisphäre.

Der Mann war ein finsterer Despot, Anhänger des blutigen »Voodoo«-Kultes und Kommandeur einer »Tonton Macoutes« genannten und landesweit tätigen Schlägergarde, die verläßlich die Entstehung jeder demokratischen Opposition verhinderte und ihre Spitzel überall hatte. »Papa Doc« Duvalier war die Inkarnation politischer Unansehnlichkeit und in der Mitte des 20. Jahrhunderts jemand, der das Mittelalter zu beleben versuchte. Er war jemand, mit dem keinen Umgang pflegte, wer auch nur ein wenig auf politische Hygiene hielt. Er war nicht – wie das in der »freien Welt« häufig angetroffen werden konnte –, nur einfach hin und wieder korrupt, wenn sich eine Gelegenheit zur persönlichen Bereicherung ergab, sondern er hatte die Korruption zur Staatsform erhoben, plünderte sein Land erbarmungslos aus und besaß, wo grenzenlose Armut heimisch war, dreistellige Dollarmillionenbeträge. Er betrog auch nicht nur ein bißchen, als er sich zur Wahl stellte, sondern er stahl die Wahl ganz ungetarnt und auf geradezu bizarre Weise. 1961 ließ er aus seinem schneeweißen Präsidentenpalais in der Hauptstadt Port-au-Prince melden, daß ihn sein Volk auf Lebenszeit mit 1 320 748 Stimmen gewählt – und daß es keine Gegenstimme gegeben habe, nicht eine einzige, geschweige denn jenes halbe Prozent, das selbst stalinistische Kommunisten bei ihren Wahlinfamien stets einzuräumen pflegten, und der US-Botschafter, traditionell Erster unter Gleichen im diplomatischen Corps, gratulierte dem Wahldieb im Namen des Präsidenten Kennedy und gab seiner Hoffnung Ausdruck, daß sich die Beziehungen zwischen Port-au-Prince und Washington »weiter verbessern«.

Wenige Jahre später würde Präsident Johnson 20 000 Marines in die Haiti benachbarte Dominikanische Republik entsenden, weil sich dort linke Kräfte zu etablieren drohten, aber nie intervenierten die Vereinigten Staaten in dem Zuchthaus, das »Papa Doc« Duvalier befehligte. Es verging in der Endlosigkeit, in der Duvalier herrschte, kein Tag, an dem er nicht zum Zweck der Einhaltung seiner grausamen Ordnung prügeln oder einschüchtern oder auch kurzerhand umbringen ließ, aber trotz alledem: Die Vereinigten Staaten finanzierten zunächst 30, später gar 50 Prozent seines Staatshaushalts, der in Wahrheit wenig mehr als ein von Washington verbürgtes Institut zur stetigen Mehrung seines privaten Vermögens war.

Stifter der unansehnlichen Mesalliance zwischen dem Führer der »freien Welt« und einem der widerwärtigsten Regierungssysteme auf dem Globus war, ganz wie in Südkorea, das »übergeordnete Interesse«, der »Sachzwang« einer geopolitisch-strategischen Erwägung, nämlich: Der bösartige Mann in Port-au-Prince erpreßte die Vereinigten Staaten, und sie erwiesen sich als erpreßbar. Duvalier redete für den außenpolitischen Gebrauch zuweilen von den »zwei Systemen« – jenem der »freien Welt« und dem des kommunistischen Ostens –, die gleichermaßen Anziehungskraft auf die armen und wirtschaftlich zurückgebliebenen Länder ausübten, das heißt, er deutete zu keinem anderen Zweck als dem der Erpressung die Möglichkeit an, daß sich die kleine Antillenrepublik für den Osten entscheiden könnte.

Der Trick wirkte. Denn die Vereinigten Staaten, ohnehin bis zur Hysterie besorgt darüber, daß sich in der Karibik und in fast unmittelbarer Nachbarschaft zum US-Bundesstaat Florida bereits das Kuba des Fidel Castro der roten Welt assoziiert hatte, fürchteten ein zweites kommunistisches Land in einer Region, die sie traditionell als ihren »Hinterhof« betrachteten. Sie fürchteten, daß ausgerechnet von »Papa Doc« Duvalier ein roter Flächenbrand das Meer überspringen und andere Inseln erreichen und schließlich auf das mittel- und südamerikanische Festland überspringen könnte – und sie kauften Duvalier, und die von ihm geschaffenen Zustände auf Haiti kauften sie mit. Der Zweck, nämlich die Verhinderung roter Machtübernahme, heiligte die Mittel. Der »Sachzwang« legitimierte die Verehelichung des Führers der »freien Welt« mit bösartiger Unfreiheit. »Papa Doc« Duvalier, der nur einfach ein als Politiker getarnter Verbrecher war, wurde in den Augen der Vereinigten Staaten zum Führer eines »autoritären« Staates ernannt und alimentiert. Ein »übergeordnetes Interesse« verlangte, was nach der Rhetorik der »freien Welt« nicht sein durfte.

Wie die Vereinigten Staaten in der politischen Praxis mit den von ihnen und ihren Verbündeten verbal verfochtenen Prinzipien umgingen, berichtete der Außenpolitiker der Kennedy-Administration und Historiker Arthur Schlesinger jr., der 1962 an einer Konferenz der »Organisation Amerikanischer Staaten« teilnahm, die auf Betreiben der Vereinigten Staaten zur Strafe für den Linksruck Castros den Ausschluß Kubas herbeiführen sollte. Dafür brauchten die Vereinigten Staaten nach den Statuten der OAS eine Mehrheit von zwei Dritteln der Mitgliedsländer, aber sie waren nicht ganz und gar sicher, diese Majorität mobilisieren zu können. Die Delegation aus Washington nahm deshalb intensive Gespräche mit den Abordnungen der anderen Staaten auf und fand, daß die Stimme Haitis den Ausschlag geben würde. Also besprach sich der Führer der »freien Welt« auch mit dem Vertreter Haitis, der, wie sich Schlesinger erinnerte, sein Votum mit der Bemerkung zum Kauf anbot, »die Bedürfnisse meines verzweifelt armen Landes« würden »natürlich meine Stimmabgabe beeinflussen«.

Die aus Washington angereiste Delegation verstand: »Wir gaben«, referierte Schlesinger, »der Erpressung nach und versprachen Geld für den Ausbau des Flughafens von Port au Prince« im Tausch gegen die entscheidende Stimme der Despotie, mit deren Hilfe Castros Kuba, wo es vergleichsweise human, freilich aber sozialistisch zuging, aus der »Organisation Amerikanischer Staaten« ausgeschlossen wurde, während »Papa Doc« Duvaliers Haiti mit seinen im staatlichen Auftrag tätigen Mördern und Terroristen ihr weiter angehören durfte und als demokratisch galt und durch die aus Washington kommenden Subsidien zweifelsfrei als Mitglied der »freien Welt« ausgewiesen war.

Das Regime, in dem der Terror Alltag war, überlebte »Papa Doc« Duvalier, dem sein Sohn Jean-Claude nachfolgte, auch er mit dem Segen der Vereinigten Staaten ein »Präsident auf Lebenszeit«, der sich mit 2 391 916 Stimmen wählen ließ und wiederum, ganz wie beim Vater, nicht eine einzige Gegenstimme registrierte. Der feiste junge Mann, selbst nach der Ansicht seiner Hofschranzen von erbarmungswürdiger Dummheit, ordnete an, in der Nähe des mit amerikanischer Hilfe ausgebauten Flughafens von Port-au-Prince ein paar Kilometer Straße zu bauen, weil anders er seinen Ferrari nirgendwo im Lande hätte bewegen können. Auch er, wie sein Vater, unterdrückte jeden politischen Widerspruch, auch ihm waren die »Tonton Macoutes« treu ergeben. Auch er mehrte unablässig sein Vermögen; das war seine einzige Funktion, und auch sein Staatshaushalt wurde weitgehend von den Vereinigten Staaten finanziert, und als sich nach 29 schrecklichen Duvalier-Jahren endlich und trotz aller Unterdrückung eine Opposition formierte und den Korrupten und Bösartigen aus dem Präsidentenpalais verjagte, waren ihm die Vereinigten Staaten auch in der Stunde der Bedrängnis ein verläßlicher Partner: Sie ließen ihn – und doch wenigstens einige seiner Besitztümer – bei Nacht und Nebel mit einer amerikanischen Militärmaschine ausfliegen, so daß er auf Haiti nicht zur Rechenschaft gezogen werden und statt dessen in Frankreich das zuvor ins Ausland transferierte Vermögen verleben konnte, das er seinem Volk unter dem Schutz der Vereinigten Staaten gestohlen hatte.

Es war auf Haiti wie in Südkorea: Da Singman Rhee wie »Papa Doc« und dann Jean-Claude Duvalier von den Vereinigten Staaten abhingen, da ihre Macht ohne die amerikanische Stütze nicht haltbar war, da sie in Wahrheit Vasallen waren und lebensfähig nur blieben, solange die amerikanische Unterstützung anhielt, waren sie nur scheinbar verantwortlich. Die Verantwortung trugen in Wirklichkeit die Vereinigten Staaten. Sie entschieden sich hier wie dort für »Sicherheit«, die der Demokratie vorging. Irgendwie war das für die Realpolitik in Ordnung. Irgendwie war das für die »freie Welt« von Vorteil, irgendwie war das legitim.

Zum Beispiel auch der spanische Faschist und Falangist Franco, von Hitlers Deutschen der »Legion Condor« an die Macht gebombt und immer noch ganz unversehrt am Ruder, als der Zweite Weltkrieg vorüber war: Auch er war mit seinem unfreien Spanien ein Glied der »freien Welt«, da er den Vereinigten Staaten generös Land für Stützpunkte der amerikanischen Luftwaffe zur Verfügung stellte, und Francos nur wenig ansehnlicherer Nachbar in Portugal, der rechte Diktator Salazar, war gleichfalls ein Mann der »freien Welt«, denn er öffnete seine Häfen für die Flotten der westlichen Mächte, und das war der »freien Welt«, irgendwie, wichtiger als ein demokratisch geordneter Zustand auf der Iberischen Halbinsel.

Es war grotesk: Auf spanischen Flughäfen starteten amerikanische Kampfflugzeuge ins militärische Training für die Sache der »freien Welt«, während Freiheit schon auf dem Terrain verboten war, über dem die Flugzeuge ihre Trainingshöhe zu gewinnen trachteten. Tatsächlich verteidigten und zementierten die amerikanischen Piloten die Unfreiheit der Ländereien, die ihre Flugbasen umgaben, aber irgendwie machte dieser Widersinn in der »freien Welt« einen Sinn, denn jeder galt in der Sprache der Realpolitiker als »frei«, der von den Vereinigten Staaten angeheuert wurde, Partner im großen Endkampf der Systeme zu sein.

Alles ging in der »freien Welt«, denn die Vereinigten Staaten ließen alles zu – nein: Sie betrieben alles, sie hatten längst nicht mehr nur einen, sie hatten viele Somozas. Es war offenkundig: Die »freie Welt« hatte kein Anliegen, außer dem natürlich, den Ostblock zu besiegen. Aber neben diesem nur negativen Ziel verriet die Rekrutierungsmethodik der Vereinigten Staaten, daß sie jedenfalls nicht, wie die »freie Welt« das stets vorgab, die Vision einer neuen und aufgeklärten und liberalen und pluralistischen Welt hatten.

Zum Beispiel auch die griechische Monarchie, die nach der Verkündung der »Truman-Doktrin« am 12. März 1947 von den Vereinigten Staaten dazu ausersehen wurde, der in Washington so genannten »Red Menace« als südosteuropäisches Bollwerk zu widerstehen. Mehr als 400 Millionen Dollar pumpten die Vereinigten Staaten in dieses Frontgebiet des »kalten Krieges« – das waren im Geldwert des Jahres 1991 mehr als 5 Milliarden Dollar –, obwohl jedermann wußte, daß das Königshaus in Athen und seine politischen Exekutoren höchst fragwürdige Demokraten waren. Selbst in Washington erhoben sich Stimmen gegen den Millionentransfer in eine Hauptstadt, in der, so eine Stimme, »ein korrupt prassendes und despotisches Regime« domizilierte, aber antikommunistisch war es, das zählte, und ebenso waren jene griechischen Obristen zweifelsfrei antikommunistisch und deshalb Angehörige der »freien Welt«, die von 1967 bis 1974 die Demokraten in Athen und überall im Land verjagten und einsperrten und unter der Führung des faschistischen Herrschers Georgios Papadopoulos regierten: Sie blieben geachtete Mitglieder der »freien Welt«, spielten ihre wichtigen Rollen in den Konzepten dar Nato, ihre Delegierten saßen an dem Tisch, an dem auch der Vertreter der Vereinigten Staaten Platz nahm, um mit seinen Nato-Kollegen Strategien und Taktiken im eventuell erforderlich werdenden Krieg gegen die Unfreiheit zu erörtern, denn die Verkommenheit der »freien Welt« spielte sich längst nicht mehr nur an ihren Rändern, sondern auch in ihrem Herzen, nämlich auch in dar Nato ab.

Und, zum Beispiel, auch türkische Generäle, die gleich dreimal, nämlich 1960, 1971 und 1980, die halbwegs demokratischen Zustände ihres Landes liquidierten und Militärherrschaft errichteten und einsperrten und zensierten und Liberale als Vaterlandsverräter und Sozialisten als Verbrecher behandelten: Auch sie blieben der »freien Welt« willkommen, denn sie herrschten über strategisch wichtiges Territorium, auf dem, in der unmittelbaren Nachbarschaft zur Sowjetunion, möglicherweise kriegsentscheidende Raketen stationiert werden konnten, und überdies verfügten die Militärdiktatoren über das – nach dem der Vereinigten Staaten – zweitgrößte stehende Heer der »freien Welt«, und das wog in der Realpolitik schwerer als türkische Menschenrechtsverletzungen im Umgang mit den Kurden – die sich nicht Kurden nennen durften, sondern nur »Bergtürken« – oder Folterungen von Angehörigen des demokratischen Widerstandes. Irgendwie, fand die »freie Welt«, waren Folterungen in der Türkei etwas ganz anderes, als sie es jenseits der Grenze zur Sowjetunion gewesen wären – wo um diese Zeit kein Mensch mehr gefoltert wurde –, irgendwie ging es nicht um gepeinigte Kurden, denen türkische Obrigkeiten Stromstöße in die Genitalien schickten, sondern um irgendeinen »großen Zusammenhang«.

Oder, zum Beispiel, auch Reza Pahlevi, Erbe der vom Vater gestohlenen Macht über Iran, Schah von Persien, Herrscher auf dem Pfauenthron, besonders aber Herrscher über »Savak«, den vermutlich brutalsten Staatssicherheitsapparat einer Zeit, die an brutalen Staatssicherheitsapparaten in allen Teilen der Welt nicht arm war. 1953, als der Monarch von Kräften gestürzt wurde, die es darauf anlegten, die reichen iranischen Ölvorkommen in den Besitz des Volkes zu verlegen, organisierten die Vereinigten Staaten die Gegenrevolution, denn die »freie Welt« konnte auf Schah und »Savak« nicht verzichten und duldete keine Ölquellen im Volkseigentum. Die »freie Welt« entschied sich für die iranische Restauration und den Feudalismus, also kam der Schah wieder auf seinen Pfauenthron, und nun, natürlich, griff »Savak« noch härter durch – war nicht der Schah diese Härte jenen schuldig, die dafür gesorgt hatten, daß er wieder regierte? Hatte er nicht, als sich die »freie Welt« für seine Rückkehr nach Teheran einsetzte, ihr Placet zu »Savak« und Despotie erhalten? Lag nicht der gesicherte Ölabfluß, für den der Schah und »Savak« garantierten, im Interesse der »freien Welt«? War nicht eben genau die Tatsache, daß Reza Pahlevi in seinem Land demokratisch-destabilisierende Elemente nicht zuließ, was ihn in den Augen der »freien Welt« so wertvoll machte? Und war nicht geradezu Order zur Einhaltung »Savak«-überwachter Ordnung, daß der Schah von Präsident Richard Nixon der »Polizist am Persischen Golf« genannt wurde?

Es war nur folgerichtig, daß der Schah, erneut und diesmal vor einer fundamentalistisch-religiösen Welle gestürzt, in die Vereinigten Staaten floh: Sie waren sein Pate gewesen, sein Halt, seine Ermutigung, und sie hatten ihn immer in Washington empfangen, als hätten sie nicht gewußt, daß Reza Pahlevi in Wahrheit nur ein Berija in der schönen Uniform eines Kaisers war.

Immerhin, an dieser Figur entzündete sich in der »freien Welt« Widerstand. Natürlich nicht unter den »Realpolitikern«, nicht unter den »Sachzwang«-Opportunisten, den Staatschefs und Ministerpräsidenten der »freien Welt«, die den Schah mit großem Pomp zu Staatsbesuchen empfingen und immerzu so taten, als gebühre ihm wirklich alle Ehre, sondern – beispielsweise in Westdeutschland, besonders dramatisch in West-Berlin, aber auch in Washington vor dem Weißen Haus – unter jungen Menschen, die Besuche des Schahs zum Anlaß des Aufbegehrens machten und für Freiheit in Iran demonstrierten und die Verlogenheit der Kooperation mit dem kaiserlichen »Savak«-Kommandeur entlarvten und damit die »freie Welt« als Partner des Unerträglichen.

Die Demonstranten, wie man weiß, wurden von den Obrigkeiten der »freien Welt« blutig zur Ordnung gerufen. Ein nobles Bekenntnis, nämlich das zur Freiheit des anderen, endete unter den Schlagstöcken und Gasgranaten und Schüssen der Polizei, und dann empfingen der amerikanische und der westdeutsche Präsident, und die anderen Staatsoberhäupter der »freien Welt« ihren kaiserlichen Gast, den Totschläger, und der westdeutsche Bundeskanzler gab sich die Ehre, und die bizarr sinnleere und perverse und verlogene Realpolitik nahm ihren theatralischen Lauf mit Frack und Orden und gemeinsamen Kommuniqués und akkurat gedrillten Ehrenkompanien und Nationalhymnen und Medienbegleitung, und auf den Straßen standen Zehntausende und gafften und klatschten, wenn sie des Kaisers ansichtig wurden, begeistert Beifall, denn der Realpolitik war der Schah ein wichtiger Partner und Öllieferant und gar Freund, und wer gegen ihn demonstrierte, war irgendwie ein Feind der Freiheit und war zu prügeln und zu begasen und notfalls auch zu erschießen wie Benno Ohnesorg in Berlin, denn die »freie Welt« konnte Demonstrationen für die Freiheit des anderen nicht dulden.

Oder, zum Beispiel, auch Fahd Ibn Abd el Aziz, seit 1982 Herrscher in Saudi-Arabien, das als Öllieferant für die »freie Welt« noch wichtiger als Iran war. Schon 1945 hatte sich sein Vater, König Abd el Aziz, der wie im Mittelalter herrschte und sein Land als seinen privaten Besitz empfand, mit dem damaligen amerikanischen Präsidenten Franklin Delano Roosevelt getroffen und, wie König Fahd später sagen würde, ein »fundamentales Vertrauensverhältnis« begründet, dem die grotesk archaischen Zustände in Saudi-Arabien nicht im Wege standen. Denn das Saudi-Arabien, dem sich Roosevelt in fundamentalem Vertrauen verbunden fühlte, war ja nicht eigentlich ein Staat, sondern ein Erbhof für 12 000 Prinzen, eine protzende, feudalistische Unordnung und eine Verhöhnung der Demokratie, in der sich der König nicht einen Palast leistete, sondern zehn, und in der andererseits schmutzige Handarbeit importiert wurde, denn prinzliche Würde machte sich nicht schmutzig, sondern reiste nach Monte Carlo und verspielte Unsummen und amüsierte sich.

In Saudi-Arabien, dem der Führer der »freien Welt« seit den Tagen Roosevelts freundschaftlich verbunden war, galt Freiheit soviel wie in Stalins Sowjetunion, und das blieb so bis in die 90er Jahre, in denen die »freie Welt« dem Königreich zu Hilfe kam, um es vor irakischen Übergriffen zu schützen. Das Saudi-Arabien des Jahres 1990 gestattete keinem ausländischen Journalisten ständige Residenz und keinem Juden die Einreise. Videos, Bücher, Zeitungen und Zeitschriften wurden streng zensiert und Dieben öffentlich die Hände abgeschlagen. Religionspolizisten prügelten auf der Straße auf Frauen ein, die unter ihrer Kleidung mehr als ihre Augen sehen ließen, und Frauen, die sich ihre sexuelle Freiheit nahmen, wurden – und zwar öffentlich – hingerichtet, aber dennoch und trotz allem: Irgendwie gehörte auch das Land der königlichen Repression zur »freien Welt«, die ohne sein Öl nicht leben konnte. Irgendwie rechtfertigten es die Vereinigten Staaten, Saudi-Arabien unter den Schutz der »freien Welt« zu stellen und – noch ehe im Frühjahr 1991 der Krieg gegen Irak begann – Waffen und Kriegsgeräte für mehr als 30 Milliarden Dollar an das Königreich zu verkaufen, das in der Überlassung der Waffen mit guten Gründen eine Rechtfertigung der »freien Welt« für die in Saudi-Arabien herrschenden Repressionen sah.

Aber Saudi-Arabien spielte für die »freie Welt« eine noch wichtigere Rolle als bloß die des Öllieferanten und Waffenkäufers, denn das unfreie Land hielt die Führungsmacht der »freien Welt« wirtschaftlich am Leben, indem es die immense Verschuldung der Vereinigten Staaten zu finanzieren half. Seit die Vereinigten Staaten darauf angewiesen sind, daß Ausländer ihnen dazu verhelfen, wenigstens der staatlichen Zahlungsunfähigkeit zu entgehen, gehört Saudi-Arabien zu den regelmäßigen Käufern der in Washington emittierten Schuldpapiere. Als im Herbst 1990 – also zur Zeit der eskalierenden Krise um Kuwait und Irak – ein anderer regelmäßiger Schuldpapierkäufer, nämlich Japan, von den normalen Käufen absah und die Vereinigten Staaten in die Gefahr gerieten, mit unabsehbaren weltwirtschaftlichen Folgen auf ihren Papieren sitzenzubleiben, wurden sie von Saudi-Arabien gerettet, und das hieß: Die Unfreiheit Saudi-Arabiens und die Führungsmacht der »freien Welt« gingen eine Vermählung über den Weg des Geldes ein, die Unfreien alimentierten den Führer der »Freien«, der von den Unfreien finanziell abhängig war und ohne sie längst nicht mehr seinen Schuldendienst versorgen konnte, denn der stellte sich jährlich fast so hoch wie der Militäretat der Vereinigten Staaten: 290 Milliarden Dollar.

Die Führungsmacht der »freien Welt« war käuflich. Nicht nur waren ihre bewaffneten Streitkräfte käuflich, wie der Golfkrieg bewies, in dem die amerikanischen Soldaten – »rent an army« nannten das Spötter in Washington – von fremden Regierungen bezahlt wurden, sondern auch Washington war käuflich: Ohne Gelder aus Saudi-Arabien drohte den Vereinigten Staaten der Bankrott, der nur vermieden werden konnte, wenn die Vereinigten Staaten auf Freiheit in Saudi-Arabien verzichteten: ein ganz unabwendbarer »Sachzwang« auch hier, ein ganz unübersehbares »übergeordnetes Interesse«, gegen Öl und Geld gab es schlechterdings kein vernünftiges Argument, also gehörte auch Saudi-Arabien zur »freien Welt« und wurde von ihr vor irakischen Übergriffen geschützt, und in den königlichen Palästen von Saudi-Arabien sprachen amerikanische Minister vor und schüttelten herzlich die Hand des Waffenbruders, der eben noch den Handabschlag eines Diebes oder die Exekution einer Frau verfügte, die sich irrtümlich für frei hielt.

Oder, zum Beispiel, auch Hafiz el-Assad, Präsident Syriens, der ein notorischer Verbündeter von Terroristen war und ihnen Schutz und mörderische Infrastruktur gab, aber jäh wurde auch dieser, bis dahin von den Vereinigten Staaten und der »freien Welt« wortreich geächtete Mann ein Verbündeter der »freien Welt« und zur Hilfe bei der von Präsident Bush so genannten »harten Arbeit der Freiheit« eingeladen, als es gegen eben jenen Saddam Hussein ging, den die »freie Welt« für die Annexion Kuwaits bestrafte, während sie doch 1980 noch der Invasion des Irakers in Iran nicht etwa nur tatenlos, sondern hilfreich zugesehen hatte. Sie verübelte es Saddam Hussein nicht, daß er in seinem Krieg gegen Iran Giftgas einsetzte, nahm auch nicht Anstoß, als er gegen seine kurdische Minderheit mit Giftgas vorging; im Gegenteil: Saddam Hussein – denn er war ein Feind des Iran, der seinerseits ein Feind der Vereinigten Staaten war, die von Iran nur »der Große Satan« genannt wurden – erhielt Waffen und rüstungstechnisches Wissen aus allen möglichen Ländern der »freien Welt«, und Darlehen aus den Vereinigten Staaten erhielt er, Hubschrauber und Getreide, und eine amerikanische Außenhandelsbank finanzierte den Export von Chemikalien, mit denen Saddam Hussein neues Giftgas produzieren konnte, und für seinen Waffengang gegen Iran stellte der Führer der »freien Welt« ihm Aufnahmen aus amerikanischen Erdsatelliten zur Verfügung, die ihm die Führung seines Angriffskrieges erleichterten.

Die »freie Welt« hatte den »point of no return«, den Punkt nämlich, von dem aus eine Rückkehr zu Prinzipien allenfalls noch möglich gewesen wäre, längst überschritten. Sie war auch zu Einreden gegen die offenkundige Führungsunfähigkeit der Vereinigten Staaten nicht mehr fähig, denn sie hatte sich zu lange mit deren Verfahrensweisen gemein gemacht und stets Verständnis bekundet, auch und besonders in Vietnam.

Es ist kennzeichnend für das amerikanische Engagement in Vietnam, daß es sich bei ihm um einen Versuch handelte, alte kolonialistische Machtverhältnisse in Indochina wenn nicht zu erhalten, so doch zum mindesten zu verhindern, daß sie durch selbstbewußten vietnamesischen Nationalismus überwunden wurden. Die Vereinigten Staaten übernahmen in Vietnam jene »Bürde des weißen Mannes«, die von der alten Kolonialmacht Frankreich nicht mehr getragen werden konnte. Keineswegs aber handelte es sich bei der ursprünglichen Erhebung der Vietnamesen gegen die weiße Oberherrschaft um eine kommunistische Aktion, sondern um eine der Befreiung eines Volkes. Die Aufständischen wurden – genau wie die kubanischen Rebellen unter Fidel Castro – erst durch den Gang der Ereignisse in das kommunistische Lager getrieben. Das aber, nämlich die Möglichkeit, Nordvietnam zum kommunistischen Aggressor erklären zu können, versetzte die Vereinigten Staaten in die Lage, in Südostasien einen Krieg zu führen, in dem sie sich selber so in die Eskalation trieben, daß schon bald von einer Beachtung der Kriegsrechtsregeln nicht mehr die Rede sein konnte.

Und nicht nur im Dschungel wurden – beiderseits – Kriegsverbrechen begangen, nicht nur Soldaten vergingen sich gegen die Menschlichkeit. In Saigon, der Hauptstadt des mit den Vereinigten Staaten verbündeten Südvietnams, wurde auf Betreiben der Amerikaner und mit an Sicherheit grenzender Wahrscheinlichkeit mit dem Wissen des Präsidenten Kennedy der Staatspräsident Diêm umgebracht, weil er der kriegerischen Sache nicht recht dienlich war. Da die Vereinigten Staaten anfangs eher zögerten, größere Landstreitkräfte einzusetzen, und hofften, den im Dschungel unsichtbaren Feind mit Bombenangriffen zermürben zu können, entfachten sie einen beispiellosen Luftkrieg, der seiner Anlage nach Zivilisten ebenso zu Opfern machte wie feindliche Soldaten. Sie warfen auf das kleine Vietnam mehr Bomben, als sie während des gesamten Zweiten Weltkrieges über Zielen in Europa ausgeklinkt hatten, und als auch das die Sache der »freien Welt« nicht beförderte, griffen die Vereinigten Staaten zu biologischen und chemischen Waffen.

Sie hatten am Ende des Zweiten Weltkrieges keine Skrupel gehabt, über Hiroshima und Nagasaki – obwohl dafür militärisch keine Notwendigkeit mehr bestand – Atombomben abzuwerfen, und sie hatten nun in Vietnam keine Skrupel, »Agent Orange« einzusetzen, eine chemisch-biologische Waffe, mit deren Hilfe die Vereinigten Staaten die Wälder entlauben zu können hofften, in denen sich der Feind verbarg. Das war nur graduell von dem Giftgaseinsatz verschieden, mit dem der Iraker Saddam Hussein ein paar Jahrzehnte später weltweite Verachtung ernten würde, aber der Weltführungsmacht wurde der Einsatz des Giftes nachgesehen. »Agent Orange« hat unter der vietnamesischen Bevölkerung, aber auch unter amerikanischen Soldaten viele Opfer gefordert und viele Menschen zu lebenslangen Siechen gemacht, aber die Vereinigten Staaten haben sich stets geweigert, Schuld zu akzeptieren; mehr noch: Sie haben den Einsatz der chemischen Waffe stets als legitim und mit den Bestimmungen des Kriegsrechts vereinbar bezeichnet.

Sie warfen Unmengen Napalm auf vietnamesische Dörfer, von denen sie vermuteten, aber nicht wußten, daß sich dort Feinde aufhielten. Ein Großteil ihrer Lufteinsätze war nie etwas anderes als Terror. Von ganz wenigen Ausnahmen abgesehen, wurden nicht klar erkannte militärische Ziele bombardiert, sondern Flächen.

Der Führer der »freien Welt« warf, nachdem er seinen Krieg eskaliert hatte, seine Bomben auf Kambodscha und Laos, ohne jede Ankündigung und ohne einen Krieg zu erklären, denn irgendwie waren Formalien und die Normen des Völkerrechts und der »Genfer Konvention« unwichtig, da es doch auch und besonders in Vietnam um »übergeordnete Interessen« ging. 1973, als sie die Bombardierung des kleinen Laos nach 580 977 Flugzeugeinsätzen beendeten, hatten die Vereinigten Staaten 2 093 100 Tonnen Bomben auf das Land geworfen; das war ein Drittel mehr, als amerikanische Flugzeuge im Zweiten Weltkrieg auf Deutschland hatten fallen lassen. 7,2 Milliarden Dollar ließ sich der Führer der »freien Welt« das Dauerbombardement auf Laos kosten, das nie zu rechtfertigen war und tatsächlich militärisch nichts bewirkte, und die »freie Welt« sah dem beifällig zu und ließ sich die Bombardements allabendlich zu Bier und Salzstangen im Fernsehen vorführen und fand was sich da in Südostasien abspielte, irgendwie in Ordnung.

Konnte, wo die staatliche und militärische Führung so eklatant gegen die Normen des Völker- und Kriegsrechts verstieß, ausbleiben, daß weiter unten in der militärischen Hierarchie Verbrechen begangen wurden? Wenn der Staat »Agent Orange« für legitim hielt und das Bombardement der von Zivilisten bewohnten Flächen –konnte nicht auch der Soldat annehmen, daß es in diesem schmutzigen Krieg keine Gesetze mehr ab? Wenn die oberste politische und militärische Führung täglich im Namen der Freiheit den Mord an Zivilisten befahl – und sie tat das, wenn sie Napalm auf Dörfer werfen ließ –, durfte dann nicht auch ein kleiner Leutnant zum Mord kommandieren?

Leutnant William L. Calley – »Rusty« für seine Freunde – führte drei Gruppen der »Charly Company« des Ersten Bataillons des 20. Infanterie-Regiments mit Hubschraubern in das etwa 550 Kilometer nördlich von Saigon gelegene Dorf My Lai, und seine Order war ganz ähnlich wie jene, die einmal von deutschen Soldaten für das tschechoslowakische Lidice und das französische Oradour empfangen worden war: zerstören und dem Erdboden gleichmachen.

Es gab in dem kleinen vietnamesischen Weiler keinen Widerstand, als William L. Calley und seine Soldaten landeten – woher hätte er auch kommen sollen? Kein Soldat befand sich in My Lai, nur 347 Zivilisten in panischem Schrecken, viele Kinder darunter, viele halbwüchsige Mädchen.

Die meisten von ihnen wurden vergewaltigt, ehe man sie endlich erschoß. Ein kleines Mädchen wurde mit dem Bajonett vergewaltigt. Greise und Frauen und Kinder wurden an Gräben getrieben und erschossen, und als ein zwei Jahre altes Kind schreiend aus einem Leichenhaufen kroch und leben wollte, warf Leutnant Calley es auf den Haufen zurück und zielte ruhig und genau, bis sich endlich auch dieses Kleinkind nicht mehr rührte. Die Delegierten der »freien Welt« gaben nicht Ruhe, bis die 347 Menschen aus My Lai regungslos lagen und alle ihre Hütten brannten und die Order ausgeführt war, und dann stiegen sie mit dem Gefühl in ihre Helikopter, das ein Arbeiter nach der Erledigung eines Auftrages hat, und dann, heimgekehrt, meldete Leutnant Calley die Zerstörung von My Lai.

Drei Tage verbrachte der Leutnant für das Massaker von My Lai im Militärgefängnis von Fort Benning im Bundesstaat Georgia, dann amnestierte ihn der Führer der »freien Welt«, der Präsident Richard Nixon, und der Leutnant durfte bei kommodem »Hausarrest« sühnen, und dann amnestierte ihn der für die U.S. Army zuständige Minister erneut, so daß William L. Calley ein freier Mann war, und dann ging er nach Columbus im Bundesstaat Georgia und führte ein Juweliergeschäft, ein hochangesehener, in der Bürgerschaft sehr beliebter Mann, der wie ein Poet über Rubine und Smaragde reden konnte, nur über Vietnam wollte er nicht mehr sprechen. »Wir sind«, sagte der vormalige Bürgermeister von Columbus, Jack Mickle, »stolz auf Rusty«, und viele andere Bürger in den Vereinigten Staaten waren es auch und schrieben rühmende Poplieder über ihn, und einer schenkte ihm einen Mercedes der besseren Klasse, und unzählige Sympathiebekundungen und Heiratsanträge erreichten ihn, denn irgendwie war My Lai im Dienst an einer guten Sache geschehen. Irgendwie war nach den Gesetzen der »freien Welt« My Lai mit drei Tagen im Militärgefängnis gesühnt. Irgendwie war My Lai etwas ganz anderes, als es jene Kriegsverbrechen waren, für die man noch vor zwanzig Jahren und mit lauter guten Gründen deutsche Kriegsverbrecher verurteilt hatte. Irgendwie waren die 347 Opfer von My Lai nur die Späne, die notwendig fielen, wo der große Hobel der »freien Welt« angesetzt wurde. Irgendwie war My Lai nicht Lidice, auch nicht Oradour, irgendwie war alles, war auch Vietnam gut, da es doch namens und im Auftrag der »freien Welt« geschah.

Widerstand gegen den Krieg in Vietnam kam in vielen Ländern der »freien Welt«, auch in den Vereinigten Staaten, aus der Jugend, nicht aber aus Kabinetten und Parlamenten, auch nicht aus solchen, in denen Sozialdemokraten über Mehrheiten verfügten. In Westdeutschland führten begreifbares Entsetzen und schließlich Haß auf den zynischen Realismus der amtlichen Politik ein paar junge Leute in die »Baader-Meinhof-Bande«, die spätere »Rote-Armee-Fraktion«, und auch in den Vereinigten Staaten glitt eine radikale Studentengruppe in die militante Illegalität ab und schwor, fortan der staatlichen Gewalt mit der Gewalt des Untergrunds zu begegnen, aber hier wie dort vermochte der Widerstand nichts, vollends nichts nachdem er sich selber kriminalisierte und mit Attentaten den Zorn der Bevölkerungen auf sich zog.

Die Völker der »freien Welt« dagegen nahmen Vietnam hin. Sie mochten über den Auftritt ihres Führers in Südostasien nicht begeistert sein, aber irgendwie, fanden sie, war er wohl nötig. Irgendwie verrichteten die Amerikaner nur die Schmutzarbeit, ohne die es eine bessere Welt nicht geben würde. Irgendwie hatten die Flächen- und Napalmbombardements mit Freiheit zu tun.

Besonders in Westdeutschland war diese Denkart verbreitet, die gern Verwandtschaft mit den Vereinigten Staaten suchte. Die große Mehrheit der Westdeutschen hatte gelernt, daß in der Politik nicht moralische, sondern pragmatische Kategorien zählen: Es war, seit Dr. Konrad Adenauer sein halbes Land in die »freie Welt« eingebracht und der amerikanischen Führung unterstellt hatte, mit den Westdeutschen wirtschaftlich ständig bergauf gegangen – das zählte. Die amerikanische Führung war den Konten und Besitzständen der Westdeutschen gut bekommen – das zählte. Die Vernetzung der westdeutschen Republik auch mit den zweifelhaften Machthabern in der »freien Welt« war ihr zum Segen ausgeschlagen – das zählte, nicht aber die unpolitische Moral der Kinder, die auf den Straßen gegen den Krieg der Amerikaner in Vietnam demonstrierten.

Da die »freie Welt« selbst Vietnam unversehrt überstand, konnte sie alles überstehen.

Zum Beispiel auch Samuel Doe. Der junge Mann, Hauptfeldwebel in der Armee seines Landes und zuvor ein »Green Beret«, also Angehöriger einer »Elite«-Truppe in den Vereinigten Staaten, hatte sich 1980 mit einem blutigen Staatsstreich die Macht über den afrikanischen Staat Liberia geraubt, öffentlich am Strand – das staatliche Fernsehen war dabei – den gestürzten Präsidenten sowie 13 Minister von betrunkenen Soldaten erschießen lassen, die einige Male nachladen mußten, denn der Alkohol hatte ihre Zielsicherheit beeinträchtigt, und dann ging Samuel Doe unverzüglich daran, wenn nicht das blutigste, so doch mindestens eines der blutigsten Regime auf dem Schwarzen Kontinent zu errichten. Tausende, die Doe für oppositionell hielt, verschwanden und wurden nie mehr gesehen, aber gelegentlich ordnete der Präsident aus pädagogischen Gründen an, eine grausam verstümmelte Leiche auf einer der Straßen der Hauptstadt Monrovia liegenzulassen. Ein Opfer Does wurde aus dem sechsten Stock eines Hauses in der Hauptstadt auf die Straße geworfen, und General Quiwonkpa, der gegen Doe zu putschen versuchte, wurde in Stücke zerschnitten, die im Triumphzug durch Monrovia getragen wurden, ehe Does Männer die Stücke aßen, um auf diese Weise neue Kraft für die gute Sache des Präsidenten zu gewinnen.

Jede Regung demokratischen Widerstandes ließ der junge Präsident im Wortsinn erschlagen. 1984, als Doe seinem Staat ein demokratisches Dekorum verordnete, fälschte er sein Geburtsdatum, um zum Präsidenten gewählt werden zu können, und dann stahl er die Wahl just so, wie das auf der anderen Seite des Atlantischen Ozeans die Duvaliers getan hatten, und als der offensichtliche und noch nicht einmal getarnte Diebstahl vollendet war, gratulierte das Außenministerium der Vereinigten Staaten im Namen des Präsidenten ausdrücklich und attestierte dem Dieb eine »bemerkenswerte Leistung« der Demokratisierung und lud ihn zu einem Besuch nach Washington ein, wo er von Präsident Reagan freundlich empfangen wurde, und nicht nur das: Das Liberia des Wahldiebes und Mörders wurde mit 500 Millionen Dollar aus der Staatskasse Washingtons subventioniert; das war in Relation zur Bevölkerungszahl die weitaus größte amerikanische Unterstützung aller afrikanischer Staaten. Am Ende erklärten sich die Vereinigten Staaten gar dazu bereit, ein Drittel des liberianischen Staatshaushaltes zu finanzieren, aber natürlich war die generöse Zuwendung mit einer Bedingung verbunden: Doe hatte, was er tat, den störungsfreien Betrieb der in seinem Lande befindlichen und auf ganz Afrika ausstrahlenden Faszilitäten des amerikanischen Propagandasenders »Voice of America« zu garantieren, der nun also auf einem Territorium die Reklame für die »freie Welt« machte, auf dem Freiheit verboten war, und wiederum: Irgendwie machte dieses perverse Arrangement einen Sinn, irgendwie war der »freien Welt« auch mit ihm gedient, irgendwie nahm die Freiheit nicht Schaden, wenn man sich mit Samuel Doe verband.

Oder, zum Beispiel, auch Mobutu, der Präsident der afrikanischen Republik Zaire und mutmaßlich korrupteste dieses an korrupten Staatsmännern nicht armen Kontinents. Der Mann hatte sich ein Milliardenvermögen errafft und seinem bettelarmen Volk gestohlen, und mit dem Vermögen stabilisierte er seine Macht immer mehr, denn er wußte stets, daß nur Geld politische Verläßlichkeit bewirkt. Er schuf sich ein landesweites Netz von Abhängigen, die ein bißchen an den Erträgen seiner Korruption partizipieren durften; das war Mobutus Demokratie, aber gleichwohl hielt der Führer der »freien Welt« seine schirmende Hand über den Korrupten, denn er verfügte über Kupfer und andere Güter, die in der »freien Welt« benötigt wurden, und also war irgendwie auch Mobutu der »freien Welt« nützlich und schützenswert.

Und, zum Beispiel, Jafaar Nimeiri, der Staatspräsident des afrikanischen Staates Sudan, ehe er durch einen Coup gestürzt wurde. Auch Nimeiri war ein Tyrann und wurde es in dem Maße immer mehr, in dem er seine Macht bedroht sah. Auch Nimeiri ließ noch morden, als sich die Machthaber im kommunistischen Block den ordinären Mord als politische Methode längst abgewöhnt hatten, aber auch Nimeiri war nur »autoritär«, nicht »diktatorisch«, denn er stellte auf sudanesischem Territorium ein Trainingsgelände zur Verfügung, auf dem libysche Dissidenten für den Sturz des amerikanischen Erzfeindes Gaddafi üben durften. Das honorierten die Vereinigten Staaten allein 1984 mit Zuschüssen in Höhe von 350 Millionen Dollar, denn irgendwie war der Tyrann doch auch ein Helfer der »freien Welt«.

Oder, zum Beispiel, die argentinische Junta, die am 24. März 1976 die demokratisch gewählte Regierung der Isabel Perón gestürzt und dann damit begonnen hatte, einen in Argentinien so genannten »schmutzigen Krieg« zu führen, in dessen Verlauf 30 000 Menschen verschwanden. Sieben Jahre lang währte dieser Krieg, in dem kein Demokrat seines Lebens sicher war, und er fand vor den Augen der »freien Welt« statt, die im Fernsehen argentinische Mütter betrachten konnte, deren Söhne verschwunden waren, und nun demonstrierten die Mütter mit den Bildern der Verschwundenen vor dem Amtssitz des argentinischen Präsidenten, aber irgendwie arrangierte sich die »freie Welt« auch damit, und ihr Führer, Präsident Reagan, empfing die Junta-Generalität in Washington freundlich, denn irgendwie war sie so nützlich wie in Chile der Diktator Pinochet, irgendwie und im »großen Zusammenhang« war, was in Chile und Argentinien geschah, nicht so schlimm.

Und, zum Beispiel, Israel, ja, auch Israel.

Es war ja begreiflich, daß Juden immer alles, aber auch wirklich alles taten, um endlich in Israel gesicherte Heimat zu haben. Der Terror des Untergrundes, mit dem sie sich ihren Staat erkämpften, die Bomben, die sie – gelegentlich auch in Hotels – legten, die unerbittliche Militanz, mit der sie das Werden ihres Staates durchsetzten, die gnadenlose Gewalt, die Patin Israels wurde: Alles war begreiflich, wenn auch vielleicht nicht entschuldbar. Ein Volk, das durch den Holocaust gegangen war, hatte ein Recht auf die grimmige Entschlossenheit, sich endlich seinen erlittenen Staat zu sichern; sein Staatsfanatismus war durch Auschwitz legitimiert.

Aber durfte man nicht, nachdem sich der Staat Israel gegründet hatte, und durfte man nicht, nachdem er mächtige Partner in der »freien Welt« hatte, die seine Existenz und seine territoriale Integrität garantierten, auf ein tolerant demokratisches Israel hoffen, auf eines, das sich friedlich mit jenen arrangierte, denen es ihr Land genommen hatte?

Doch so friedfertig wurde Israel nicht, sondern es wurde ein bösartiger, ein annektierender, ein unterdrückender, ein tragisch unansehnlicher Staat, dem man alle Sympathien zu bewahren versuchte, ohne das mit gutem Gewissen zu können. Denn kaum waren die gestern noch Verfolgten und Unterdrückten frei und souverän, begannen sie selber mit der Verfolgung und Unterdrückung anderer, nämlich der hoffnungslos in die Wirren der großen Weltpolitik verstrickten Palästinenser. Kaum war das Regime der folternden Deutschen vorüber, begannen die Opfer ihrerseits zu foltern, denn so, nach der »Jerusalem Post«, ging der Judenstaat mit festgenommenen Palästinensern um: »Rohe Behandlung kann angewendet werden... Der Gefangene kann gestoßen werden, man kann ihm ins Gesicht schlagen, und seine Augen können verbunden werden. Man kann ihn entkleiden, und es kann geschehen, daß sich ein weiblicher Soldat über seine Männlichkeit lustig macht, um ihm ein Gefühl seiner Minderwertigkeit zu vermitteln. Man kann ihn auch in Isolationshaft halten.«

Aber die »freie Welt« hielt ihre schützende Hand über den Staat der Folter. Die Vereinigten Staaten alimentierten ihn mit drei Milliarden Dollar jährlich, und auch Westdeutschland alimentierte und sah billigend, schweigend zu, wie sich die Juden selber verrieten.

In Israel wurden Menschen angeklagt und verurteilt, weil sie verbotene Bücher gelesen, Gedichte über verbotene Themen verfaßt oder Bilder in den Farben der palästinensischen Fahne gemalt hatten. Menschen, die im Verdacht standen, für die Selbstbestimmung der Palästinenser einzutreten, wurde ein Bein gebrochen. Einer 19 Jahre alten Palästinenserin, die im Gefängnis von ihrem Kind entbunden wurde, fesselte man zur Entbindung die Hände, »um einen Fluchtversuch zu verhindern«.

»Amnesty International« weiß von Palästinensern, die »während oder unmittelbar nach ihrer Festnahme geschlagen, getreten oder mit Fäusten traktiert« wurden, und: »Gezielt geschlagen wurde auf die Fußsohlen und die Genitalien«, und »Amnesty International« weiß ferner: »In anderen Berichten hieß es, Gefangene seien an einem Seil, das an der Decke befestigt war, aufgehängt und von Wand zu Wand geschwungen worden. Es wurde ihnen ein Sack über den Kopf gestülpt, oder sie wurden über längere Zeit kaltem Wetter oder kalter Luft aus Klimaanlagen ausgesetzt. Gefangene mußten zwischen zwei und 15 Tagen in Einzelhaft zubringen; sie wurden längerem Schlafentzug ausgesetzt, und auch über Folterungen durch Elektroschocks trafen Berichte ein. Allein 1988 starben mindestens fünf Palästinenser unter ungeklärten Umständen in Haftzentren. Offiziell wurde als Todesursache Selbstmord angegeben. Im Oktober 1988, beispielsweise, starb Ibrahim al-Matur im Haftzentrum Dhahiriya, wobei es sich angeblich um Selbstmord durch Erhängen handelte. Berichten zufolge war er an den Tagen zuvor mißhandelt worden, unter anderem, indem man einen Kanister mit Tränengas in seine Zelle warf.«

Seit am 9. Dezember 1987 die Palästinenser die »Intifada« ausriefen, um der israelischen Besatzungsmacht zu widerstehen, sind die israelischen Streitkräfte zu offenem Terror übergegangen, oder, mit den Worten von »Amnesty International«: »Das Vorgehen der israelischen Kräfte erhielt immer stärker den Charakter von Strafaktionen und zielte offenkundig darauf ab, Menschen einzuschüchtern. Geschlagen wurde nicht nur, um Demonstrationen aufzulösen, sondern auch bei Verhaftungen. Personen, die bei nächtlichen Hausdurchsuchungen in Flüchtlingslagern und Dörfern aus ihren Häusern geholt wurden, wurden dabei verprügelt. Soldaten zerrten verwundete Palästinenser entgegen ärztlichem Rat aus den Krankenhäusern und schlugen auf sie ein, bevor sie sie in eine Haftanstalt brachten. Auch Ärzte und medizinisches Personal wurden tätlich angegriffen. Häufig wurde sogar versucht, Verletzte daran zu hindern oder es ihnen zu erschweren, medizinische Versorgung ... in Anspruch zu nehmen.«

Das alles in der »freien Welt«, zu der Israel unzweifelhaft gehört: Häuser von Familien wurden in den von Israel besetzten Gebieten gesprengt, wenn ein Familienmitglied im Verdacht stand, Steine gegen israelische Soldaten geschleudert zu haben. Tränen-

240

gas wurde in Häuser gefeuert, die im Verdacht standen, Männer – oder Kinder – des palästinensischen Widerstandes zu beherbergen, denn Hitlers »Sippenhaft« überlebte ausgerechnet in Israel. »Viele Berichte belegen«, so schreibt »Amnesty International«, »daß Tränengas nicht nur zur Aufstandsbekämpfung, sondern auch als Strafmaßnahme oder zur Schikanierung und Einschüchterung von Bewohnern der besetzten Gebiete eingesetzt wird«, wobei gelegentlich auch Kleinkinder oder Schwangere ums Leben kamen.

Aus dem Staat, kurz, dem jedes Recht auf die Sicherung seiner Existenz zukam, wurde ein quälender Unterdrückungsmechanismus, den die »freie Welt« gleichwohl subventionierte. Die Vereinigten Staaten liehen Israel 400 Millionen Dollar, damit Israel Wohnungen in eben jenen besetzten Gebieten bauen konnte, von denen die Vereinten Nationen seit mehr als 23 Jahren verlangen, daß Israel sie räumt. Das heißt, daß die Vereinigten Staaten exakt einen Tatbestand erst ermöglichten, den sie andererseits in Kuwait militärisch beendeten, nachdem sich Irak geweigert hatte, das widerrechtlich besetzte Kuwait zu räumen, aber irgendwie wog die Resolution 242 des Weltsicherheitsrates, die Israel zur Ordnung rief, nicht so schwer wie jene Resolutionen, die sich gegen Saddam Hussein richteten, irgendwie waren Israel auch militärische Übergriffe auf andere Länder erlaubt, auch Angriffe auf Wohngebiete in Beirut, obwohl die doch den amerikanischen Präsidenten und engagierten Israel-Freund Ronald Reagan nach eigenem Eingeständnis »ganz krank« machten, irgendwie durfte Israel alles, auch Palästinensern die Beine brechen, Israel war tabu, und die »freie Welt« garantierte das.

Oder, zum Beispiel, auch Ferdinand Marcos, der mit dem Segen der Vereinigten Staaten die Philippinen wie sein Familienunternehmen führte, ehe ihn eine Revolution davonspülte. Der Mann war korrupt wie die Duvaliers. Es wurde kein großes Geschäft auf den Philippinen abgewickelt, an dem der Staatspräsident nicht partizipierte, es gab keinen Widerspruch, von dem er nicht durch seinen Staatssicherheitsapparat erfuhr, und es gab keine Wahl, bei der Marcos nicht betrog, aber irgendwie war das alles mit den Prinzipien der »freien Welt« und denen der Schutzmacht, der Vereinigten Staaten, zu vereinbaren. Irgendwie war Marcos, so eine Charakterisierung des Außenministeriums in Washington, »der tüchtigste, lebhafteste und attraktivste philippinische Führer seit langem«, die große Hoffnung Asiens und ein Freund.

1965 gab der Mann in Manila ein Viertel seines gesamten Staatshaushaltes für seine Wahl zum Präsidenten aus, und als die erkaufte Macht gleichwohl bröckelte, verhängte Marcos – nach vorausgegangenen Konsultationen mit den Vereinigten Staaten, die ihn ermutigten –, 1972 das Kriegsrecht, unter dem sich gut regieren und unterdrücken ließ, und dann besuchte ihn George Bush und erklärte, an den Despoten gewandt: »Wir lieben Ihre Hingabe an die Demokratie«, denn trotz allem waren auch die Philippinen »freie Welt«, und sie waren es sogar in besonderem Maße, denn auf den Philippinen befanden sich Subic Bay und das Clark Air Field, die größten asiatischen Marine- und Luftstützpunkte der Vereinigten Staaten, und seit die Amerikaner ihre atomwaffentragenden Basen in Vietnam verloren hatten, waren jene auf den Philippinen womöglich noch wichtiger und strategisch noch bedeutender geworden und durften auf keinen Fall in Gefahr geraten, also gab es auch hier einen überragenden »Sachzwang«: Man mußte die Loyalität und Freundlichkeit des Korrupten in Manila mit jährlich dreistelligen Dollarmillionen erkaufen, um den Erhalt der Militärbasen zu sichern.

Dabei war es natürlich mit diesen Basen wie mit jenen in der Türkei der regierenden Generäle oder denen im Spanien des Falangisten Franco: Sie verteidigten nicht Freiheit, sondern konservierten Diktatur. Sie schützten einen »Hundesohn«. Sie dokumentierten den prinzipienlosen Opportunismus, mit dem die »freie Welt« für eine bessere Zukunft stritt. Sie repräsentierten wertfreie Macht, der es auf nichts anderes als bloße Präsenz ankam. Sie waren atomar bewaffnete Wächter der Lumpensammlung, zu der die »freie Welt« sich herabgelassen hatte.

Auch Marcos, wie die Duvaliers und andere, begründete seine Verfahrensweisen gern und erfolgreich mit der Behauptung, die

Alternative zu ihm sei die Machtergreifung der Kommunisten. Er rechtfertigte mithin die von ihm repräsentierte Unfreiheit mit der Abwendung einer anderen Variante der Unfreiheit. Er ließ politische Gegner verfolgen, weil die, einmal an der Macht, politische Gegner verfolgen würden, und er beraubte seinen Staat, weil er ahnte, daß es seine Gegner nicht anders halten würden. Marcos war, mit einem Wort, genau der politische Typ, den zu bekämpfen die »freie Welt« doch eigentlich angetreten war, er war das exakte Spiegelbild des despotisch-korrupten Staatschefs in irgendeinem kommunistisch beherrschten Land, aber irgendwie war im Licht der »übergeordneten Interessen« des »kalten Krieges« Marcos doch auch ein Waffenbruder.

Oder, zum Beispiel, das blutige Drama, das sich 1965 im Anschluß an einen von Linken initiierten Versuch abspielte, den indonesischen Staatspräsidenten Sukarno zu stürzen.

Das war, hätten die gesitteten Normen des Völkerrechts noch gegolten, ein rein innenpolitischer Vorgang, der durch politische, allenfalls auch juristische Maßnahmen der indonesischen Autoritäten aufzuarbeiten gewesen wäre, aber dies war 1965, und die guten Sitten des Völkerrechts waren im Zeichen des »kalten Krieges« längst verkommen. Die Vereinigten Staaten griffen ein. Zwar gehörte Indonesien zu den »blockfreien Staaten«, also ausdrücklich nicht zu dem Bündnis, das die Vereinigten Staaten organisiert hatten, aber irgendwie waren die Vereinigten Staaten auch für die Verhältnisse in einem »blockfreien Staat« zuständig, wenn dieser in den kommunistischen Block abzudriften drohte. Also lehrten die Vereinigten Staaten die Indonesier die Verhaltensnormen der »freien Welt«.

Amerikanisches Botschafts- und CIA-Personal hatte, wie es das in allen Ländern zu tun pflegte, in der indonesischen Hauptstadt Djakarta penibel Listen solcher Bürger angelegt, die im Verdacht standen – oder auch »überführt« waren –, sozialistische oder gar kommunistische Neigungen zu haben.

Das ging die Vereinigten Staaten nichts an? Diese Schnüffeltätigkeit verstieß gegen die guten Sitten im Umgang zwischen souveränen Staaten? Das waren sowjetische KGB-Methoden, nicht aber Methoden kultivierter Demokratien?

Das waren naive Fragen. Der »kalte Krieg« kannte keinen guten Stil, und überdies: Da doch die Vereinigten Staaten selbst in der souveränen Bundesrepublik Deutschland die Telefone abhören und Briefe zensieren durften, obwohl diese Republik solide zur »freien Welt« gehörte – war es nicht, irgendwie, nur zwingend, daß man in »blockfreien Staaten«, die ständig von den Kommunisten umworben wurden, prophylaktisch schnüffelte?

Jedenfalls: Nach dem mißratenen Putsch der Linken übergaben die amerikanischen Behörden ihre Schnüffel-Listen der indonesischen Regierung, die sie ihrerseits an die bewaffneten Streitkräfte weiterreichte.

Es begann ein Blutbad, wie es die Menschen auf den indonesischen Inseln noch nicht erlebt hatten. Zehntausende wurden umgebracht, vielleicht – amtlich wurde die Zahl der Getöteten nie bekanntgegeben –, addierten sich die Opfer gar zu Hunderttausenden. Beschuldigte oder auch nur Verdächtigte und auch Unschuldige wurden erschlagen oder erschossen, nicht ordentlich verhört oder gar vor ein Gericht gestellt. Väter wurden vor den Augen ihrer Kinder ermordet, ehe die Beschuldigten auch nur ein einziges Wort der Erklärung oder Rechtfertigung oder Entlastung sagen konnten. Selbst noch in den kleinsten Dörfern auf Java und selbst noch in den malerischsten Siedlungen auf Bali spürten Soldaten die von den Amerikanern ans Messer gelieferten Menschen auf und erfolterten Aussagen und Anlässe für neue Anschuldigungen; es war, als liefe die Armee Amok.

Der amerikanische Beamte Robert Martens, der in Djakarta an der Zusammenstellung der Todeslisten beteiligt war, meinte sehr viel später: »Wahrscheinlich habe ich eine Menge Blut an den Händen, aber ich empfinde das nicht als schlimm, denn es gibt Zeiten, in denen man im entscheidenden Moment hart zuschlagen muß«, und Joseph Lazarsky, damals Stationschef der »Central Intelligence Agency« in Djakarta, befragt, ob die Amerikaner gewußt hätten, was die indonesischen Obrigkeiten mit den denunzierten Menschen tun würden, antwortete leichthin, denn sein Gewissen war rein: »O ja, wir wußten, was sie taten. Sie sagten: ›Wenn wir sie am Leben erhalten, müssen wir sie auch noch ernähren‹«, aber dies war »kalter Krieg« und eine Zeit, in der man Kommunisten nicht ernährte, sondern erschlug. Im Licht der »Realpolitik« war die amerikanische Anstiftung zum Massenmord irgendwie eine gerechte, aus unabweisbarem »Sachzwang« entstandene Aktion, die sich überdies dadurch rechtfertigte, daß Indonesien in der Tat nicht rot wurde. Das Massaker, mit einem Wort, war irgendwie gar keines, sondern bloß eine prophylaktische Bemühung der »freien Welt«, den territorialen Besitzstand der streitenden Parteien im »kalten Krieg« nicht zu verändern. Es war, genau besehen, gar nicht Mord, sondern nur die Fortsetzung der Politik mit anderen Mitteln.

Oder, zum Beispiel, das »Phoenix-Programm«, die vietnamesische Variante des Blutbades von Indonesien.

Denn dem US-Präsidenten Richard Nixon hatte die in Indonesien mit so durchschlagendem Erfolg vorgenommene Bemühung, das Land von Roten zu befreien, so gut gefallen, daß er sie in Vietnam wiederholen ließ. Ziele – und Opfer – der von den bewaffneten amerikanischen Streitkräften im Verbund mit südvietnamesischen und amerikanischen Geheimdiensten initiierten Aktionen des »Phoenix-Programms« waren ausdrücklich nicht die feindlichen nordvietnamesischen Streitkräfte, sondern Zivilisten, die sich als Sympathisanten Nordvietnams verdächtig gemacht hatten.

Das »Phoenix- Programm« hatte seine eigenen Flugzeuge, seine eigenen Ausbildungslager und seine eigenen Folterkammern, die man »interrogation centers« nannte. Gelehrt wurde das Töten von Zivilisten, wahlweise auch die Erpressung, auch der Gesinnungskauf, für den die Exekutoren des Programms stets große Geldbeträge mit sich führten. Das Programm war offenkundig eine Verschwörung gegen die Genfer Konvention über die Verhaltensregeln bei bewaffneten Auseinandersetzungen, aber irgendwie war es das auch wieder nicht, sondern nur die flexible Anpassung an einen etwas unkonventionellen Krieg und deshalb im »übergeord-

neten Interesse«, nämlich dem, ganz Vietnam der »freien Welt«
einzuverleiben, zu vertreten.

Oder, zum Beispiel, der von der amerikanischen Industrie und
der »Central Intelligence Agency« gemeinsam mit neun Millionen
Dollar finanzierte Coup, der 1973 in Chile zum Sturz und schließlich zum Tod des demokratisch gewählten Präsidenten Allende
führte und zur Etablierung des Pinochet-Regimes. Das war ein
ungetarnt flagranter Verstoß gegen eines der heiligsten Güter der
»freien Welt«, nämlich gegen jenes »Selbstbestimmungsrecht«,
auf das besonders die Westdeutschen so großen Wert legten, weil
sie mit seiner Hilfe die Wiedervereinigung herbeiführen zu können
hofften, aber irgendwie war das in Chile kein Verstoß gegen das
»Selbstbestimmungsrecht«, sondern bloß die Verhinderung ungu-
ter Zustände. Irgendwie hatten die Vereinigten Staaten nicht nur
das Recht, sondern die Pflicht, einzugreifen. Der Führer der »freien
Welt« mußte nicht den Linksruck eines amerikanischen Staates
hinnehmen, »nur weil«, wie Henry Kissinger das formulierte, »die
Leute dort dumm genug waren, einen Kommunisten zu wählen«,
also installierte der Führer der »freien Welt« den General Pinochet,
dem nicht viel zum Nazi fehlte, aber gut im Verständnis der »freien
Welt« war er gleichwohl. Seine Straflager für politische Gefangene
waren irgendwie gänzlich andere Institutionen, als man sie von
kommunistischen Ländern kannte, und die 2278 aus politischen
Gründen gemordeten Chilenen waren irgendwie etwas ganz anderes als Menschen, die im sibirischen Workuta ihrer politischen
Überzeugung wegen getötet wurden, und Pinochet war auch kein
Diktator, sondern nur »autoritär«, und aus Westdeutschland kam
der bayrische Ministerpräsident Strauß angereist und versicherte
dem Lohnputschisten die Sympathie seines Freistaates und der
westdeutschen Republik, denn Strauß, er besonders, hatte immer,
ganz im Sinne der Führungsmacht der »freien Welt«, das »Autoritäre« geschätzt und für den besten Antikommunismus gehalten.

Oder, zum Beispiel: In der kleinen mittelamerikanischen Republik Panama hat es 21 Jahre lang unter den Augen des in diesem
Lande stationierten »Southern Command« der US-Streitkräfte

246

eine rüde Diktatur gegeben? Und eines der relativ größten CIA-Kontingente unterwanderte alle politischen Organisationen in Panama und lieferte seine Erkenntnisse dem amtlichen Unterdrücker zu? Und im 1989 von den Vereinigten Staaten überfallenen Panama verfolgte, wie eine aus unabhängigen Amerikanern bestehende Untersuchungskommission ermittelte, »die Regierung der Vereinigten Staaten deutliche und andauernde Bestrebungen, jegliche demokratische Opposition einzuschüchtern und zu vernichten«? Sie wendete »Polizeistaatmethoden« an und antwortete auf Forderungen nach einem auch von den Vereinigten Staaten unabhängigen Panama mit der Ausstellung von Haftbefehlen oder auch damit, daß sie Verfechter der Unabhängigkeit kurzerhand ohne richterlichen Haftbefehl in Fort Clayton, einer US-Militärbasis, einsperrten? Die Vereinigten Staaten, kurz, benahmen sich im Panama des Jahres 1990 nicht viel besser, als sich die Sowjets im Prag des Jahres 1968 benommen hatten?

Aber es ging um den Panamakanal. Es ging darum, einen für die »freie Welt« unersetzbaren Wasserweg zu sichern. Es ging um ein »übergeordnetes Interesse«, auch hier, und also übten die Vereinigten Staaten in Panama nicht Fremdherrschaft aus, sondern irgendwie nur Dienste an der Sache der Freiheit.

Oder, zum Beispiel: Im mittelamerikanischen Honduras regierten in den 80er Jahren keine honduranischen Autoritäten, sondern der Botschafter der Vereinigten Staaten regierte? Er, nicht die honduranische Regierung, machte Honduras zum militärischen Aufmarschgebiet für den Kampf gegen das linke Regime der Sandinisten im benachbarten Nicaragua? Der Botschafter tippte einen Finger auf die Landkarte, und dann wurde dort eine Luftwaffenbasis errichtet? Er tippte noch einmal, und dort entstand dann ein Übungsplatz für die Söldner, von denen die »freie Welt« die Niederwerfung der Sandinisten erwartete? Die Verhältnisse in Honduras waren ein Hohn auf das Völkerrecht?

Irgendwie waren sie das nicht, denn Honduras wurde bar entlohnt. Irgendwie waren die kolonialistischen Verhältnisse in Honduras modernes Krisenmanagement der Politik. Irgendwie waren auch die Gekauften von Honduras ganz einverstanden mit allem, was die Vereinigten Staaten in ihrem Land trieben, irgendwie also gab es keinen Grund zur Aufregung.

Südafrika auf der Höhe der Apartheid? Der Führer der »freien Welt« entschied sich für ein »constructive engagement« und bestand nicht auf der Freilassung der 30 000 Schwarzen, die von den weißen Rassisten eingesperrt worden waren.

Militärdiktatur in Pakistan? Die »freie Welt« kooperierte mit ihr, denn es gab da den »Sachzwang« der strategisch bedeutsamen Lage des Landes.

Militärdiktaturen in Thailand? Irgendwie waren die Goldtressenträger in Bangkok honorig und zu poussieren, da sie doch erlaubten, die größte amerikanische Luftwaffenbasis außerhalb der Vereinigten Staaten zu bauen.

Afghanistan? Die »freie Welt« ließ gegen die sowjetischen Invasoren einen Stellvertreterkrieg führen, bis zu 600 Millionen Dollar monatlich spendierten die Vereinigten Staaten dafür, obwohl der Sold nicht an Demokraten floß, sondern an Ajatollahs, die planten, aus Afghanistan eine Theokratie nach dem Vorbild des iranischen Ajatollah Khomeini zu machen, aber irgendwie war auch das in Ordnung, denn es ging nicht um afghanische Demokratie, sondern um die Demütigung der Sowjetunion.

Kambodscha? Irgendwie war es für die »freie Welt« nützlich, ein Arrangement herzustellen, das sich gegen vietnamesischen Einfluß in Kambodscha richtete und den notorischen Massenmörder Pol Pot zum mindesten zum indirekten Verbündeten der Vereinigten Staaten machte, denn sie zimmerten die Anti-Vietnam-Koalition, die den Meister der »Killing Fields« einschloß.

Es gab in der »freien Welt« längst keine politische Hygiene mehr, als selbst Pol Pot jemand wurde, der in ihr figurieren durfte. Es regten sich keine Gewissen mehr. Die »freie Welt« war nur noch eine Farce.

Das galt nicht nur für die »Realpolitiker« in den Parlamenten und Regierungen, sondern das galt auch für die Medien, die bloß noch Registratoren der »Sachzwänge« wurden. Die Prinzipienlosigkeit wurde zum Prinzip, der »Hundesohn«-Pragmatismus zur allseits akzeptierten Staatskunst, jeder Zweck heiligte jedes Mittel, die »freie Welt« hatte sich amerikanisch vollendet. Die Distel blühte und verteilte Saat.

Niemand wird je genau wissen, wie viele Menschenleben die »freie Welt« auf ihr Gewissen nahm, als sie beschloß, keinen Grundsatz außer dem des kruden Antikommunismus zu haben; schlimmer noch: Niemand in der »freien Welt« wird das je wissen wollen, denn, wie die Amerikaner sagen, »nichts ist erfolgreicher als der Erfolg«, und die »freie Welt« war erfolgreich. Niemand zählte die unter dem Patronat des Führers der »freien Welt«, der Vereinigten Staaten, gemordeten Koreaner und Haitianer und Indonesier und Vietnamesen und Khmer und Laoten und Guatemalteken und Salvadorianer und Liberianer und Pakistani und Afghanen und Kurden und Türken und Palästinenser und Nicaraguaner und Filipinos und Sudaner und Panamaer; niemand zählte auch die Jahre, die Demokraten in Gefängnissen zubrachten oder unter »Berufsverbot«, weil der Führer der »freien Welt« dafür irgendwie einen »Sachzwang« und ein »übergeordnetes Interesse« sah.

Wissen wird man nur, wenn Historiker die dramatische Geschichte des »kalten Krieges« geschrieben haben werden, daß in ihm die gerechte Sache der »freien Welt« siegte und daß die Vereinigten Staaten kühn und führungssicher an ihrer Spitze standen, ganz so, wie es als Staatsmotto auf der Dollarnote und im Großen Siegel der Nation heißt: »Eine neue Ordnung für die Zeiten«. ▬

6. KAPITEL
DER VATER GUTER DINGE

███████ Kriege werden in den Vereinigten Staaten anders als in Ländern erlebt, die in Kriegen litten. Die gewaltbereite Militanz des Landes geht auch darauf zurück, daß alle Kriege dieses Jahrhunderts für das Land wirtschaftliche Wohltaten waren.

Sie werden erleben, wie sich, wenn der Krieg ausbrechen sollte, »Big Business« in den Sattel schwingt.

> Präsident Woodrow Wilson
> vor dem Ersten Weltkrieg

Sie müssen verstehen, daß die Amerikaner eine Nation von Kriegern sind.

> Daniel Patrick Moynihan,
> US-Senator für den Staat
> New York vor dem Ausbruch
> des Golfkrieges 1991

Die wichtigste Lehre des Golfkrieges ist, daß wir über den nächsten Krieg intensiv nachzudenken haben.

> Das Nachrichtenmagazin
> »Newsweek«
> nach dem Golfkrieg 1991

In der zweiten Hälfte des Jahres 1990 befand sich der 41. Präsident der Vereinigten Staaten, George Bush, der zwei Jahre zuvor mit etwa 25 Prozent der Stimmen seines Wahlvolkes in das »mächtigste Amt der Welt« gekommen war, in einer prekären Situation: Seine Popularität, sein politisches Kapital, schmolz dahin wie Butter an der Sonne.

Er war nie ein sonderlich populärer Präsident gewesen und hielt keinen Vergleich mit Ronald Reagan aus, dem großen Simplifikateur und politischen Schauspieler, den die Nation, wäre das verfassungsgerecht gewesen, zweifelsfrei auch noch ein drittes Mal in das Weiße Haus entsandt hätte. George Bush dagegen war und blieb blaß. Ganz anders als zu Reagans Zeiten sprang kein Funke vom Präsidenten zum Volk über.

Nur vorübergehend hatte sich das geändert, und zwar im Dezember 1989, als Mr. Bush den Überfall auf Panama befahl, wo es um die Festnahme eines Mannes ging, dem Mr. Bush, damals noch Chef des Geheimdienstes CIA, vor wenigen Jahren Millionenbeträge für die konspirative Zusammenarbeit mit den Vereinigten Staaten zugesteckt hatte. Wie immer in solchen Fällen reagierte das Wahlvolk nicht nur positiv, sondern enthusiasmiert auf das militärische Eingreifen, auf die schneidige »show of force«, auf den Blitzsieg, und es applaudierte Mr. Bush, als der »die Helden von Panama« feierte, aber die Euphorie über die Militanz am Panamakanal hielt nicht an und konnte nicht anhalten, denn dafür war die Militäraktion nicht bedeutend genug gewesen.

In der ersten Hälfte des Jahres 1990 erwies sich der Präsident als ein in der Innenpolitik nahezu untätiger und jedenfalls an innenpolitischen Themen nur mäßig interessierter Mann, obwohl eine Fülle von innenpolitischen Themen zunehmend brisant wurde. Mr. Bush fand sehr viel mehr Gefallen daran, mit ausländischen Staatsmännern zu kommunizieren, als sich seiner innenpolitischen Tristesse zuzuwenden, und das verübelte ihm das Wahlvolk, dessen Stimmung sich in deprimierenden Ergebnissen von Meinungsumfragen äußerte, aus denen hervorging, daß die ohnehin schmale Plattform des Präsidenten bedrohlich rasch erodierte.

Tatsächlich hatte Mr. Bush in seinem Präsidentschaftswahlkampf versprochen, ein »Erziehungspräsident« zu werden und das desolate System der öffentlichen Schulen zu renovieren, aber dann, nachdem er gewählt war, ging es mit den Schulen weiter bergab, auch mit der Moral der Lehrer und Lehrerinnen, auch mit den Leistungen der Schüler, die immer noch in Vergleichen mit Kindern aus anderen Ländern verheerend abschnitten, und Mr. Bush tat im Weißen Haus, als hätte er sich, während er um die Stimmen zur Präsidentschaft warb, nie zu Schulthemen geäußert.

Auch ein »Umweltpräsident«, so hatte er versprochen, wolle er werden, aber wiederum: Einmal im Amt, war von Umweltschutz kaum noch die Rede, und davon, die mindestens 400 Milliarden Dollar bereitzustellen, die zur Sanierung der dringendsten und bedrohlichsten Umweltbelastungen erforderlich waren, redete er schon gar nicht, und als eine Weltkonferenz zusammentrat, um darüber zu beraten, was man tun müsse, um das für die Menschheit lebensbedrohende »Ozonloch« zu stopfen, scheiterte ein befriedigender Beschluß an der Haltung der Vereinigten Staaten, die im Auftrag des Präsidenten die – von Experten als grotesk bezeichnete – Meinung vertraten, es sei für eine Beschlußfassung zu früh, denn man wisse noch nicht genug über die Ursachen der aus dem Himmel kommenden Bedrohung.

Nicht, daß das Wahlvolk dem Präsidenten die Intensität verdachte, mit der er sich der Außenpolitik widmete: Daß er sich als allenthalben ordnender Weltführer etablierte, entsprach ganz der Vorstellung, die man von der Funktion eines amerikanischen Präsidenten hatte, nur: Es gab innenpolitische Probleme, die nun endlich gelöst werden mußten, und zu ihnen gehörten nicht nur die Schulen und die Umweltbedrohungen.

Da war auch die gigantische Krise der Spar- und Anleihekassen, und sie belastete den Präsidenten gleich zweifach, denn einmal war er, acht Jahre lang Vizepräsident der Reagan-Administration, zweifelsfrei politisch mitverantwortlich für den als Folge der »Deregulierung« eingetretenen 500-Milliarden-Dollar-Skandal, der sich als ein phänomenaler Wust von Korruption und Unvermögen und Kriminalität darstellte, und zweitens: Einer der Söhne des Präsidenten, Neil Bush, war auf die unangenehmste Weise in diesen Skandal verwickelt. Der Junior hatte als führender Mann der in Denver im Staat Colorado ansässigen »Silverado Banking, Savings and Loan« tatkräftig zu einem von Ignoranz und Korruption durchwirkten Eine-Milliarde-Bankrott beigetragen, so daß sich die Medien nahezu täglich mit Neil, aber natürlich auch mit Vater Bush beschäftigten.

Und mehr noch: Schwere und angesichts der immensen Staatsverschuldung praktisch unlösbare Etatprobleme belasteten Mr. Bush, auch der ständig fortschreitende Verfall der Gettos der Schwarzen und die Kriminalität, die sich aus diesem Verfall ergab, auch der Wertverlust des Dollars, der das Selbstbewußtsein und das Selbstverständnis der Nation kränkte, auch die Pest des Rauschgiftes, die doch Mr. Bush auszurotten versprochen hatte, tatsächlich aber ständig weiter um sich griff.

In den Medien der Vereinigten Staaten setzte eine lebhafte Diskussion über Mr. Bush ein, die ihm nicht recht sein konnte. Nicht nur warfen sie ihm unverantwortliche Passivität vor, sondern sie erinnerten auch daran, daß Mr. Bush vor der Wahl weithin als »wimp« gegolten hatte, als entscheidungsschwacher Schoßhund des Präsidenten Reagan, als Weichmann, als einer, der keine »balls« habe.

Die Zustimmungsraten der Bevölkerung für den Präsidenten setzten unter dem Eindruck dieser Diskussion ihre Talfahrt fort, und dann, wie das in der Politik zuweilen so geht, kam eines zum anderen, nämlich: In den Vereinigten Staaten mehrten sich die Anzeichen für eine wirtschaftliche Rezession. Nach den acht Jahren der Reagan-Administration, in denen Staat, Industrie und auch die privaten Haushalte weit über ihre Verhältnisse gelebt und Geld ausgegeben hatten, das sie sich sorglos liehen, denn jedermann lebte von »OPM«, von »other people's money«, nach einem wahren Spendierrausch und Schuldenkult wirkte die Rezessionsankündigung tief ernüchternd. Die Zahl der Arbeitslosen stieg mählich und kontinuierlich. Immer mehr Wirtschaftsbranchen meldeten Absatzeinbußen. Nach dem Zusammenbruch der Spar- und Darlehenskassen – er wird für die Vereinigten Staaten weitaus teurer, als es der Aufwand der Nation für den Zweiten Weltkrieg war –, kamen nun auch ganz außerordentlich beunruhigende Nachrichten über die zerbrechliche Befindlichkeit großer und bis dahin hochangesehener Banken. Die Meldung über Schwierigkeiten oder auch über den Zusammenbruch irgendeines Geldinstituts gehörte schon fast zur Nachrichtenroutine, und dann sprang der Funke auch noch auf die Versicherungsbranche über, die in ungutes Gerede kam; kurz: Die Stimmung für den Präsidenten war schlecht und wurde täglich ein bißchen schlechter, denn natürlich machten die Bürger Mr. Bush für das böse Wetterleuchten verantwortlich, das am wirtschaftlichen Horizont aufflammte.

Nachrichten über einen offenkundigen wirtschaftlichen Abschwung, die zuvor nur auf den Wirtschaftsseiten der Zeitungen irgendwo im Innenteil der Blätter standen, fanden nun immer mehr prominente Plätze ganz vorn und unter immer alarmierenderen Überschriften. Im Rundfunk malten Kommentatoren und Wall-Street-Experten düstere Bilder, und dann bestätigten die »großen Drei« des Automobilbaus, General Motors, Ford und Chrysler, daß Schlimmes geschah, denn sie legten wieder einmal Werke still und führten weitere Kurzarbeit ein, und Fernsehsender begleiteten diese Ankündigungen, indem sie Detroit inspizierten, die einstmalige Welthauptstadt des Autos, aus der nun, wie die Fernsehzuschauer betroffen sahen, ein heruntergekommenes urbanes Monstrum geworden war, in dem 12 000 verlassene und nur mehr von Ratten bewohnte Häuser standen und in dem in jedem Jahr weitere 2000 Häuser den Ratten – und Brandstiftern – überlassen wurden, so daß es aussah, als hätten in Teilen Detroits gleichzeitig Krieg und Pest gewütet.

Mr. Bush hütete sich lange, wie Politiker das in allen Ländern zu tun pflegen, die unangenehme Vokabel »Rezession« in den Mund zu nehmen, und lächelte tapfer, wann auch immer sich eine Fernsehkamera auf ihn richtete, aber er wußte, daß er, dachte er an die 1992 fällige Präsidentschaftswahl, verwundbar war, insbesondere auch deshalb, weil er, ganz gegen seine Versicherung, wirklich niemals und unter keinen Umständen die Steuern anzuheben, unter dem lastenden Druck der katastrophalen Staatsverschuldung seines Landes sein Wort gebrochen und einer Steuererhöhung zugestimmt hatte.

Ein Sturm der Empörung ging durch das Land. Selbst in der Partei des Präsidenten, unter den Republikanern, gab es fassungsloses Unverständnis. Die Zustimmungsquoten befanden sich nur in einem Zustand, den selbst Mitarbeiter des Präsidenten als »freien Fall« bezeichneten. Der Präsident, wollte er sein politisches Überleben sichern, brauchte, und zwar dringend und auf möglichst dramatisch sichtbare Weise, politische Entlastung. Er brauchte etwas, das alle seine innenpolitischen Kalamitäten überdecken und die Nation hinter ihm einigen konnte. Und er brauchte es sofort.

Mag sein, daß sich George Bush in diesen bedrückenden Tagen gedanklichen Rat vom früheren Präsidenten Theodore Roosevelt holte, dessen Bildnis der 41. Präsident in sein Amtszimmer hängen ließ, unmittelbar nachdem er es bezog, denn »Ted« Roosevelt der barsche, im Umgang mit den Indianern auch barbarische und stets militante »rough rider«, dient Mr. Bush als präsidiales Vorbild. Mag sein, daß sich Mr. Bush an einen Ratschlag Roosevelt erinnerte – der seine politische Karriere durch die Teilnahme an dem »splendid little war« auf Kuba um die Jahrhundertwende begründete –, denn Roosevelt wußte: Wer sich in innenpolitischer Not befindet, muß ein, wie er das nannte, »nationalistisches Thema« schaffen und in den Mittelpunkt des öffentlichen Interesses rücken. Er muß den Nationalismus, den »jingoism«, den Chauvinismus und er muß die Militanz der Nation instrumentalisieren.

Und in der Tat: Hatte nicht die Reaktion der Bevölkerung auf den Panama-Überfall exakt der Einsicht Roosevelts entsprochen? Und waren nicht sogar die demoskopischen Zustimmungsraten für John F. Kennedy in die Höhe geschnellt, als der in der kubanischen Schweinebucht landen ließ? Und war es nicht ebenso gewesen, als die ersten »Marines« in Vietnam landeten und jedermann glaubte, sie würden mit den Vietnamesen kurzen Prozeß machen?

Mr. Bush hatte, was amerikanische Militanz zu bewegen vermag, auch in den acht Jahren lernen können, in denen er als Vizepräsident des »great communicator« Ronald Reagan diente, der fortgesetzt »nationalistische Themen« schuf und damit glänzend fuhr. Reagan ließ gegen jedes Völkerrecht Libyen bombardieren – und die Bevölkerung, wie die Demoskopen ermittelten, war begeistert. Er ließ Krieg gegen Nicaragua führen – das Wahlvolk dankte ihm das mit erhöhter Sympathie. Er ließ sein »Marine Corps«, seine »Ledernacken«, in Beirut landen, und auch dazu applaudierte das Wahlvolk, aber dann, am 23. Oktober 1983 flog in Beirut eine Kaserne mit 241 »Ledernacken« in die Luft.

Damals erlebte Mr. Bush, wie man einen politischen Geniestreich inszeniert. Denn damals brauchte Mr. Reagan einen schnellen Triumph, um mit ihm die Tragödie von Beirut zudecken zu können, und er bekam seinen Triumph. Zwei Tage nach dem Tod der 241 Soldaten in Beirut orderte Ronald Reagan eine große militärische Aktion an, die nur mit einem Triumph, mit einem stimulierenden »nationalistischen Thema« – und der Vergessenheit der 241 Toten von Beirut –, enden konnte: Präsident Reagan, neben ihm sein Vizepräsident George Bush, befahl die Invasion der Zwerginsel Grenada – und wieder reagierte das Wahlvolk begeistert, und tatsächlich redete kaum noch jemand über die Opfer im Libanon, vielmehr sah die Nation gerührt zu, wie Mr. Reagan für die – übrigens völkerrechtswidrige – Militäraktion von Grenada mehr Orden verteilen ließ, als amerikanische Soldaten auf der kleinen Insel Platz gehabt hatten.

Kein Zweifel: Nichts verschlug zur Stabilisierung einer Präsidentschaft nachhaltiger als das »nationalistische Thema« eines »splendid little war«.

Der Mann, der Mr. Bush am 2. August 1990 ein »nationalistisches Thema« lieferte und den amerikanischen Präsidenten aus seiner Rezessions- und demoskopischen Malaise befreite, heißt Saddam Hussein, ein politischer Halunke und, wie sich zeigen würde, ein militärischer Idiot, der übrigens schon, als er 1980 Iran überfiel, nachgewiesen hatte, das blutige Kriegshandwerk nicht zu beherrschen, obwohl ihn die Vereinigten Staaten seit 1982 mit Rat und Tat unterstützten.

Daß Saddam Hussein das kleine und von Despoten beherrschte Scheichtum Kuwait besetzen ließ, bot Mr. Bush den Vorwand zur Renaissance seines Ansehens. Nichts konnte ihm gelegener kommen, als mit Kuwait-Schlagzeilen jene zu verdrängen, die sich mit Steuerlügen und Rezession und einem in den Ruch der Korruption geratenen Sohn beschäftigten, und nichts mußte ihm wichtiger sein, als die Kuwait-Affäre ganz hoch zu hängen. Also sagte der Mann, der geschichtsignorant wie die meisten seiner Landsleute ist, daß Saddam Hussein »ein neuer Hitler«, gar »noch schlimmer als Hitler« sei und einer, der tue, »was selbst Hitler nicht getan hat«, und er log eine atomare Bedrohung durch Saddam Hussein herbei, die in der Tat nicht bestand, und er kündigte, was den irakischen Einmarsch in Kuwait angeht, knapp an: »This will not stand«, und indem er damit die Korrektur des in Kuwait begangenen Unrechts avisierte, hatte er mit einem knappen Satz die hocherwünschte und dramatische Veränderung des politischen Geschehens in den Vereinigten Staaten eingeläutet. Er hatte, nach der Rezeptur Roosevelts, ein »nationalistisches Thema« geschaffen. Er hatte, wie andere Präsidenten das zuvor in Korea und in Vietnam, in der

Dominikanischen Republik und in Panama, im Libanon und in Libyen, in Nicaragua und auf Grenada exerzierten, mit Erfolg die Militanz der Nation geweckt und an den Auftrag der Vereinigten Staaten erinnert, überall auf diesem Planeten für Ordnung zu sorgen. Er hatte – denn in diesem Zeitraum waren die Vereinigten Staaten fast ständig irgendwo auf der Welt in Waffengänge verwikkelt – den 44jährigen Krieg des Landes fortgesetzt. Er war, als er »this will not stand« sagte, politisch aus dem Schneider und hatte, indem er nur einfach »das wird so nicht bleiben« aussprach, mehr für seine Wiederwahl getan, als das ein ganzes Bündel innenpolitischer Initiativen vermocht hätte.

Mußte es um Kuwait einen Krieg geben? Mußten die von den Vereinigten Staaten initiierten Resolutionen des Weltsicherheitsrates, die den Irak zur sofortigen Räumung Kuwaits aufforderten, in Mord und Totschlag münden? Und mußten die Vereinigten Staaten, die mit weniger Gründen das mexikanische Kalifornien gestohlen hatten, als Saddam Hussein Gründe besaß, in Kuwait einzumarschieren, so rigoros auf Krieg bestehen?

Nicht notwendigerweise. Tatsächlich zögerte selbst Saudi-Arabien, dem Drängen der Vereinigten Staaten nachzugeben und die königliche Wüste zu einem gigantischen Truppenaufmarschplatz werden zu lassen; Saudi-Arabien, wie andere Länder der Region, hoffte darauf, Saddam Hussein auf dem Verhandlungsweg zum Rückzug veranlassen zu können. Selbst Colin Powell, des US-Präsidenten oberster militärischer Berater, empfahl nicht Krieg, sondern eine Lösung des Konflikts durch politischen und wirtschaftlichen Druck. Und ferner: Auch die UNO-Resolutionen mußten nicht zwangsläufig zu dem Krieg führen, den Mr. Bush wollte. Zum Beispiel gab es, als der UNO-Sicherheitsrat die Krise um Kuwait beriet, seit 24 Jahren die Resolution Nr. 242 des Weltsicherheitsrates, die Israel auffordert, die von dem Judenstaat widerrechtlich besetzten Gebiete zu räumen, doch hat die UNO die Durchsetzung dieser Resolution, wie man weiß, nie erzwungen; mehr noch: Der Staat Israel blieb, obzwar in der Rechtsschuld der Vereinten Nationen, ein bevorzugter Klient der Vereinigten Staaten, die

Israel durch generöse Finanzzuwendungen in den Stand setzten die von der UNO mißbilligten Zustände in den besetzten Gebieten zu stabilisieren.

Keineswegs war also die Beschlußlage im Weltsicherheitsrat, der sich mit erfreulicher Klarheit gegen die irakische Militäraktion gegen Kuwait aussprach, automatisch die Vorstufe zum Krieg, und tatsächlich versuchte die Weltorganisation am East River in New York City zunächst einen anderen Weg: Sie verhängte gegen den Irak ein umfassendes Embargo.

Das war am 6. August 1990. Neun Tage später freute sich Präsident Bush über die Wirksamkeit dieser Maßnahme und sagte: »Das Embargo funktioniert«, aber tatsächlich hatte er längst einen Militärapparat in Bewegung gesetzt, der ganz offenkundig nicht bloß zur Überwachung eines Embargos und auch nicht nur als leere Drohgebärde gedacht war.

Am 11. September 1990 bekräftigte Mr. Bush seine Überzeugung, daß das Embargo greifen und Saddam Hussein zum Rückzug aus Kuwait zwingen werde, wenngleich: »Das Embargo«, sagte der Präsident, »wird seine Zeit brauchen.« Vor Kongreßausschüssen bekräftigten Fachleute diese Aussage des Präsidenten. Experten bezifferten die Wirksamkeit der Maßnahmen, die zur Unterbindung jeden Handels mit Irak getroffen worden waren, auf 98 Prozent und rechneten mit baldigen und dramatischen Auswirkungen insbesondere auf die irakischen Streitkräfte, die von importierten Ersatzteilen abhängig waren. Selbst der Chef der »Central Intelligence Agency«, Webster, prognostizierte Konsequenzen des Embargos für die Gefechtsfähigkeit der irakischen Truppen und rechnete mit deutlichen Folgen im Spätsommer 1991.

Alle Anzeichen sprachen mithin dafür, daß die Bemühung der Weltorganisation, einen Völkerrechtsbruch durch drastische, aber unblutige Sanktionen zu ahnden und rückgängig zu machen, Erfolg haben konnte. Eine »Neue Weltordnung«, die auf das primitive Mittel der alten Ordnung, nämlich den Krieg, verzichtete, schien möglich.

Aber Mr. Bush hatte eine ganz andere Lösung als jene im Sinn die durch die konsequente Einhaltung des Embargos erreichbar gewesen wäre. Zwar versicherte der Präsident noch am 1. Oktober 1990, daß die beängstigende Streitmacht, die er in Saudi-Arabien versammelt hatte, nur »abschrecken und abwehren«, also einen Griff Saddam Husseins nach den saudiarabischen Ölquellen verhindern solle, aber in Wahrheit war aus dem defensiven »Desert Shield« planerisch längst der »Desert Storm« geworden – die Aktion, von der, wie Mr. Bush wußte, sein politisches Überleben abhing, sein »splendid little war«.

Daß Michail Gorbatschow auf der Höhe der Krise um Kuwait in letzter Minute den Versuch unternahm, den staatlich organisierten Massenmord zu verhindern, den man Krieg nennt, mußte Mr. Bush tief verdrießen; tatsächlich empfand man die Initiative Gorbatschows im offiziellen Washington als »nasty«, nämlich als »unflätig«. Daß unter den Bedingungen, die von den Sowjets mit den Irakern ausgehandelt wurden, Kuwait binnen vierzehn Tagen hätte geräumt werden können, wurde in Washington kaum noch zur Kenntnis genommen. Der Kriegswille war zu fortgeschritten, oder, wie Mr. Bush das nannte: »Die Welt kann nicht länger warten.«

Konnte sie wirklich nicht? Nicht vierzehn Tage? Da sich alle Welt darüber einig war, daß sich der Irak aus Kuwait zurückzuziehen habe, und da Saddam Hussein ersichtlich wirklich keinerlei Alternative blieb: Mußten ausschließlich amerikanisch inspirierte Ultimaten gelten und jeden unblutigen Ausgang unmöglich machen?

Es gehe, sagte Mr. Bush ungerührt, um die Freiheit – ausgerechnet in Kuwait. Und es gehe um ein Prinzip. Und ferner gehe es »um die Sicherung des American way of life«, womit er nur den gesicherten Erdölabfluß aus dem Scheichtum in die Vereinigten Staaten gemeint haben kann. Und sein Außenminister Baker, von einem Kongreßausschuß befragt, welches denn nun wirklich das Kriegsziel der Vereinigten Staaten sei, antwortete knapp und wahrheitsgemäß: »Jobs.« Es ging mithin, wie amerikanische Kriegsgegner plakatierten, nachdem das große Bomben begonnen hatte, um »Blut für Öl«.

Aber Mr. Bush wußte etwas, das ihm seinen Beschluß, nicht länger auf die militärische Entscheidung zu warten, erleichterte: Er wußte, daß Saddam Husseins Streitkräfte in ihrem Leistungsvermögen, auch in ihrem Leistungswillen, in ihrer Feuerkraft und in ihrem technischen Standard von den Medien in aller Welt weit überschätzt worden waren. Kongreßabgeordnete, die vor dem Ausbruch der Feindseligkeiten von den US-Stäben über die militärische Lage informiert wurden, sagten, so der Senator Daniel Inouye, einen Fünf-Tage-Krieg voraus. Ägyptens Präsident Hosni Mubarak legte sich auf zwei Tage fest, Saudi-Arabiens König Fahd gar auf nur zwei Stunden. Mr. Bush, von seinen Stäben hinlänglich über die Schwäche Iraks informiert, rechnete, wie aus dem Weißen Haus verlautete, vorsichtshalber mit einer Kriegsdauer von zehn Tagen bis zu höchstens zwei Wochen – das war er: der »splendid little war«, der den Ruhm der Vereinigten Staaten beleben und der Nation, und zwar ein für allemal, beweisen würde, daß ihr Präsident kein »wimp« und kein entschlußunfähiger Weichmann ohne »balls« war.

Mr. Bush wußte, als er seiner Nation versicherte, es werde am Persischen Golf kein zweites Vietnam geben, daß die Iraker in der Tat keine verbissen kämpfenden Vietnamesen waren und vollends Saddam Hussein kein General Giap. Allenfalls 5000 amerikanische Verwundete oder Tote werde es geben, hatten die Präsidentenberater Mr. Bush versichert; jedenfalls: Die blutige Sache würde sehr viel schneller vorüber sein, als eine fehlinformierte Öffentlichkeit annahm, und sie würde glorios enden, glorios auch für den »Commander in Chief« aller amerikanischen Streitkräfte, George Bush. So sicher war Mr. Bush seiner Sache, daß er, der Führer der »freien Welt« und mächtigste Mann auf dem Planeten, locker ankündigte, »to kick ass«, nämlich Saddam Hussein in den Arsch zu treten, denn der Präsident fand wohl, daß er sich nun, da Krieg war, die Sprache des gemeinen Soldaten schuldete.

Also ließ Mr. Bush beginnen, was er »die harte Arbeit der Freiheit« nannte, nämlich die Zerbombung Kuwaits und die des Irak, damit Kuwait anschließend zerbombt befreit werden konnte, und als er seine Nation in bewegten und bewegenden Worten über den Beginn des staatlich verordneten Massentotschlags informierte, bat er sie, und zwar »jeden einzelnen«, um Andacht und Gebet, denn, wie immer, wenn sich amerikanische Soldaten in das blutige Geschäft begeben, war auch Gott amerikanischer Soldat und dabei, wenn die Bomben fallen.

»Harte Arbeit der Freiheit«?

Wo am Golf ging es um die Freiheit? In Kuwait war politische Freiheit so unbekannt wie ein zugefrorener Teich. Der Regierende in Kuwait, der sich lange Zeit an jedem Donnerstagabend ein anderes, frisches Beduinenmädchen zuführen ließ und am Freitagmorgen verstieß – freilich auch generös entlohnte –, hatte sein Parlament, so nichtsnutzig es war, aufgelöst und die Mandatsinhaber nach Hause geschickt und die Staatsverfassung schon 1986 außer Kraft gesetzt. Kuwait war in Wahrheit ein Familienbetrieb mit einem Scheich und 1000 Prinzen, und er hielt sich Palästinenser und Pakistani und Inder für die Dreckarbeit, Kuwait war Mittelalter.

Und Freiheit in der Kriegskoalition, die sich unter der Führung der Vereinigten Staaten am Persischen Golf versammelt hatte, um politische Gerechtigkeit zu exekutieren?

Ägypten gehörte dieser Koalition an, aber Ägypten, wie »Amnesty International« weiß, ist ein unfreies Land, in dem demokratisch-politischer Widerstand eingesperrt und gefoltert wird. 20 000 politische Gefangene saßen, als Mr. Bush in Kuwait zur Sache kam, in ägyptischen Gefängnissen. Und Syrien gehörte der »Freiheits«-Koalition an, eben jenes Syrien, das von den Vereinigten Staaten – und mit guten Gründen – gerade eben noch beschuldigt worden war, der sichere Hafen für einige der übelsten Terroristen und außerdem ein Land zu sein, in dem jede demokratische Regung zertreten wurde. Und die Türkei sicherte die nördliche Flanke der »Freiheits«-Koalition, und zwar jene Türkei, in der politischen Widerständlern gelegentlich Elektroschocks in die Hoden gejagt wurden und in der 43 000 politische Gefangene einsaßen.

Nein, es ging am Persischen Golf nicht um Freiheit. Es ging auch nicht darum, in Bagdad einen »Tyrannen« zu stürzen, denn das Tyrannische an Saddam Hussein hatte Mr. Bush erst entdeckt, als der sich an Kuwait vergriff, während Mr. Bush dem »Tyrannen« noch geholfen hatte, als der den Iran überfiel. Es ging in einem Krieg, der vermeidbar war, mit einer Koalition, die man sich unansehnlicher nicht vorstellen konnte, um Erdöl, um Macht, um modernen und von moralischen Grundsätzen ganz freien Imperialismus. »Die harte Arbeit der Freiheit« war Orwells »newspeak«, war die Lüge als Staatsräson, war auch die prophylaktische Bemühung darum, den mutmaßlichen Kriegsopfern Ehren am Grab erweisen zu können. »Die harte Arbeit der Freiheit«, die in der Tat wahllos kriegerisches Morden war, stellte nur eine Variation der Phrase dar, mit der zur gleichen Zeit Herr Dr. Kohl in Deutschland forderte, in der Zukunft müßten sich auch deutsche Soldaten an »Friedensmissionen« in aller Welt beteiligen, denn Herr Dr. Kohl meinte natürlich nicht »Friedensmissionen«, für die man die guten Menschen von der Heilsarmee braucht, sondern Kriegsmissionen meinte er, wie sie gerade am Persischen Golf abliefen und von denen junge Menschen in Zinksärgen und »body-bags« heimkehren. Aber so, wie Mr. Bush donnernder Applaus von Kongreßabgeordneten entgegenscholl, als er von »der harten Arbeit der Freiheit« sprach, erntete Herr Dr. Kohl regelmäßig ermutigenden Beifall seiner Freunde, wenn er von seiner Bereitschaft sprach, junge Menschen in seine »Friedensmissionen« zu schicken, denn die real existierenden Politiker hatten sich längst an »newspeak« gewöhnt und lebten Orwell.

Mr. Bush, als er die Kriegsvorbereitungen über jenen Punkt hinaus vorangetrieben hatte, von dem aus sie allenfalls wieder rückgängig gemacht werden konnten, redete für den innenpolitischen Gebrauch ganz überwiegend von dem »neuen Hitler« in Bagdad und der amerikanischen Pflicht, auch der irakischen Hitler-Version zu widerstehen. Immerhin aber bequemte er sich unter dem Druck der öffentlichen Meinung doch auch dazu, das, wie die Amerikaner das nannten, »dreaded R-word« in den Mund zu nehmen und die Existenz einer wirtschaftlichen Rezession einzugestehen. Aber, so versicherte er seiner Nation, die Periode des wirtschaftlichen Abschwunges werde nicht anhalten, und er hatte, als er Optimismus verbreitete, zum mindesten eine solide Hoffnung: den bevorstehenden Krieg am Persischen Golf.

Denn: »Wenn man die Lehren der Geschichten betrachtet«, so schrieb das Wirtschaftsmagazin »Business Week« in jenen Tagen, an denen sich auf Befehl des Präsidenten Bush am Persischen Golf die Wüste in den Schauplatz eines gigantischen Truppenaufmarsches verwandelte, den man in dieser Konzentration selbst im Zweiten Weltkrieg nicht erlebt hatte, »wird ein langer Krieg die Vereinigten Staaten aus ihrem wirtschaftlichen Tief ziehen«, und: »Angestiegene Aufträge für das Militär stellen den Großteil der im Dezember vergebenen Orders dar«, sowie: »Ausgaben für das Militär sind einer der wenigen Bereiche der Stärke in unserer Wirtschaft«, und schließlich: »Ausgaben für den Golfkrieg sind die einzige Waffe einer antizyklischen Fiskalpolitik, die politisch akzeptabel ist«, und selbst für den Fall, daß es um das winzige Kuwait keinen langen Waffengang geben würde, machte Karl Kurz, ein Wirtschafts- und Börsenanalytiker, den besorgten Lesern von »Business Week« neuen Mut, denn, so prophezeite er mit guten Gründen, auch ein kurzer und intensiver Krieg werde zweifelsfrei dem hocherwünschten Wirtschaftswachstum – und damit auch den Wahlaussichten des Präsidenten Bush – einen kräftigen »boost« geben.

An der Wall Street in New York City, mitten im Herzen des real existierenden Kapitalismus der Vereinigten Staaten von Amerika, konnte man den kriegerischen »boost« gar nicht abwarten. Die zweitgrößte amerikanische Tageszeitung »USA Today« berichtete, unmittelbar bevor das große Bomben und Brennen und Sterben am Golf begann, unter einer fetten Schlagzeile auf ersten Seite – »Die Wall Street sieht den Krieg als gute Nachricht an« –, daß sich die Börsianer vom Blutvergießen in der fernen Wüste eine kräftige Belebung des ein wenig »sluggish« gewordenen Aktienhandels und mit der Belebung schöne Profite versprächen. »Es besteht kaltherzige Übereinstimmung in der Wall Street darüber«, so schrieb die

Zeitung, »daß auch dieser Krieg, wie zuvor alle Kriege, die Aktienpreise nach oben treiben wird«, und dann zitierte das Blatt den Börsenspezialisten John Manley mit der Gebrauchsanweisung für Kriegsgewinnler: » Für Leute, die langfristig anlegen wollen, wäre es ganz falsch, aus Furcht vor einem Krieg die Aktien zu meiden. Historisch gesehen, waren Kriege für Aktienkurse nie schlecht.«

Die Spekulanten überall im Lande ließen sich das nicht zweimal sagen. Am Morgen nach dem Tag, an dem die von den Amerikanern geführten Streitkräfte am Persischen Golf damit begonnen hatten, die »harte Arbeit der Freiheit« aufzunehmen, also Bomben und Marschflugkörper in einer beispiellosen Zahl und mit einer beispiellosen Sprengkraft abzuwerfen und abzufeuern und ihren »splendid little war« zu exekutieren – in dem sich sofort erwies, daß in der Tat nachhaltiger Widerstand der Iraker nicht zu befürchten war –, begann die »New York Stock Exchange« zwar mit einer etwas mühsam durchgehaltenen Minute des Schweigens zu Ehren der schon im Vorwege zu »Helden« ernannten amerikanischen Soldaten, aber dann, als die Glocke schrillte und der Aktienhandel eröffnet wurde, verwandelte sich die Börse – nein, nicht eigentlich in ein Toll-, sondern in ein Freudenhaus.

Auf der anderen Seite des Globus sahen Menschen dem Tod ins Auge, auch die jungen amerikanischen Menschen, die ganz überwiegend aus den ärmeren Bevölkerungsschichten stammten, aber hier, an der Wall Street, zelebrierten sie den Krieg, sie feierten ihn lärmend, und ihre Augen leuchteten vor wollüstigem Glück, als sie sahen, wie die Kurse nach oben schnellten. In jeder Minute, in der irgendwo in der Ferne jemand unter Bomben und Marschflugkörpern starb, wurde hier jemand sichtbar reicher, und nicht nur jemand, sondern Tausende wurden reicher, und die Börsenmakler taten alles, um diesen schönen und so lang ersehnten »boom« nur ja nicht abbrechen zu lassen, den sie dem Krieg verdankten.

Der erste Kriegstag war ein prächtiger Tag; das empfanden die Börsianer ganz so wie Präsident Bush, der nun wirklich kein »wimp« mehr war und für seinen Waffengang die Zustimmung von 93 Prozent aller wahlberechtigten Amerikaner fand. Am

Abend eines hektisch anstrengenden, aber über die Maßen schönen und erfolgreichen Tages prosteten die Frauen und Männer von der Börse in den Bars der Gegend rund um die Wall Street einander euphorisch zu und orderten Scotch und Bourbon vom Feinsten, denn es war wieder ganz so wie in der gloriosen Reagan-Zeit, in der, und nicht nur an der Wall Street, »alles ging«. Der »Dow Jones«-Aktienindex stieg an dem Tag, der mit der Minute des Heldengedenkens begonnen hatte, um phänomenale 114 Punkte – das war der zweithöchste Anstieg, den man an der Wall Street an einem Aktientag je registriert hatte. Nach zwei Tagen Krieg, als, so schätzte man in Washington, am Persischen Golf die ersten 10000 Menschen nicht würdig gestorben, sondern elendiglich verreckt waren, freuten sich die Jobber an der Wall Street gar über einen Index-boom von 145 Punkten – was sie anging, so konnte dieser Krieg ewig dauern, denn er war nicht Sterben, oder er war das doch nur auf irgendeine abstrakte und sehr ferne Weise, sondern er war wirtschaftlicher »boost«, war Profit, war die volkswirtschaftliche Entsprechung der Siege, die von den uniformierten »Helden« am Persischen Golf errungen wurden, war, mit einem Wort, gut.

Je fürchterlicher die bombenden Freiheitsarbeiter am Golf verfuhren, desto ausgelassener war die Stimmung an der Wall Street, aber auch an den anderen Börsenplätzen der »freien Welt«, zum Beispiel auch in Frankfurt am Main, wo der Krieg den umsatzstärksten Tag in der Geschichte dieses Spekulationsplatzes veranlaßt hatte, an dem man immer schon den Charakter des Kapitalismus und seines »freien Marktes« ein wenig genauer als anderswo studieren konnte.

Die Sentenz des Wirtschaftswissenschaftlers Joseph Schumpeter, der den Kapitalismus »einen fortgesetzten Prozeß kreativer Zerstörung« genannt hatte, bewies Anfang 1991 am Persischen Golf und an den Börsen und im Weißen Haus in Washington auf eine blutig-aparte Weise ihre Richtigkeit: Selbst die »kreative Zerstörung« eines »splendid little war« hat seine guten Seiten. Sie ist nicht nur Kindestod in einem Luftschutzbunker in Bagdad, nicht nur Napalmtod in einem Hospital in Basra, nicht nur hunderttausendfacher Soldatentod irgendwo in einer Wüste, sondern sie ist auch – neben der Erzeugung nationalen Stolzes auf die Sieghaftigkeit der geschlagenen Schlachten – Profit und »boost« und energische Rezessionsbekämpfung und die Freude, die zu diesen wirtschaftlichen Stimulanzien gehört. Und gar doppelt würde der »splendid little war« um Kuwait den »Prozeß kreativer Zerstörung« fortsetzen, denn nicht nur wurde Kuwait zerbombt, was zur Konjunktur an der Börse führte, sondern anschließend würden amerikanische Unternehmen auch den Großteil der kuwaitischen Aufträge zum Wiederaufbau des Scheichtums erhalten, und dabei handelte es sich um Orders, die viele Milliarden Dollar wert waren; kurz: Wirtschaftspolitisch betrachtet – und der Kapitalismus betrachtet alles wirtschaftspolitisch, nämlich unter den Gesichtspunkten der Profiterwirtschaftung –, war der Krieg ein warmer Regen auf ausgedörrte Erde.

»Ted« Roosevelt, hätte er seinen Verehrer George Bush noch erleben können, wäre stolz auf den Schüler und dessen Fähigkeit gewesen, ein »nationalistisches Thema« und einen »splendid little war« so umfassend für sich nutzbar zu machen. Denn Mr. Bushs Initiative am Persischen Golf erwies sich in der Tat als politisches Meisterstück. Die dunklen Wolken, die sich bedrohlich über dem Weißen Haus in Washington geballt hatten, waren jäh fortgeweht, und aus Mr. Bush, der eben noch im Jammertal der Demoskopie gehockt hatte, war nun ein Volksheld geworden, dem die Demoskopen immer neue Zustimmungsrekorde seines Wahlvolkes meldeten, bis diese Quoten sogar jene Ronald Reagans übertrafen. Niemand redete mehr, als in der kuwaitischen Wüste die 1. US-Panzerdivision an einem der letzten Kriegstage in nur 40 Minuten 107 erbarmungswürdig unterlegene irakische Panzer abschoß, die nicht viel mehr als Zielscheiben im Manöver waren – oder, wie amerikanische Soldaten sagten, »wie Hasen« –, von Mr. Bush als einem politisch verwundbaren Präsidenten. Nein, er war ersichtlich kein »wimp«, sondern ein ganzer Mann, nämlich ein Kriegsmann mit »balls«, und schöner kann sich ein rechter Amerikaner nicht vollenden. Kein Mensch redete mehr von Neil Bush und seiner etwas anrüchigen Rolle im Skandal der Spar- und Darlehens-kassen, niemand von den Problemen der Gettos der Schwarzen, niemand von den anderen Problemen der Nation.

Mr. Bush hatte seine Nation am Persischen Golf wieder stolz gemacht, und sie würde ihrem Stolz auf zahlreichen Siegesparaden Ausdruck geben, nachdem die »Helden« wieder daheim waren. Mr. Bush hatte der Nation dazu verholfen, endlich, endlich das böse »Vietnam-Trauma« zu überwinden. Er hatte nachgewiesen, daß die Vereinigten Staaten für die alte, nun aber »Neue Weltordnung« genannte Disziplinierung des Planeten noch Kriege gewinnen kön-nen, daß sie alles können, wenn sie es nur im Ernst wollen. Er hatte auch, als in Washington eine obszön lärmige »Siegesparade« für die »Helden vom Golf« stattfand, einen neuen Krieg angekündigt, wenn sich nur irgendwo auf der Welt ein neuer Saddam Hussein finden lassen würde. Und er hatte, nicht zuletzt, auf eine minde-stens für einen amerikanischen Patrioten überzeugende Weise deutlich gemacht, daß ein von den Vereinigten Staaten geführter Krieg immer auch sein Positives hat.

Wahr daran ist, daß Kriege für die Vereinigten Staaten stets auch wirtschaftliche Wohltaten waren. Schon der Sezessionskrieg im 19. Jahrhundert – der einzige, den die Vereinigten Staaten seither auf eigenem Boden erlebten und erlitten –, in dem sich die Ameri-kaner gegenseitig umbrachten, war zum mindesten für jene damals begründeten Gelddynastien ein Mordsgeschäft, die ausschließlich durch diesen Krieg zu ihren immensen Vermögen kamen und seit-her die »windfalls« zu schätzen wußten, die sich mit Waffengängen verbinden. Zwar flehte damals Präsident Lincoln die Kriegsge-winnler an, ihre Profitgier doch wenigstens diesmal und in Anse-hung nationaler Not unterzuordnen und patriotischen Geist zu zei-gen – das würde, ein gutes halbes Jahrhundert später, ganz vergeb-lich auch Präsident Wilson nach dem Eintritt der Vereinigten Staa-ten in den Ersten Weltkrieg erbitten –, aber das war politisches Stroh. Jedermann, der »smart« war, wußte damals zu den Zeiten des großen Bürgerkrieges und wußte seither, daß Kriegszeiten bei allem Elend doch auch Zeiten sind, »in denen nur ein Idiot nicht reich wird«, wie einmal ein New Yorker Geschäftsmann befand, der kein »Idiot« war, also nicht Soldat wurde, sondern am Krieg, und zwar reichlich, profitierte.

Kriege waren etwas für die kleinen Leute. Vom Kriegsdienst konnte man sich in den Vereinigten Staaten noch bis in das 20. Jahrhundert hinein freikaufen, was in einem Land nicht als Skandal empfunden werden konnte, das der Macht des Dollars immer schon alles zugetraut hatte. Daß es im Bürgerkrieg in New York City zu einem Aufstand armer Leute kam, die sich gegen den Freikauf der Reichen vom kriegerischen Sterben empörten, galt als anstößiger Ungehorsam: Die Obrigkeit räumte rasch und blutig unter ihnen auf.

Arme waren an den Fronten, während die Reichen an den Kassen standen; das war die Regel, und das wurde auch wieder die Regel, als sich die Vereinigten Staaten Streitkräfte verordneten, zu denen nicht mehr jedermann gezogen wurde, sondern zu denen man sich freiwillig verpflichten mußte. »Jobsicherheit« hat insbesondere junge Schwarze, die im zivilen »freien Markt« nur minimale Chancen haben, in so großer Zahl in die bewaffneten Streitkräfte gelockt, daß sie, als am Persischen Golf »die harte Arbeit der Freiheit« verrichtet wurde, weit überrepräsentiert waren, während sich andererseits an der Börse der Wall Street kaum ein Schwarzer fand. Aber auch unter den weißen Soldaten, die in und um Kuwait herum für Erdöl sorgten, fanden sich kaum Söhne und Töchter der »upper« oder gar der »upper upper class«, sondern fast ausschließlich die des »little guy«, aber dafür wurden sie schließlich »Helden«.

Merkwürdigerweise haben aber im 20. Jahrhundert nicht nur Individuen von Kriegen profitiert, sondern es gab in ihm mit ganz sonderbarer Kontinuität auch nationalen Zugewinn durch kriegerische Veranstaltungen, und diese Zugewinne stellten sich jeweils zu ganz sonderbar passenden Zeiten ein. Die Vereinigten Staaten sind, objektiv betrachtet, die großen Kriegsgewinnler dieses Jahrhunderts. Nicht nur, weil sie selber von Kriegen auf eigenem Boden verschont blieben. Auch nicht nur, weil sie in den Kriegen, an denen sie teilnahmen, die, bezogen auf die Bevölkerungszahl, bei weitem niedrigsten Verluste ertragen mußten. Sondern weil sich die großen Kriege stets als hocherwünschte wirtschaftliche Impulsgeber erwiesen und die Vereinigten Staaten mehr als einmal vor Stürzen in die Krise bewahrten. Die Vereinigten Staaten, im Klartext, haben an den Kriegen dieses Jahrhunderts verdient, Bares in Massen.

Sind sie also, wie der doktrinäre Sozialist schon immer wußte, der ständig zum Krieg treibende Moloch, dessen »militärisch-industrieller Komplex« auf eine finstere Weise die bewaffnete Auseinandersetzung herbeiführt, wenn er das aus konjunkturellen Gründen für notwendig hält? Sind sie zwanghafte Kriegstreiber aus Gründen, die mit den Mechanismen des Kapitalismus zu tun haben? Brauchen sie Kriege?

Sie sind, das ist wahr, habituell friedensunfähig; ihre Geschichte ist ein einziger Beleg dafür. Sie sind habituell gewalttätig, seit sie in Gewalt entstanden und Gewalt patriotisch verklärten. Ihre auffällige Kriegsbereitschaft, die sich auch wieder am Persischen Golf erwies, hat also sehr viel mehr mit Mentalität als mit dunklen Manipulationen des Kapitalismus zu tun, wenngleich: Kräfte, die an Kriegen profitieren – insbesondere an Kriegen, die sich in der Ferne abspielen –, werden dem kriegerischen Geschäft schwerlich in den Arm fallen. Aber es ist nicht so, daß der »militärisch-industrielle Komplex« in Washington einen Krieg befiehlt, sondern so ist es, daß die gewalttätige Mentalität der Nation einen Krieg sehr viel eher ermöglicht, als das in Gesellschaften der Fall sein könnte, die leidvoll durch Kriege gegangen sind.

Wäre nicht auf Hiroshima, sondern auf Seattle eine Atombombe gefallen, wäre nicht Stalingrad, sondern St. Louis monatelang belagert worden, wäre nicht Dresden, sondern Boston unter Bomben zerfallen – die Welt hätte es vermutlich mit mental veränderten Vereinigten Staaten zu tun, mit, sozusagen, erwachsenen, mit moralisch gereiften Vereinigten Staaten. Aber das Land hat nie eine im Ernstfall heulende Luftschutzsirene gehört. Es hat modernen Krieg nie erlebt. Krieg im 20. Jahrhundert – das war für Amerikaner stets eine sehr ferne, gewiß nicht schöne, aber doch irgendwie normale Sache.

Das Leid, das sich mit ihm verband, hat die Nation nie erfahren. Die Lehre, die ein vernunftbegabter Mensch zieht, der durch einen Krieg mußte, konnte nur von wenigen Amerikanern gezogen werden, und auch sie, da sie Krieg in fremden Ländern führten, sind nicht durch die ganze Hölle gegangen, zu der, zum Beispiel, Dresden wurde; kurz: In der amerikanischen Nation paaren sich Veranlagungen und Einsichten, die Kriege nicht nur jederzeit möglich, sondern wünschenswert machen – auch das bewies der Persische Golf des Jahres 1991 erneut. Gewaltbereitschaft und hysterischer Nationalismus und Ignoranz, was das Wissen über Krieg im eigenen Land betrifft – erst die Summe dieser Eigenschaften setzte Mr. Bush im Januar 1991 in den Stand, intensiver als irgend jemand sonst, intensiver sogar als die potentiell vom Irak bedrohten Saudiaraber, auf Krieg zu drängen und dabei zu wissen, daß ihm seine Nation den Kriegswillen danken werde.

Es spielt für die fatale Befindlichkeit der amerikanischen Nation freilich auch eine wesentliche Rolle, daß sie die Kriege dieses Jahrhunderts als zum mindesten wirtschaftlich erwünscht und gut erlebte. Sie schufen Jobs – das war gut. Sie steigerten das Bruttosozialprodukt – das war gut. Sie behoben Krisen – das war gut. Sie stärkten die Nation – das war besonders gut.

Mit dem Ersten Weltkrieg, zum Beispiel, der von 1914 bis 1918 Europa nahezu ausblutete, verhielt es sich so, »daß er die amerikanische Volkswirtschaft sanierte«, wie Professor John Milton Cooper jr. von der »University of Wisconsin« feststellt, und in der Tat: Nicht nur sanierte das große Morden in der Alten Welt die amerikanische Volkswirtschaft, sondern es besorgte das auch zu einer Zeit, die dem Land gelegener nicht kommen konnte.

Denn im Herbst 1914 hatte sich die binnenwirtschaftliche Lage dramatisch verschlechtert und der Export schweren Schaden genommen. Insbesondere die Baumwollindustrie, damals eine der wesentlichen Stützen des Außenhandels, lag darnieder, und es gab kaum irgendwo ein Anzeichen dafür, daß sich die Lage in absehbarer Zukunft wieder bessern würde. Das kapitalistisch beschränkte Instrumentarium des Staates vermochte den kräftigen Abwärtsschwung, der sich durch alle Zweige der Volkswirtschaft zog, nicht aufzuhalten – und dann, sozusagen gerade noch rechtzeitig, kam als Retter der Krieg.

Er veränderte alles; schon bald war von Rezession keine Rede mehr, sondern ganz im Gegenteil von erfreulichster Konjunktur. Zunächst sorgten kriegsbedingte Orders von Übersee für einen kräftigen Anschub der amerikanischen Volkswirtschaft, dann schuf eigene Rüstung zusätzlichen Schwung, und dann war die Krise behoben. »Das Kriegsgeschehen«, registriert Professor Cooper, »stützte den Aufschwung der amerikanischen Volkswirtschaft, das industrielle Wachstum, den technologischen Fortschritt, auch die Expansion der Landwirtschaft«, und darüber, wie die Bürger der Vereinigten Staaten den Krieg erlebten, der Europäern zur Hölle wurde, merkt der Historiker an: »Knappheiten während des Krieges gab es kaum; Güter für die Konsumenten waren stets in reicher Fülle vorhanden.«

Auch das spielt für das Verständnis der Nation vom Krieg eine große Rolle: Sie weiß nicht, daß Krieg neben aller unmittelbaren Lebensbedrohung auch Hunger ist, ständige Unterversorgung, das Hungerödem, auch der Hungertod. Die endlose Menschenschlange einer unter Mangelwirtschaft leidenden Bevölkerung, die Korrumpierung der Gesellschaft durch grauen und schwarzen Markt, die Entwürdigung des Hungernden, der zum Moralverzicht gezwungen wird, wenn er überleben will – lauter böhmische Dörfer für den oberhalb der Armutsgrenze lebenden Bürger der Vereinigten Staaten: Er war satt, immer, Krieg oder nicht.

Vor allem aber: Krieg war »boom«, und »boom« war immer gut. Der kriegsbedingte »boom« des Ersten Weltkrieges hielt für den ganzen Rest der Dekade an. Das Bruttosozialprodukt wuchs von 62,5 Milliarden Dollar im Jahr 1916 auf staunenswerte 73,6 Milliarden im Jahr 1919, und überdies verschob sich die Zahlungsbilanz auf geradezu dramatische Weise zugunsten der Vereinigten Staaten, die durch den Ersten Weltkrieg zum ersten Mal in ihrer Geschichte zu einem Gläubigerland geworden waren.

1919 belief sich die Summe der amerikanischen Investitionen in Übersee, vorwiegend in Europa, auf sieben Milliarden Dollar und damit auf mehr als das Doppelte der ausländischen Investitionen in den Vereinigten Staaten – das war noch vor dem Beginn des Ersten Weltkrieges annähernd genau umgekehrt gewesen. Der Krieg, mithin, hatte auf die Vereinigten Staaten wie ein muskelförderndes Aufbaumittel gewirkt. Er hatte sie erstmals zu einer Weltmacht erhoben. Das konnte ein amerikanischer Patriot nur als gut erleben und mindestens als Beleg dafür, daß sich mit einem Krieg, selbst wenn er grausam wie der Erste Weltkrieg war, keineswegs nur Schlechtes verband.

Gewiß waren die Empfindungen in jenen amerikanischen Familien anders, die Angehörige verloren hatten, aber sie waren eine für die psychologische Befindlichkeit der Nation unbedeutende Minderheit, denn die Zahl der Opfer hielt sich in Grenzen, weil amerikanische Truppen tatsächlich auf nennenswerte Weise erst am 28. Mai 1918 bei Cantigny in der Nähe von Reims in die Kämpfe eingegriffen hatten, als der Krieg fast schon beendet war. Das Traumatische des Krieges hatte die Nation nicht empfunden, aber sie war, als die Waffen schwiegen, in einer Position, in der sich ihr Präsident Woodrow Wilson berufen fühlte – und zwar, wie der Präsident empfand, im Namen von Jesus Christus –, Friedensordnungen auch in der Alten Welt durchzusetzen, und vor allem: Sie war reicher geworden, was zum mindesten den Senator George Norris aus dem Bundesstaat Nebraska nicht überraschen konnte, denn der hatte immer gewußt: »Was man erreichen will, wenn man Krieg führt, und was man erreichen will, wenn man sich auf einen Krieg vorbereitet, ist Geld;« eine Sentenz, die sich nur in der Wortwahl, nicht aber im Sinngehalt von der 70 Jahre später vom Außenminister Baker gegebenen Antwort auf die Frage nach dem Kriegsziel am Persischen Golf unterschied: Kriege führte man um »Jobs« und Geld, wenn man natürlich auch immer großen rhetorischen Aufwand betrieb, um Kriegsziele hehrer zu umschreiben.

Es ging der Nation gut nach der Beendigung des Ersten Weltkrieges, aber es ging mit der friedvollen Zeit nach Versailles, wie es schon zuvor mit der gewissermaßen unproduktiv-friedlichen Zeit nach dem Sezessionskrieg gegangen war. Denn so recht »Business Week« mit seiner Anmerkung hatte, historisch betrachtet, ziehe jeder Krieg die amerikanische Volkswirtschaft aus einem Tief, so berechtigt ist der Umkehrschluß: Friedenszeiten können die amerikanische Volkswirtschaft in Rezessionen zerren, und genau das trat nach dem Ersten Weltkrieg ein, denn als die militärisch veranlaßten Produktionsaufträge am Ende des Jahres 1920 ausliefen, war der schöne, kriegsbedingte »boom« vorüber und im Frühjahr 1921 das erste Anzeichen einer erneuten, eindeutig friedensbedingten Rezession unübersehbar, der dann später der große »crash« folgte, das namenlose Desaster der an der Wall Street ausgelösten Weltwirtschaftskrise.

Auch mit dem Zweiten Weltkrieg, der von 1939 bis 1945 vorwiegend die Alte Welt, aber auch Ostasien und den Pazifischen Raum erschütterte und rund 60 Millionen Menschen das Leben kostete, verhielt es sich so, daß er, wie das radikal-konservative amerikanische Nachrichtenmagazin »U.S. News and World Report« konstatiert, »unserer Wirtschaft half«.

Das ist wahr, wenn auch mit diesen dürren Worten erheblich untertrieben, denn der Zweite Weltkrieg »half« der amerikanischen Wirtschaft nicht nur, sondern er rettete sie aus der Bodenlosigkeit einer Dauerkrise.

Denn 1940 befanden sich die Vereinigten Staaten auch nach achtjähriger Bemühung des Präsidenten Franklin Delano Roosevelt, mit seinem wirtschafts- und sozialpolitischen Konzept des »New Deal« das Land aus den Folgen der Wirtschaftskrise zu befreien, immer noch in einer tiefen Depression. Die Arbeitslosenquote lag bei bestürzenden 14,6 Prozent. Aus dem Land, das sich immer gern als eines in ständiger Aufbruchstimmung empfand und eines, das sich auf lebenslangen Optimismus verpflichtet hatte, war ein nahezu gelähmtes Land geworden, und was immer auch der um den »little guy« besorgte Präsident tat, um die Wirtschaft wieder auf Touren zu bringen und die Arbeitslosen aus den Armenküchen zu holen – nichts verschlug. Es gab, als nach Hitlers Überfall auf Polen im Spätsommer des Jahres 1939 die ersten Schüsse fielen, kaum ein Indiz dafür, daß der »New Deal« die Vereinigten Staaten aus ihrem tiefen Koma würde retten können.

Dann aber lösten wiederum Kriegsorders aus Europa ganz unverhoffte Impulse aus und dienten als Initialzündung wirtschaftlicher Gesundung – wiederum trat ein Krieg als der große Sanierer auf. Und dann, nachdem japanische Flugzeuge die in Pearl Harbor liegende amerikanische Kriegsflotte angriffen, setzte sich mählich, aber unaufhaltsam eine gewaltige Kriegsmaschinerie in Bewegung und holte endlich die Arbeitslosen aus den Armenküchen und von den Straßen. Nicht von Rezession oder gar Depression war mehr die Rede, sondern von Überstunden und Schichten rund um die Uhr, von hoher Konjunktur – Franklin Delano Roosevelt war gerettet.

Zwischen 1941 und 1944 lagen die Zuwachsraten des Bruttosozialprodukts bei jährlich 12,5 Prozent; das hatte man noch 1940 für gänzlich ausgeschlossen gehalten. Die Gewinnmargen der Kriegsindustrie schossen in die Höhe – denn auch im Zweiten Weltkrieg stellten die zwanghaften Profiteure den finanziellen Gewinn wieder über den Patriotismus und lieferten in vielen Fällen Waffen und Gerät zweifelhafter Qualität gegen horrende Preise –, und dann erhitzte sich die Konjunktur. »Die Volkswirtschaft«, urteilt »U.S. News und World Report«, »kam aus dem Krieg sehr viel stärker heraus, als sie in ihn hineingegangen war«, und das war untertrieben. Die Arbeitslosigkeit zum Beispiel, die in der Dekade vor dem Krieg bei durchschnittlich 19 Prozent gelegen hatte, hatte sich am Ende des großen Mordens auf 4,2 Prozent reduziert und in vielen Regionen des Landes gar absoluter Vollbeschäftigung Platz gemacht.

Es ist wahr und zu würdigen, daß der Eintritt der Vereinigten Staaten in den Zweiten Weltkrieg das schreckliche Verhängnis eines Hitler-Sieges verhinderte; die Bedeutung der Vereinigten

Staaten für das Kriegsgeschehen kann gar nicht hoch genug veranschlagt werden. Es ist ferner wahr und hoch zu würdigen, daß die Vereinigten Staaten im Zweiten Weltkrieg große Opfer für die Niederschlagung des Nazi-Alptraums – freilich auch für die zum mindesten einstweilige Festigung des Stalin-Regimes in der Sowjetunion – brachten, wenn auch natürlich nicht in dem Maße wie jene Völker, in deren Heimat der Krieg tobte. Wahr und zu würdigen im Kontext der hier angestellten Betrachtungen ist freilich auch, daß der Zweite Weltkrieg erneut von der überwältigenden Mehrheit der Bevölkerung als Rettung aus wirtschaftlicher Not erlebt wurde, als verläßlicher Konjunkturmotor, als ein Institut, das Arbeit und Profit schuf und sich da vorteilhaft bemerkbar machte, wo ein amerikanischer Bürger die Lebensmitte vermutet: in der Summe auf dem »pay-check«.

Und erneut hatte sich der Krieg in großer Ferne abgespielt, irgendwo jenseits der Meere, von denen die Vereinigten Staaten nach Osten und Westen schützend umgeben sind. Für die Nation fand der Krieg im Radio statt oder in den Zeitungsberichten oder in den bewegten Bildern des Fernsehens; er war nie, zu keiner Sekunde, die unmittelbare, die existentielle Lebensbedrohung, als die er sich in den unmittelbar beteiligten Ländern darstellte. Es lagen Welten zwischen dem, was Japaner oder Russen oder Deutsche im Krieg erlebten und erlitten, und dem, was die Amerikaner vom Krieg zu wissen glaubten, obwohl sie nie hörten, wie eine Flugzeugbombe explodierte. Aber nicht die Kriegerfahrenen würden fortan die »freie Welt« kommandieren, sondern jene, die ein gütiges Geschick notwendig zu Ignoranten machte.

In Europa begriff man – wenn auch, wie sich bald zeigte, nicht für dauernd –, daß Kriege im Zeitalter der Massenvernichtung definitiv aufgehört hatten, Mittel zur Lösung politischer Probleme zu sein. Europa, so zerrissen es sich auch zeigte, war von einer grenzüberschreitenden Leidensgemeinschaft bewohnt, die Krieg mit nichts anderem als Grauen assoziierte. In Europa hungerten sich die Überlebenden durch eine schreckliche Zeit.

Nichts davon in den Vereinigten Staaten. Sie waren gleichsam narbenlos, und von Hunger konnte im »mainstream« nicht die Rede sein. Der Krieg hatte sie sozusagen gar nicht erreicht, und selbst die dämonischen Atombombenpilze von Hiroshima und Nagasaki waren nur schauerlich-schöne Apotheosen eines gloriosen Endes, das die Nation mit ekstatischen Volksfesten feierte. Die Nation, wie Albert Camus empfand, als er das Land bereiste, war moralisch nicht tangiert und ganz frei von dem Gefühl, daß ein Krieg, jeder Krieg, ein Verbrechen darstellt.

Und vor allem: Am Ende des Zweiten Weltkrieges waren die Vereinigten Staaten die unumschränkte »Number one« in der Welt; auch das bewies, daß Waffengänge immer auch positive Eigenschaften hatten. Und sie allein besaßen die Atombombe, was wiederum bewies, daß Gewaltbereitschaft, auch die äußerste Gewaltbereitschaft, nicht ohne ihren begreifbaren Segen war. Die Vereinigten Staaten, kurz, gingen ganz unbelehrt in die Nachkriegszeit.

Sie verlief, wie sie nach den wirtschaftlichen Gesetzen, die in diesem Land gelten, verlaufen mußte: Im Lauf der Jahre machten sich die unschön-dämpfenden Einflüsse des Friedens bemerkbar. Es gab keinen Ersatz für die unter Hochdruck arbeitende Kriegsindustrie. Wiederum assoziierte sich Frieden insbesondere auch für den »little guy« in der Werkhalle mit einem Zustand, der Jobs abschaffte, aber wiederum wurde dem Land gerade noch rechtzeitig ein Krieg beschert, diesmal im fernen Korea, und erneut erwies sich der staatlich organisierte Massentotschlag als Konjunkturspritze.

In den Jahren von 1949 bis 1953 führte der Korea-Krieg zu einem stattlichen jährlichen Wirtschaftswachstum und einem Anstieg des Bruttosozialproduktes von durchschnittlich 6,1 Prozent – das war mehr als das Doppelte des zuvor in friedlichen Zeiten erzielten normalen Zuwachses. Und wiederum kam der Krieg nicht nur den notorischen Kriegsgewinnlern aus dem »militärisch-industriellen Komplex«, sondern auch dem »little guy« gelegen, denn der Krieg halbierte die seit der Beendigung des Zweiten Weltkrieges schon wieder bedenklich angeschwollene Zahl der Arbeitslosen.

Nun, spätestens nun konnte auch der »little guy« keinen Zweifel mehr haben: Ein Krieg, jeder Krieg war, sozusagen, sein Freund, und jede Rüstung war gut zu ihm. Der beständige Rhythmus der Rezessionen in Friedens- und der Konjunkturen in Kriegs- oder Vorkriegszeiten war zu eindeutig, als daß Zweifel erlaubt gewesen wären. Auch der »little guy« lernte, was »big money« schon immer wußte: daß man dem Ausbruch von Gewalt dankbar zu sein hatte, daß er den Job sicherte und Sorglosigkeit verschaffte – und daß man mit den unmittelbaren Auswirkungen der Gewalt nichts zu tun haben würde. Sie fand nun in Korea statt, wie sie sich zuvor auf Iwo Jima oder in Stalingrad oder in Verdun ereignet hatte, aber das war eine abstrakte Gewalt. Konkret dagegen war der Job.

Und überdies: Die amtliche Politik verschaffte aller Gewalt den ideologisch-patriotischen Überbau. Ein Präsident ohne Militanz war, seit sie bestehen, in den Vereinigten Staaten immer undenkbar; es hat seinen Grund, daß so viele ehemalige Generäle in das Weiße Haus gewählt wurden, denn im Politikverständnis der Nation sind Politik und Krieg nicht voneinander zu trennen. Die Vorstellung, daß ein schlachtenbewährter General notwendigerweise auch einen guten Präsidenten abgeben müsse, sagt über die politische Empfindung der Nation mehr als manche tiefschürfende Studie. General Schwarzkopf übrigens, der in den Vereinigten Staaten nach dem Golfkrieg des Jahres 1991 unverzüglich zum Volkshelden wurde, sah sich, kaum wieder daheim in Florida, erheblichem Druck beider politischer Parteien, der Republikaner und der Demokraten, ausgesetzt, sich auf ihrem »ticket« um politische Ämter zu bewerben, und tatsächlich wäre er vermutlich so unschlagbar gewesen wie, ganz am Anfang der Geschichte, der General George Washington.

Ein Krieg war in den Vereinigten Staaten nie die Tragödie, als die er in anderen Ländern empfunden wurde, sondern moralisch war er, patriotisch-moralisch und damit über jeden Zweifel erhaben, und außerdem, natürlich, war er in aller Regel auch profitabel.

Das war merkwürdigerweise selbst der unrühmlichste aller Kriege, nämlich der um Vietnam, was den schmählichen Ausgang dieses Waffenganges doch mindestens ein bißchen versöhnlicher machte. Denn wiederum verband sich mit den von den Präsidenten Kennedy und Johnson betriebenen und eskalierten und schließlich vom Präsidenten Nixon – und, vor allem, von seinem Experten Henry Kissinger – wahnhaft in die Höhe getriebenen Gewalttätigkeiten ein wirtschaftlicher »boom«. Das Bruttosozialprodukt stieg in den Jahren von 1964 bis 1969 um überdurchschnittliche 4,4 Prozent, und jede über Vietnam abgeworfene Napalm-Bombe trug ein wenig dazu bei und war mithin zum mindesten volkswirtschaftlich eine produktive Bombe.

Aber dann kam, als Helikopter vom Dach der amerikanischen Botschaft in Saigon die letzten Geschlagenen evakuieren mußten, das »Vietnam-Trauma«. Das war freilich nie das Trauma der Einsicht in die Unmoral eines Krieges; es war nur das Greinen einer Nation, die sich für unbesiegbar gehalten hatte, darüber, daß »God's own country« nicht in der Lage gewesen war, kleine, schlitzäugige und in dunkle Pyjamas gekleidete Urwaldkämpfer zu schlagen. Das »Vietnam-Trauma« war auch keineswegs eines, das im Gedanken an die Sinnlosigkeit des Todes von mehr als 50 000 amerikanischen Kriegsopfern entstand – so viele amerikanische Staatsbürger werden regelmäßig im Wege der üblichen Gewaltkriminalität in sehr viel kürzeren Zeiträumen ermordet, als der Krieg in Vietnam währte –, sondern nur im Gedanken an die Niederlage. Am deutlichsten drückte sich dieses »Vietnam-Trauma« – und am deutlichsten drückte sich der Charakter der Nation – dadurch aus, daß die amerikanischen Soldaten, die den Krieg nicht hatten gewinnen können, daheim empfangen wurden, als wären sie ehrlose Ladendiebe. Sie waren nun nicht mehr Helden, sondern hatten der Nation Schande bereitet. Sie hatten etwas angerichtet, was eine »Number one« nicht ohne erschüttertes Selbstverständnis hinnehmen konnte. Das »Vietnam-Trauma« war in Wahrheit eines, das nach Rehabilitierung schrie, nach der Wiederherstellung der kriegerischen Ehre. Es war, was Präsident Ronald Reagan einmal, als sich auch der von ihm finanzierte Guerillakrieg gegen Nicaragua hinschleppte, ohne daß seinen Söldnern der entscheidende Durchbruch gelang, mit der Forderung formulierte: »Damned, ich will jetzt endlich mal was gewinnen.«

Mr. Bush wußte, als er seinen Truppen im Frühjahr 1991 am Persischen Golf die ganz große Lizenz zum Töten gab, welche Rolle das »Vietnam-Trauma« unter seinen Landsleuten spielte. Schon vor dem Beginn der Feindseligkeiten versicherte er, es werde »kein neues Vietnam« geben, und als der Krieg vorüber war, annähernd 150 000 Tote später, feierte er die Überwindung des »Vietnam-Traumas« und stellte damit die Ehre des Krieges wieder her. Die Nation lebte wieder mit sich und ihrer Militanz in Harmonie und weidete sich an den wenigen amerikanischen Kriegsgegnern, die, da doch der Krieg ruhmreich gewonnen war, nur noch als alberne Nestbeschmutzer galten, die ganz vergeblich auf eine Studie von »Harvard«-Wissenschaftlern verwiesen, derzufolge 170 000 irakische Kinder an Kriegsfolgen sterben würden – davon wollte die Nation nichts wissen, sie wollte sich des Sieges freuen und mit Mr. Bush versöhnen, der wirklich kein »wimp« war und wirklich »balls« besaß.

Der »splendid little war« am Persischen Golf wurde als Ermutigung empfunden, sein makabrer Verlauf wie ein Volksfest, sein Ende als Auftrag, denn: »Ob wir das wollen oder nicht«, schrieb Colonel Harry Summers, ein namhaftes Mitglied des »Army War College«, »vor uns liegt eine neue Weltordnung, in der ein großer Teil der Welt am Rand der Anarchie wankt. Die Vereinigten Staaten, als die einzige Großmacht, findet sich zu einer Verantwortung gezwungen, die ihnen die Rolle des Weltpolizisten zuweist«, und genauso war es, und zwar vielfach, vom Capitolshügel in Washington zu hören, während Mr. Bush längst dabei war, diese Rolle aktiv zu spielen.

Aber als Weltordnungsinstitution waren eigentlich die Vereinten Nationen gedacht? Es war eben gerade der Sinn der UNO und ihr Gründungszweck, Kriege zu vermeiden und gegen Mitgliedsstaaten, die gegen ihre Charta verstießen, mit Sanktionen, notfalls sogar auch mit militärischen Sanktionen vorzugehen? Die Vereinigten Staaten maßten sich die Rolle des Weltpolizisten nur an?

Wahr ist, daß die Vereinten Nationen in Washington nie in hohem Ansehen standen – es sei denn, sie ließen sich, wie im Juni 1950 für den Korea-Krieg oder im Frühjahr 1991 für den am Persischen Golf instrumentalisieren. Noch ziemlich genau ein Jahr, bevor Mr. Bush den Befehl zum Zuschlagen am Golf gab, hatte die UNO-Vollversammlung die Ende 1989 vorgenommene amerikanische Attacke gegen Panama verurteilt – in Washington nahm man davon kaum Kenntnis. Im Sicherheitsrat machten die Vereinigten Staaten ebenso von ihrem destruktiven Vetorecht Gebrauch wie während der erbitterten Auseinandersetzungen des »kalten Krieges« auch die Sowjetunion. Nie haben die Vereinigten Staaten ein Interesse daran gezeigt, Gewicht und Einfluß und Durchsetzungsvermögen der Vereinten Nationen zu stärken; jahrelang blieb Washington sogar den UNO-»Mitgliedsbeitrag« schuldig, und zwar nicht, was allenfalls verständlich gewesen wäre, der eigenen Verschuldung wegen, sondern als Ausdruck der Mißachtung der Weltorganisation, die man als lästig empfand, als unbotmäßig, als recht eigentlich überflüssig, als Schwatzbude.

Nichts liegt den Vereinigten Staaten ferner als der Gedanke, die Weltpolizeigewalt zu delegieren und bloß ihr Teilhaber zu sein, nur ein Polizist neben anderen mit gleichen Rechten. Sie lassen sich das Monopol der Macht nicht nehmen. Die »Neue Weltordnung« ist die des Mr. Bush, nicht eine, die im UNO-Gebäude am East River in New York City entsteht.

Und sie wird eine Ordnung, die sich amerikanischen Interessen, insbesondere natürlich wirtschaftlichen Interessen unterzuordnen hat, denn: »Die Vereinigten Staaten«, erklärte General A. M. Gray, der Kommandant des US-»Marine Corps«, der »Elite«-Waffengattung des Landes, »müssen ungehinderten Zugang zu allen vorhandenen und entstehenden Märkten überall auf der Welt haben«, was nur bedeuten kann: Der Zugang wird verschafft, wo störrischer »Antiamerikanismus« ihn bisher verhindert hat. Und Carl E. Vuono, der Chef des Stabes der »U.S. Army«, geht in einer Betrachtung der militärischen Aufgaben in den 90er Jahren davon aus, daß die bewaffneten Streitkräfte »eine zunehmend wichtige

Rolle« bei der Herstellung »von Ordnung in Krisengebieten« überall in der Welt spielen, und der General verlangt deshalb, die Mobilität der Streitkräfte zu verbessern, so daß sie schnell den ganzen Planeten »covern« können, und zwar, wie wiederum der »Marine Corps«-Kommandant General Gray ankündigt, gleich »vielfach«.

Denn amerikanische »Überfälle« sieht der Kommandant kommen, »Sicherheitsoperationen, begrenzte Operationen, Einsätze, bei denen Macht demonstriert wird, psychologische Kriegführung, spezielle Zerstörungsoperationen und Geiselbefreiungsoperationen«. Und damit der Weltpolizist seine Aufgaben auch wirklich verläßlich erledigen kann, erinnert der »Kriegswissenschaftler« Colonel Summers vom »Army War College« an die Weisheit des Historikers Mark S. Watson: »Der effiziente Kommandeur«, hatte der empfohlen, »fordert nicht gerade genug Mittel, sondern einen Überfluß an Mitteln. Denn eine militärische Streitkraft, die gerade stark genug ist, um eine Aufgabe zu erledigen, wird dabei schwere Verluste hinnehmen. Eine gewaltig überlegene Streitkraft dagegen wird den Job tun, ohne große Opfer bringen zu müssen.«

Wie Anfang des Jahres 1991 am Persischen Golf, wo ein beispielhafter Krieg stattfand, der den Vereinigten Staaten half, sich wieder selber zu finden. Schon wird in Washington an der Verbesserung der Mobilität der Streitkräfte gearbeitet, und die Industrie, der zuliefernde Teil des »militärisch-industriellen Komplexes«, erwartet lukrative Aufträge für große Schiffe und insbesondere für Großflugzeuge. Dick Cheney, der Verteidigungsminister, verlangte für 1991, obwohl der »kalte Krieg« längst vorüber war, der doch immer den Vorwand für die immensen Rüstungsbudgets der Vereinigten Staaten geliefert hatte, vom Kongreß die Bewilligung von 292,4 Milliarden Dollar für Militärzwecke – das waren noch einmal 1,3 Milliarden Dollar mehr, als 1990 ausgegeben worden waren, und der Kongreß war einsichtig und strich nur weniger als fünf Prozent.

Die Militarisierung der Nation schritt fort. Die Nation, die seit Jahrzehnten wirtschaftliche Prosperität nahezu ausschließlich aus der Förderung der Rüstung zu erreichen versucht hatte, setzte auch

1991 noch ganz unverändert auf den »big stick«. Immer noch war ein Großteil der ingeniösen Kapazität des Landes an militärische Forschung und Entwicklung gebunden, immer noch wurde in unzähligen Universitätsinstituten im Auftrag des Verteidigungsministeriums an der Perfektion der Vernichtung gearbeitet, und in Washington teilte das für Atomares zuständige »Department of Energy« mit, daß es »mindestens bis zum Jahr 2050« fortfahren werde, Atomwaffen herzustellen, obwohl sich schon mehr als 20 000 Atomwaffen bei den bewaffneten Streitkräften befanden. Immer noch setzte die Nation ihren Marsch der Lemminge in die weitere Verschuldung fort und investierte in die unproduktivste aller Branchen – sie schuf sich, sozusagen, auch in Friedenszeiten, die sie als Vorkriegszeiten begriff, jene Konjunktur, deren sie sich immer erfreut hatte, wenn ein Krieg ausbrach. Sie fährt fort, Milliardenbeträge für »Star Wars« auszugeben, den »Krieg der Sterne«, obwohl es längst keinen Feind mehr gibt, der die Vereinigten Staaten mit interkontinentalen Raketen anzugreifen gedächte oder vermöchte, und sie leistet sich »B-2-Stealth«-Bomber zu einem Stückpreis von über 2 000 000 000 Dollar, obwohl doch das Verteidigungsministerium die These vertritt, in der Zukunft müßten wahrscheinlich eher »begrenzte Kriege« gegen militärisch eher »unterentwickelte Länder« geführt werden, die niederzumachen es den monströsen »B-2-Stealth«-Bomber nicht braucht. Sie sucht sich Feinde, wenn es Feinde nicht mehr gibt.

Der Senator des Staates New York, Daniel Patrick Moynihan, als er im Spätherbst 1990 in Washington ausländische Besucher begrüßte, sagte: »Sie müssen verstehen, daß die Amerikaner eine Nation von Kriegern sind;« das ist wahr, und sie waren das immer, sie waren das schon in der Stunde ihrer nationalen Geburt, und: »Es gibt klare Beweise dafür«, meinte der Senator aus New York, »daß sich die Vereinigten Staaten . . . von den rechtlichen Normen staatlichen Verhaltens entfernen«, aber auch das ist in Wahrheit nicht neu, denn wiederum: Schon zu ihren formativen Zeiten hat die Nation die »rechtlichen Normen staatlichen Verhaltens« mißachtet und, zum Beispiel, dem souveränen Staat Mexiko große Landteilc geraubt. In Wahrheit sind die Vereinigten Staaten chronisch gewalttätig, denn, wie Max Lerner das formuliert: »Gewalttätigkeit ist die innere Krankheit dieser Nation.«

Mit Gewalt hat sie sich ihre innere Ordnung geschaffen und dann folgerichtig geerntet, was sie säte: die gewalttätigste menschliche Gesellschaft unter den Industrienationen. Nun geht sie daran, mit Gewalt eine »Neue Weltordnung« zu schaffen, und auch dabei bedient sie sich der Waffe, und alle ihre Vorkehrungen sprechen dafür, daß sie bei ihren Ordnungsbemühungen von ihr nicht lassen wird. Sie kann nicht anders. Sie muß mit ihrer »inneren Krankheit« leben, die unheilbar ist. Sie kann den Krieg nicht verdammen, der immer so gut zu ihr war, und sie kann auch nicht anders, als in dem mordenden Kriegsmann einen Helden zu sehen.

Im Frühsommer 1991, als die Nation ihre Helden vom Persischen Golf mit tumultuösen Paraden in Washington und New York und in vielen weiteren Orten überall zwischen dem Atlantischen und dem Pazifischen Ozean empfing, drangen Symptome der »inneren Krankheit« nach außen und waren für die ganze Welt sichtbar: Sie jubelten und ließen Luftballons steigen, und sie warfen Konfetti und schunkelten im Rhythmus patriotischer Marschmusik, sie waren von karnevalistischer Heiterkeit und doch gleichzeitig auch patriotisch tief gerührt, und stolz waren sie, vor allem stolz, denn ihre bewaffneten Streitkräfte hatten in einem »splendid little war« 150 000 Iraker umgebracht.

Unter den Umjubelten marschierten und fuhren auch Frauen mit, denn inzwischen ist jeder zehnte Soldat in den Vereinigten Staaten eine Soldatin, und im nächsten Krieg – denn die Frage ist nicht, ob, sondern höchstens wann er kommen wird –, so hofften die paradierenden Soldatinnen, werden auch sie nicht mehr bloß Helikopter an die Front fliegen, sondern mitkämpfen und bomben und schießen und töten, denn auch sie haben ein Recht darauf, Heldinnen zu werden.

Daran, vielleicht, zeigt sich noch am ehesten die fortgeschrittene »innere Krankheit« der Nation, die eine »Neue Weltordnung« errichten will: Nicht mehr nur der maskuline Gewalttäter, den es

287

gab, seit der erste ausgewanderte Europäer zum Landräuber wurde, wird die »Neue Weltordnung« durchsetzen, sondern auch die bewaffnete Frau, und sie wird, wenn sie ihre Bomben ausklinkt, sowenig ein bedrücktes Gewissen wie ihr männlicher Mitstreiter haben, der die Bomben über Bagdad und Basra noch ohne weibliche Begleitung fallen ließ.

Ja, es ist wahr: Bei nahezu allen Siegesparaden des Frühsommers 1991 machten »Friedensgruppen« moralische Einwände. Tapfer hielten sie Transparente in die Höhe oder nannten in Sprechchören den Krieg beim Namen und schämten sich der obszönen Freude, die auf den Straßen herrschte.

Sie demonstrierten auch schon, als sich die Vereinigten Staaten gegen Vietnam vergingen. Sie waren auch auf den Straßen, als die Vereinigten Staaten in Nicaragua schießen ließen. Als Beirut kanoniert und Libyen bombardiert und Grenada überfallen und Panama besetzt wurde – immer waren die »Friedensgruppen« auf den Straßen und vor den Parlamenten und oft genug, weil sie die »öffentliche Ruhe und Ordnung« störten, in Gefängnissen. Sie demonstrierten gegen die Rekrutierung von Delphinen für die amerikanische Kriegsmarine – die Delphine werden abgerichtet, mit an der Schnauze montierten Geschossen feindliche Kampfschwimmer umzubringen –, gegen die Fortsetzung der Atomwaffenversuche in der Wüste von Nevada, gegen Panzertests in Texas, gegen die wahnhafte und sündhafte Verschwendung der fortgesetzten Rüstung.

Sind die Demonstranten, was man in Deutschland »Antiamerikaner« nennt?

Als in Deutschland, während sich am Persischen Golf ein Drama abzeichnete, »Friedensgruppen« demonstrierten, wurden sie durch die amtliche Politik in Bonn mit der Wortkeule »Antiamerikanismus« erschlagen, und in der Tat beeilten sich viele der demonstrierenden Gruppen, sich von »antiamerikanischen« Aktivitäten und Slogans zu distanzieren.

Aber in Deutschland – und überall sonst auf der Welt, wo die in Washington ersonnene »Neue Weltordnung« droht – muß man noch lernen, was die amerikanischen Demonstranten gegen die Gewalt längst wissen: daß es in der Tat eine genuin-amerikanische Gewalt nicht nur in der Gesellschaft, sondern auch in der auswärtigen Politik, nämlich in der Kriegswilligkeit gibt und daß man dagegen nicht nur demonstrieren darf, sondern demonstrieren muß. »Antiamerikanismus«, wenn er Verurteilung der barbarischen Erscheinungsweisen des vulgär real existierenden Kapitalismus in den Vereinigten Staaten meint und die Verurteilung der einsichtslosen Gewaltbereitschaft nach außen, wenn er den Unwillen und die Unfähigkeit der amerikanischen Nation meint, Kriege zu verachten, ist nicht nur erlaubt, er ist geboten; mehr noch: Auf eine bestimmte Weise wird überhaupt erst aus so verstandenem »Antiamerikanismus« eine politische Kultur, die diesen Namen verdient. ▪▬▬▬▬▬▬▬▬▬▬▬▬▬▬

7. KAPITEL
DIE WERTEGEMEINSCHAFT

Niemand verhalf den Deutschen nach dem Zweiten Weltkrieg tatkräftiger zur Flucht aus der Vergangenheit als die Vereinigten Staaten. Wesensverwandte versöhnten sich. Die einen vergaßen den Holocaust an den Juden, die anderen den Genozid an den Indianern, und beide wußten, daß Vergangenheit nicht belasten muß.

Unser großes Land ist kein Tierschutzgebiet für
schmutzige Wilde.

US-Präsident Theodore Roosevelt

■■■■■■ Die Zeitzeugen sterben weg, die Sache regelt sich auf biologische Weise, sie wird blaß, und sie wird bald vollends die Brisanz verloren haben, die ihr unmittelbar nach dem Zweiten Weltkrieg eignete: die Frage nach der Schuld, die sich mit dem Regime der Nationalsozialisten und dem Krieg verband.

Wer verantwortete die namenlosen Infamien? Wer bewirkte, daß 1933 beginnen konnte, was 1945 in schrecklicher Folgerichtigkeit endete? Wie konnte Hitler werden, was er wurde? Wer machte zwölf deutsche Jahre möglich, in denen die Perversion zur Normalität geriet, die Menschenverachtung zum Gesetz, die Abschaffung jedweder Toleranz zum Prinzip und der hysterische Beifall für die rhetorische Widerwärtigkeit zum Alltag?

Gab es eine Kollektivschuld der Deutschen? Oder vielleicht doch nur einen Grund zu »kollektiver Scham«, wie Theodor Heuss, der erste Präsident der westdeutschen Nachkriegsrepublik, auf der Suche nach einem moralischen Notausgang für sein Teilvolk meinte? Oder waren die Deutschen gar schuldlos und nur Verführte, also eher Opfer als Täter? Waren sie nur einem geschichtlichen Betriebsunfall erlegen, wie er in jedem Volk und zu jeder Zeit vorstellbar war?

Das war in den ersten Nachkriegsjahren eine erstaunliche Diskussion; ein Streitgespräch darüber, ob Ebbe und Flut einander abwechseln, hätte nicht legitimer sein können. Unglaublich verschlungene Argumentationswege wurden gegangen, ganz und gar abenteuerliche Rechtfertigungen vorgetragen, selbst die banalste Entlastung und Entschuldigung und mildernde Erklärung fanden Gehör und ernste Würdigung. Ein Volk äußerte: »Ich war es nicht.«

Das heißt: Es gab ein paar tapfere Ausnahmen, ein paar tief-beschämte Bekenner, ein paar honorige Selbstankläger, ein paar, die verzweifelten, als sie begriffen, was sie anzurichten geholfen hatten, zum Beispiel Pastor Martin Niemöller, der die These von der »Kollektivschuld« der Deutschen vertrat, aber er wurde, nach-dem er die Selbstbezichtigung öffentlich geäußert hatte, von einer großen und sehr empörten Mehrheit alsbald als »Nestbeschmut-zer« identifiziert und sozusagen des Volkskörpers verwiesen, der sich als rein empfand. Betroffen – aber rein. Über die Millionen trauernd, die in den zwölf deutschen Jahren umgekommen waren – aber rein. Zu einer gewissen Wiedergutmachung bereit – aber rein.

Das Volk hatte, so fand es, immer nur seine Pflicht getan. Ver-brechen, wenn es sie denn wirklich gegeben hatte, waren zwar irgendwie »im deutschen Namen« geschehen – bei dieser verloge-nen Redewendung würde es immer bleiben –, aber gewiß nicht vom Volk begangen worden, und überdies: So viele Verbrechen, wie die Kriegssieger auftischten, hatten ganz gewiß nicht stattge-funden.

Nichts gewußt, nichts getan, schon gar nichts verbrochen, also war nichts zu bereuen. Die Sache mit Hitler war dem Volk, sozu-sagen, irgendwie außer Kontrolle geraten, hatte sich auf böse Weise verselbständigt, hatte mit dem Volk gar nichts mehr zu tun gehabt. Auschwitz und Coventry und Oradour und Lidice – alles, und mehr, geschah ohne Kenntnis des Volkes, geschah durch ein »Phänomen«, geschah unkontrollierbar, geschah gar unter Widerstand einer, wie sich nach Kriegsende herausstellte, unglaublich umfangreichen »inneren Emigration« von Nazi-Geg-nern.

Daß die Sache anders war, wußte jeder, der sich an dieser unwürdigen Diskussion beteiligte. Natürlich war nicht nur Hitler des Verbrechens, sondern sein deutsches Wahlvolk zum mindesten der billigenden Duldung oder gar der Anstiftung zum Verbrechen überführt, denn, schließlich: So räuberisch Hitler war – er hatte die Macht in Deutschland nicht gestohlen, sondern sein Wahlvolk hatte sie ihm angetragen. Hitler hatte sich, als er sich auf seinen beschwerlichen und sehr langen Weg an die Macht begab, auch keineswegs als Demokrat und Friedensfreund getarnt, sondern jahrelang prophezeit, wie er mit den Demokraten und vollends mit den Juden, und nicht nur mit den deutschen Juden, sondern mit dem »Weltjudentum« umspringen würde. Er hatte ein langes Jahrzehnt hindurch, wo immer er seine Reden hielt, von den Deutschen die Vollmacht verlangt, Gewalt und Unmenschlichkeit zum Gesetz machen zu dürfen, und die Mehrheit der Deutschen gab sie ihm, und als er sie hatte und im Januar 1933 seine Uniformierten durch Berlin paradieren ließ, entboten ihm die Deutschen ihr beseligtes »Heil«, obwohl sie wußten, wer er war; mehr noch: weil sie wußten, wer er war, und weil sie wußten, daß er nun zuschlagen würde.

Jeder, der 1933 seine Sinne beieinander hatte und auch nur einigermaßen politisch informiert war, mußte kommen sehen, was unvermeidlich kam, denn verbale Feigheit gehörte nicht zu Hitlers Lastern. Er verbarg nichts. Als ihm bei den Reichstagswahlen des 5. März 1933 zu Millionen die »Märzgefallenen« zuliefen, konnte keiner von ihnen einen Zweifel daran haben, wohin mit Hitler die blutige Reise gehen würde, denn er hatte sich offenbart. Auch seine SA- und SS-Männer hatten das getan, indem sie die Köpfe von Kommunisten und Sozialdemokraten blutig schlugen. Daß mit Hitler der »Staat« genannte Terror kommen würde, sah man allenthalben; Hitler avisierte ihn ohne Umschweife, und sogar schriftlich hatte er das gegeben, indem er das Pamphlet »Mein Kampf« fertigte – bald würde es jedem neuen Ehepaar zur Trauung vom nationalsozialistischen Staat zum Geschenk gemacht werden –, und darin über jeden vernünftigen Zweifel hinaus deutlich machte, wie er sich die Staatsgeschäfte dachte.

Er hielt sein Wort; niemand konnte davon überrascht werden.

Die große Liquidation des politischen und damit auch allen anderen Anstandes begann, und die Deutschen begleiteten das mit ihrem unentwegten »Heil«. Demokraten wurden, denn so nannte man das, in »Schutzhaft« genommen und verschwanden irgendwo, und die »Heil«-Rufe waren dadurch nicht irritiert. Das System der Bonzen begann, der grotesk uniformierten Würdenträger ohne Würde, der grölenden Schlagetots, der »großdeutschen« Banausen.

Die Deutschen begleiteten das mit ihrer Sympathie. Genauso, wie Hitler sie betrieb, sollten die Dinge gehen. Hitler war der eiserne Besen, nach dem sie verlangten. Er war Hoffnung, die einzige. Baute er nicht Autobahnen und holte die Arbeitslosen von der Straße? Und schuf er nicht den »Reichsarbeitsdienst« und lehrte die jungen Menschen früh heilsame Disziplin? Und war nicht die starke Hand dem Volk viel bekömmlicher als der demokratische Streitfirlefanz im Reichstag?

Wenn Hitler am 20. April seinen Geburtstag beging, gab es in Deutschland kaum ein Haus ohne Hakenkreuzfahne und kaum ein Ladengeschäft, in dessen Schaufenster nicht blumenumkränzt das Bildnis des »Führers« stand. Jeder machte mit, jeder war mit Hitler »im Aufbruch«, jeder ein »Arier« und gegen »Blutschande«, und sie sagten nicht mehr guten Morgen, wenn sie den Bäckerladen betraten, sondern »Heil Hitler« sagten sie, und der Bube war im »Deutschen Jungvolk«, und das Mädchen bei den »Deutschen Jungmädeln«, und die Mutter war in der »Nationalsozialistischen Frauenschaft« und Vater doch mindestens im »NSKK«, dem »Nationalsozialistischen Kraftfahrerkorps«.

Im November 1938, das war nur folgerichtig und eigentlich schon ein bißchen überfällig, brannten die Synagogen und jene Kaufhäuser, die sich in jüdischem Besitz befanden, und das Volk ließ das geschehen und gaffte, wenn es nicht gar applaudierte und sich über das Ende der jüdischen »Raffkes« freute. Es sah zu, wie der jüdische Kaufmann um die Ecke abgeholt wurde – recht so. Er war »volksfremd«, das sah Hitler ganz richtig, und im übrigen fragte man nicht, wohin sie den jüdischen Kaufmann und seine Familie brachten: »Der Führer wird schon wissen, was er tut.«

»Heil« und »Heil Hitler« und immer wieder »Heil«. Zu rhetorischen Exzessen im Berliner Sportpalast. Zu den unsäglichen Tiraden des kleinen Dr. Goebbels. Zu den gespenstischen »Reichsparteitagen« in Nürnberg. Zur »Befreiung« des Sudetenlandes. Zur »Befreiung« Österreichs, die endlich zur Bildung »Großdeutschlands« führte. Und schließlich: ein hysterisches »Heil« auf die Frage: »Wollt ihr den totalen Krieg?«, und immer wieder: »Führer, befiehl, wir folgen dir«, natürlich auch in das große Morden.

Und dann von Sieg zu Sieg. Allsonntäglich »Sondermeldungen« im »Großdeutschen Rundfunk« zu neuen triumphalen Geschehnissen; das Volk war tief bewegt nicht nur von der politischen, sondern auch von der militärisch-strategischen Größe seines »Führers«. Polen und die Niederlande, Belgien und Dänemark und Norwegen, Frankreich und die Sowjetunion – des »Führers« Truppen waren nirgendwo aufzuhalten, und wen es traf, der inserierte »in stolzer Trauer« den »Heldentod« des Mannes oder Sohnes, der, in dieser Reihenfolge, »für Führer, Volk und Vaterland« gefallen war.

Dieses Volk – unschuldig? Verführt? Unwissend? Betrogen? Das Volk, das Hitler in sich trug und gebar und nährte und wachsen ließ, bis es ein Monstrum war, und umjubelte und vergötterte, das sich in ihm erkannte und jeden seiner Schritte mit »Heil« und einem Meer von Fahnen begleitete, das ihn immerfort ermutigte und bestärkte –, ein Opfer?

Die Zeitläufte, wie man weiß, haben eine redliche Bewältigung der Vergangenheit eines Volkes nicht gewollt. Eine »Entnazifizierung« gab es, die so albern und nichtsnutzig wie ihr Name war, und ein paar »Kriegsverbrecherprozesse« gab es, die ernsthaft so taten, als hätte es im großen Morden des Zweiten Weltkrieges nur deutsche Kriegsverbrecher gegeben. Nazi-Größen wurden in Nürnberg vor ein Gericht gestellt, ein paar KZ-Kommandanten abgeurteilt, 6486 Kriegsverbrecher rechtskräftig verurteilt, aber das Volk der Heil-Hitler-Menschen, zum mindesten jenes, das im westlichen Teil des untergegangenen »Großdeutschen Reiches« überlebte, wurde alsbald von den westlichen Siegern des Krieges poussiert und, wie der amerikanische Außenminister Byrnes das schon im Sommer 1946 in Stuttgart formulierte, »in die Familie der geachteten Völker« zurückgeführt und wenig später gar wieder militarisiert – wie konnte das geschehen? Daß ein Volk von Tätern zur Flucht aus der Verantwortung ermutigt wurde – wie war das möglich? Daß es rasch vergessen durfte und der Qual der Redlichkeit enthoben wurde – wer arrangierte das?

Heil-Hitler-Generäle, eben noch damit beschäftigt, ihrem »Führer und Reichskanzler« blutige Schlachten zu organisieren und Menschen zu verheizen, wurden reaktiviert und von westlicher Generalität in Hauptquartieren neuer Militärbündnisse mit allen »militärischen Ehren« empfangen – wie kam das? Heil-Hitler-Menschen, die eben noch mit der erhobenen Rechten ihrem geliebten »Führer« salutiert hatten, erhoben erneut die Rechte, aber nun, um im Deutschen Bundestag, dem neuen Parlament des westdeutschen Teilstaates, abzustimmen – wie war das möglich? Und wie, daß Heil-Hitler-Menschen zu Landes- und Bundesministern und gar zu Bundeskanzlern und Wirtschaftsmanagern und Chefredakteuren und Verlegern und Theaterintendanten und Oberlandesgerichtspräsidenten avancieren konnten, als hätten sie nie das millionenfache Verbrechen zum mindesten billigend in Kauf genommen?

Das war möglich, weil die Heil-Hitler-Menschen einen mächtigen Helfer bei der Flucht aus ihrer Vergangenheit hatten, dessen sie sich von nun an nie anders als in tiefer Dankbarkeit erinnern würden: die Vereinigten Staaten von Amerika. Sie und sie allein betrieben das wahre »deutsche Wunder«, das nicht in der wirtschaftlichen Renaissance Westdeutschlands bestand – das war nur die Sekundärfolge des ersten, des wirklichen Wunders, nämlich der verblüffenden Metamorphose, in deren geschwindem Verlauf auf gespenstische Weise und gänzlich übergangslos aus dem Heil-Hitler-Volk eines wurde, das demokratisch und loyal und humanistisch an der Seite eines ganz anderen Führers stand, nämlich an der Seite des Führers der »freien Welt«, und das auf alles schwor, was es eben noch zu vernichten ausgezogen war.

Der Opportunismus der Geschlagenen vereinte sich mit dem Opportunismus der Sieger. Das Heil-Hitler-Volk lief nicht, sondern rannte in das Lager des Feindes von gestern über, der seinerseits keinerlei Skrupel hatte, für seine jäh aktuell gewordene Auseinandersetzung mit dem roten Osten Europas auch das Heil-Hitler-Volk zu rekrutieren. Nicht mehr das Nazi-Virus war ein Thema, sondern bloß noch die rote Gefahr – wenigstens insoweit konnten die Deutschen fortfahren, wo sie im Mai 1945 am Tag ihrer bedingungslosen Kapitulation unterbrochen wurden.

Hitlers Ingenieure konstruierten nicht mehr, wie noch gestern, in Peenemünde ihre Raketen, um zum »Endsieg« des Führers beizutragen, sondern sie waren nun in New Mexico und brachten ihre Fähigkeiten ein, um einen ganz anderen Krieg gewinnbar zu machen. Heil-Hitler-Geheimdienstler, eben noch damit beschäftigt, ihrem »Führer« Entscheidungsunterlagen für seine Schlachten zu liefern, befanden sich nun mitten im Netzwerk amerikanischer Geheimdienste und arbeiteten so fleißig wie zuvor. Hitlers Ost-Spionagechef Gehlen wurde nicht, wie eigentlich vorgesehen, wegen Kriegsverbrechen in Nürnberg vor Gericht gestellt, sondern Präsident des »Bundesnachrichtendienstes« zur Zeit des ersten westdeutschen Bundeskanzlers Konrad Adenauer, und die Vereinigten Staaten waren mit den Zuträgen Gehlens sehr zufrieden. Über die sogenannte »Rattenlinie« organisierte die SS-Untergrundorganisation »Odessa« die Massenflucht von Heil-Hitler-Kriegsverbrechern ins Ausland, aber sie mußte das nicht vor den Amerikanern verbergen; ganz im Gegenteil: Der amerikanische Geheimdienst steuerte die Aktion, denn die Kriegsverbrecher von gestern waren nun die Verbündeten von heute und hilfreich bei der Bekämpfung eines neuen Feindes; man durfte, wie auch der Bundeskanzler Adenauer immer fand, »nicht so pingelig« sein.

Da die Vereinigten Staaten so ungeniert selbst prominente Nazis in ihre Dienste nahmen – wie sollte der kleine Heil-Hitler-Mensch von gestern ein schlechtes Gewissen haben, wenn er an seinen Beitrag zu des »Führers« Taten dachte? Durfte er nicht seine Belastung getrost vergessen, da er doch nun, wie die Vereinigten Staaten ihn wissen ließen, gebraucht wurde, um die rote Gefahr abzuwehren? Da doch selbst Männer der »Geheimen Staatspolizei«, der berüchtigten Gestapo Hitlers, vom Vorläufer des Geheimdienstes CIA engagiert und für würdig befunden wurden, am Kampf der »freien Welt« teilzunehmen – wie sollte der kleine Nazi von gestern in sich gehen und doch mindestens vor sich selber Schuld bekennen und Scham empfinden?

Die Vereinigten Staaten salvierten die Nazis. Nicht, natürlich, indem sie das so sagten; ganz im Gegenteil: Amtsträger der Besatzungsmacht lasen den deutschen Nazis heftig die Leviten. Aber die Vereinigten Staaten salvierten die deutschen Nazis durch die Tat. Das Prinzip, nach dem die Vereinigten Staaten auch ihre »freie Welt« organisieren würden, bewährte sich erstmals, als es der Führungsmacht gelang, fugenlos selbst das zu inkorporieren, was noch gestern in den amerikanischen Zeitungen nur »scum of the earth« genannt wurde, schon kurz darauf aber keineswegs »Abschaum«, sondern Stolz der Nation war, zum Beispiel am Cape Canaveral in Florida, wo neue Amerikaner mit schwerem deutschem Akzent neue Raketen vorstellten, mit denen man Moskau oder Wladiwostok erreichen konnte.

Die erstaunliche und gewiß rascheste Verwandlung eines Volkes vom weltweit geächteten zu einem der militanten Partnerschaft ist mit den politisch-militärischen Umständen der Zeit unmittelbar nach dem Zweiten Weltkrieg zu einem Teil, aber sie ist mit diesen Umständen nicht gänzlich zu erklären. Neben den objektiven Gegebenheiten jener Zeit – oder, genauer: jenen, die man für objektiv gegeben hielt – muß bei den Vereinigten Staaten eine subjektive Befindlichkeit, eine ganz besondere Wesensart eine ausschlaggebende Rolle gespielt haben, die es ihr erlaubte, sich bei allen offenkundigen Widerständen für die deutsche Option, also dafür zu entscheiden, mit den gerade Überführten gemeinsame Sache zu machen; mit anderen Worten: Die amerikanische Entscheidung für die »Fraternisierung« und bald darauf jene für die Waffenbrüderschaft mit Nazi-Generälen und für die Kooperation mit dem Gestapo-Chef Barbie und dem Geheimdienstler Gehlen und dem Parteigenossen von Braun und schließlich für die Rekrutierung des ganzen westlichen Volkes der ehemaligen Heil-Hitler-Menschen setzte eine Einsicht, ein Mitgefühl, eine Toleranz ihnen gegenüber voraus, die jedenfalls größer sein mußte als die Betroffenheit und der Zorn über das von ihnen mutwillig Angerichtete – anders hätte sich diese Waffenbrüderschaft verboten.

Die Suche nach dem Motiv für das amerikanische Verhalten, nach dem Grund für die Fähigkeit, die Hitler-Täter und -Beihelfer zur Partnerschaft einzuladen, führt notwendig in die amerikanische Geschichte.

Geschichte – das sind ja nicht nur Daten und Taten und Akteure und Vorgänge, die sich zufällig zum Heute summieren. Geschichte ist die Wurzel, aus der Nationen wachsen. Geschichte macht in ihrer Summe die Mentalität einer Nation aus, ihr Selbstverständnis, und sie bestimmt die Parameter ihrer Verhaltensmuster. Aus geschichtlichen Abläufen – und ihrer Verarbeitung – ergibt sich, was eine Nation als moralisch empfindet, ergibt sich ihre Politik.

Die Geschichtswissenschaft hat sich weitgehend darauf geeinigt, daß die Historie der Vereinigten Staaten rund anderthalb Jahrhunderte vor der Gründung des sogenannten Landes beginnt, nämlich mit der Landung der »Mayflower«-Passagiere, der sogenannten »Pilgrims«, im heutigen Bundesstaat Massachusetts. Eine etwas unfreundliche, nicht aber gänzlich unwahre Schilderung der »Mayflower«-Siedler, auf die sich die Nation gern zurückführt und in deren streng puritanischer Gesinnung sie sich gern erkannt hätte, besagt, daß die »Pilgrims«, endlich in der Neuen Welt gelandet, zuerst dankbar betend auf das Knie, dann aber sofort über die Landinhaber, die Indianer, herfielen.

Richtig ist daran, daß die »Pilgrims« alles andere als fromme Pazifisten waren. Richtig ist, daß sie als Herrenmenschen, als »überlegene Rasse« kamen und in der Fremde Lebensraum nicht erbaten, sondern einforderten. Richtig ist, wie der amerikanische

Historiker Walter LaFeber schreibt, daß »die Siedler einen Rassismus entwickelten, der es ihnen gestattete, Indianer zu entfernen oder zu töten, die der Expansion der Siedler im Wege waren«, oder, wie LaFebers Kollege Frederick Turner von der »University of Massachusetts« anmerkt: Die »Mayflower«-Landung führte »zur Suche nach fremden Feinden und der Vernichtung ›fremder Feinde‹«, nämlich der Indianer, die den »Pilgrims« als menschlich minderwertig galten, als, sozusagen, unwertes Leben.

Die »Pilgrims« für die Begründer amerikanischer Demokratie zu halten, wie das in den Vereinigten Staaten die patriotische Geschichtsschreibung tut, ist eine groteske Verkehrung der Tatsachen. In Wahrheit waren die ersten »Amerikaner« militante Gläubige, von sektiererhafter Freudlosigkeit und infolgedessen noch nicht einmal untereinander zu jener nachsichtig-liebevollen Gemeinschaft fähig, die ihr Christenglaube doch eigentlich von ihnen forderte: Es dauerte nur sehr kurze Zeit, bis sie einander grausam verfolgten und als Hexen verbrannten oder – im Beisein großer Öffentlichkeit – aufhängten.

Sie waren gnadenlose Fanatiker, und ihre Ortschaften glichen eher Ordensburgen als demokratischen Kommunen. Glaubensabweichungen wurden so rigoros bestraft wie Verstöße gegen die rigide Disziplin. Quäkern, die nach Verstößen gegen die »Ordensregeln« nach Europa verbannt wurden und dennoch in die Neue Welt und in die Jurisdiktion ihrer Glaubensgenossen zurückkehrten, wurde ein Ohr abgeschnitten, im Wiederholungsfall auch das zweite Ohr, im erneuten Wiederholungsfall stieß man ihnen ein glühendes Eisen durch die Zunge.

Das neue »Amerika« etablierte sich totalitär. Sein politisches Agens war Fanatismus. Dogmatiker regierten die winzigen Landinseln, die sie sich erraubt hatten, und, wie das mit Dogmatikern so geht: Sie waren entschlossen, ihren Glauben zu verbreiten, und sie waren ebenso entschlossen, ihren Lebensraum auszubreiten. Sie verstanden sich als das »neue Zion«, als »die leuchtende Stadt auf dem Hügel«, als das von Gott »auserwählte Volk«, unter dem alles andere menschlich zweitklassig war; sie würden »den neuen Menschen« schaffen und aus dem irdischen Jammertal einen Planeten machen, auf dem nur noch auf eine Weise geglaubt und gelebt werden würde: auf ihre.

Freiheit war ihnen des Teufels. Freiheit war ihnen Libertinage und Gotteslästerung. In ihrer Theokratie, die sie sehr viel eher als eine Demokratie darstellten, war jede Abweichung von der Glaubensnorm strafwürdig. Eine der ersten, die Opfer der Glaubenshärte wurde, hieß Anne Hutchinson. Dafür, daß sie gestand, direkten Zuspruch des Heiligen Geistes zu haben, wurde sie von ihrer »Gemeinde« ins »Exil« verbannt, nämlich in die Wildnis, von der die Siedlung der »Gemeinde« umgeben war. Sie kam in der Wildnis um.

Die Begegnung der Glaubensfanatiker mit den in ihren Siedlungsräumen heimischen Indianern konnte nicht anders als tragisch enden. Wenig half es den Eingeborenen, daß sie – wie das später überall in den nachmaligen Vereinigten Staaten andere Indianervölker taten – die Neugekommenen lehrten, Mais zu pflanzen und hochzuziehen und mit ihm zu überleben. Wenig half ihnen auch ihre Arglosigkeit, ihre Naivität, ihre freundlich-ängstliche Neugierde. In den Augen der neuen Landherren waren sie vom Teufel besessen. Nicht nur waren sie, schlimm genug, in ihrer Physis von den Weißen unterschieden, sondern sie glaubten, was schlimmer war, an ihre eigenen Götter, und sie hatten ihre eigenen Rituale. Das alles war in den Augen der Gottesgewissen unerträglich. Man durfte die »savages«, die »Wilden«, nicht gewähren lassen, denn die Tolerierung ihrer Lebensgewohnheiten wäre Gottesverrat. Man hatte, wie sie das nannten, die »Gotteserkenntnis«, daß Missionierung, notfalls aber auch Verfolgung und Totschlag nötig waren.

Nur ein vergleichsweise winziges Territorium im Nordosten des riesigen Landes war von dem Einfall der »Pilgrims« betroffen, aber von nun an würde nichts mehr auf dem Halbkontinent sein, wie es zuvor gewesen war. Den Frommen folgten in stetig zunehmenden Maße andere Europäer, und wenn die auch nicht auf Mission und Seelenheil aus waren, so wollten sie doch ebenso Land und verfuh ren im Umgang mit den Indianern nach den Verfahrensweisen, die von den Frommen vorgegeben worden waren.

Das Ende der Indianervölker begann. Es würde sich über Jahrhunderte erstrecken, aber es war in dem Augenblick unausweichlich geworden, in dem die ersten »Pilgrims« ihren ersten »claim« absteckten und mit bösartigem Rassismus armierten. Die Landräuber, weit davon entfernt, ein Unrechtsbewußtsein zu haben, setzten im Gegenteil das Recht und verkörperten und exekutierten es. Von nun an würden nicht mehr die Indianervölker über sich bestimmen, sondern die weißen Okkupanten, denn nur sie wußten, was zu glauben, wie zu leben und wer zu verbrennen oder mit anderen Mitteln zu töten war.

Die Indianer waren vogelfrei wie 1938 die Juden in Deutschland. Sie mochten friedfertig sein, hilfsbereit, gute Nachbarschaft anbieten oder die Friedenspfeife offerieren – sie hatten keine Chance. Sie mochten sich zurückziehen und den weißen Usurpatoren ausweichen – sie wurden eingeholt, früher oder später, und dann war es mit ihnen vorbei. Die Landgier der Weißen bediente sich des Rassismus und »befreite« immer neues Territorium von der Herrschaft durch die »Untermenschen«; das nannte man »Zivilisierung«. Die »höhere Rasse« verhalf, indem sie das »niedere Menschentum« überwand, dem Land zum »Fortschritt«, zur Produktivität, schließlich zur Blüte. Das war, wußten die frühen »Pilgrims«, Gottes Plan, und jene, die den »Pilgrims« nachfolgten, wußten doch wenigstens, daß es die Ordnung jener Logik hatte, der später auch Hitler anhing: Das Schwache mußte dem Starken weichen, das war natürliche Ordnung, und Sentimentalität war ganz unangebracht, man mußte um »injuns« und »reds« und »savages« nicht trauern, wie später in Deutschland nicht um Juden.

Man weiß, wie sich die Sache blutig entwickelte. Aus der kleinen weißen Oase der frommen Herrenmenschen in Massachusetts wurde immer mehr Land, in das andere Herrenmenschen drängen; die »Endlösung« war in Sicht. Ströme von Blut durchzogen das Land, Orgien des Menschenschlachtens ereigneten sich, nicht Dutzende, sondern Hunderte von Vertragsbetrügereien brachten

Indianervölker um ihr Land, denn jedes Mittel war recht, der höheren, der industriellen Rasse zum Durchbruch zu verhelfen.

Noch jede Form institutionalisierter Grausamkeit hat Mittel gewußt, Gewissen zu beruhigen und schließlich auszuschalten und Grausamkeit zu Moral zu erhöhen; oft genug in der Geschichte waren das Mittel des Patriotismus und des Glaubens. So auch in den frühen Vereinigten Staaten, nachdem sie sich gegen Ende des 18. Jahrhunderts staatliche Form gegeben hatten: Es war nach ihrer Überzeugung Gottes Wille, es war eine »manifest destiny«, es war eine »offenkundige Vorsehung«, das von den Indianern besessene Land der überlegenen Rasse zugänglich zu machen; wirklich: Ausgerechnet »die Vorsehung«, Adolf Hitlers bevorzugtes rhetorisches Beweismittel für die Begründung seiner Infamien, das der Menschenverächter ständig im Mund führte, spielte, bizarr genug, auch in der amerikanischen Geschichte eine blutige Rolle. Hitler sah »Böhmen« und »Mähren« und die »Ostmark« als Territorien, die von der »Vorsehung« dem »Großdeutschen Reich« zugedacht seien, Thomas Jefferson dachte, wenn er von seiner »manifest destiny« redete, an Oklahoma und Nebraska und Oregon – die eine wie die andere »Vorsehung« war imperialistische carte blanche, war die von Gott gestohlene Legitimation des Unerlaubten und Unmenschlichen, war Herrenmenschentum. Sie erlaubte die Eroberung und den Genozid. Sie erlaubte alles. Die »manifest destiny« entsprach der »Lebensraum«-Anmaßung der deutschen Heil-Hitler-Menschen.

Der Amtsgott sanktionierte das hier wie dort. Hitler, der rhetorisch selten von seinem »Herrgott« lassen konnte, wußte eine willige Kirche, der »Reichsbischof« vorneweg, hinter sich, wenn er zu seinen Schandtaten aufrief, und in den Vereinigten Staaten war da ganz ähnlich. Die Kirchen waren stets patriotisch auf der Seite de »manifest destiny«, insbesondere an der Seite jener, die ihr blutig und gnadenlos Bahn brachen, wie übrigens die Kirchen in der südlichen Konföderation ausdrücklich auf der Seite der »peculiar institution«, der Sklaverei, standen, die sie für eine gottgewollte Ordnung hielten.

»Manifest destiny« war arrogante Rechtsignoranz; auch das hatte sie mit Hitlers »Vorsehung« gemein. Denn es konnte nicht die Rede davon sein, daß der riesige nordamerikanische Halbkontinent auf die Besiedlung durch die eingedrungenen Weißen wartete, sowenig später die Ukraine der arischen Siedler aus »Großdeutschland« harrte. »Amerika« war nicht ohne Besitzer, sondern das war es allenfalls, was die politische Kartographie des europäischen Hochmuts anging, der stets und in allen Erdteilen so tat, als wäre Land eigentlich erst wirklich existent, nachdem man es kolonialisierte. Aber in Wirklichkeit lebten, als sich die ersten »Pilgrims« in Massachusetts niederließen, Tausende von vitalen, tüchtigen, vorbildlich mit der Natur harmonisierenden und kultivierten Völkern auf dem Halbkontinent, nämlich, wie amerikanische Ethnologen schätzen, mindestens acht, möglicherweise aber 20 Millionen Menschen, aus denen auf weißen Beschluß »savages« wurden, der »manifest destiny« im Wege, Menschenmüll, lauter künftige Warschauer Gettos.

Ob nun acht oder 20 Millionen Menschen: Am Ende und nachdem sich die »manifest destiny« vollendete und der fromm eingeleitete Raubzug von Küste zu Küste beendet war, lebten noch 350 000 von ihnen, und sie lebten nicht eigentlich, sondern vegetierten nur mehr. Die »manifest destiny« hatte sie ihrer traditionellen Lebensgewohnheiten und ihrer Lebensgrundlagen beraubt, zu Gefangenen gemacht, die, von Bewaffneten bewacht, in trostlosen Reservationen hockten und die Welt nicht mehr verstanden. Sie waren, obwohl noch in ihrer Heimat, heimatvertrieben und rechtlos.

Das verantworteten nicht individuelle »pioneers«, die das Land erobert hatten, sondern das verantwortete der weiße Staat, der auch die Sklaverei verantwortete und durch eine Steuer an ihren Erträgen partizipierte. Denn keineswegs war es, nachdem sich die weißen Invasoren eine staatliche Organisationsform gegeben hatten, mit der Barbarei im Umgang mit den Indianervölkern vorüber; vielmehr war sie nun Staatsräson. Nicht mehr, wie anfangs, autonome Siedler, nicht Amerikas Sturmtruppen, auf sich gestellt und

gestützt nur auf das Recht des Dschungels, massakrierten die Indianer oder betrogen sie mit scheinheilig abgeschlossenen Verträgen,
sondern das war nun eine Sache des neuen, demokratischen Staates
– und der Staat war Hitler.

Alles, was das Vorkommnis aus Braunau je über die Juden und
andere »Untermenschen« sagte, sagten amerikanische Präsidenten, Kabinettsmitglieder und insbesondere Generäle über die
Indianer, und sie waren, wenn sie redend ihre Grausamkeiten angekündigt hatten, mit der Tat nicht zurückhaltender als der Lippen-
bärtige aus Österreich.

»Ich gehe nicht so weit, zu denken, daß nur tote Juden gute Juden
sind, aber ich glaube, daß das für neun von zehn Juden gilt, und was
den zehnten angeht, so will ich den Fall nicht näher untersuchen« –
war das nicht Originalton Hitler? Nein, das war der Originalton des
Präsidenten Theodore Roosevelt, der freilich so nicht über die
Juden, sondern über die Indianer sprach. Und: »Wir werden sie, die
wilden Tiere, in die Berge treiben« – war das nicht Goebbelssche
Diktion, wenn der kleine Demagoge seinen wirren Haß auf die
Juden entließ und grölende Heil-Hitler-Menschen ihm zujubel-
ten? Aber so redete nicht Goebbels über die Juden, sondern Präsi-
dent Jefferson über die Indianer. Und: »Sie müssen notwendig der
Gewalt der Umstände weichen« – war das nicht der schreckliche
Jargon der »Endlösung«, die Sprache Himmlers oder des Erbauers
der Gasöfen von Auschwitz? Aber das sagte kein Heil-Hitler-
Mensch, sondern das sagte der amerikanische Präsident Jackson
von den Indianern schon 1829.

Und: »Reduzieren Sie die Gefangenen auf einen hilflosen
Zustand« – war das nicht, was ein General der Waffen-SS einem
Untergebenen im Zweiten Weltkrieg kommandierte? Aber das
kommandierte kein SS-General, sondern der amerikanische
Armeechef, General William T. Sherman, als seine Truppen India-
ner zu Gefangenen machten. Und: »Sie sind bösartiger in jedem
Sinn dieses Wortes, grausamer und bösartiger als irgendein ande-
res Untier der Wüste« – war das nicht die Sprache des Gestapo-
Mannes, der sich selber den Vorwand herbeiredete, deutsche Juder

308

abzuführen? Aber erneut: Das war kein deutscher Gestapo-Mann, sondern der amerikanische General Custer, nur, daß er eben nicht über Juden, sondern über Indianer redete. Und schließlich: »Tötet jeden Mann, den ihr ausfindig macht« – war das nicht ein deutscher Kriegsverbrecher irgendwo in Rußland oder bei der Revanche für Akte von Widerstandskämpfern in Frankreich? Nein, das war der amerikanische Brigadegeneral James H. Carleton schon 1863, und auch er gab seinen infamen Befehl, damit Indianer niedergemacht würden.

»Die Fortführung ihrer traditionellen Verhaltensweisen ist soweit unterbunden, daß, was ihre menschliche Entwicklung hindert, leicht und ohne Schwierigkeiten beseitigt werden kann« – konnte das nicht ein Bulletin aus einem NS-Camp sein, in dem »Arier« versuchten, »minderwertige Rassen« zu erhöhen? Aber dieses Bulletin kam nicht aus einem NS-Camp, sondern 1892 vom amerikanischen Innenminister, der, erfreut über den Fortgang der Zerstörung indianischer Lebensgewohnheiten, referierte. Und: Die Reduzierung der »minderwertigen Rasse« in einem »Gau« der Nazis von 120 000 auf 20 000 in einem Zeitraum von 30 Jahren – hätte das nicht eine Erfolgsmeldung der Heil-Hitler-Menschen aus irgendeinem neudeutschen »Lebensraum« sein können? Aber in Wahrheit handelte es sich um eine Reduzierung der Indianer, und die Reduzierung fand in Kalifornien statt, und sie ereignete sich nicht zu den Unzeiten der Heil-Hitler-Menschen, sondern in dem Zeitraum zwischen 1850 und 1880.

Es gibt derlei Belege frühhitlerischen Verhaltens in beliebiger und ermüdender Fülle, und nicht nur Belege für obrigkeitlichen Ungeist gibt es, sondern auch für die Willigkeit, mit der das gemeine Volk ihn aufnahm. »Das gesunde Volksempfinden« war im 19. Jahrhundert in den Vereinigten Staaten so blutig bereit, den Exekutionen der Obrigkeit sein Placet zu geben, wie das, in historischen Dimensionen, nur ein wenig später auch unter den Heil-Hitler-Menschen war, und die Zeitungen schrieben schon im jungen Amerika von eben jener »Heimtücke« der Auszurottenden, von der ein paar Jahrzehnte danach auch der »Völkische Beobachter« und

»Der Stürmer« schrieben, denn die Redakteure hier wie dort waren eines Geistes in ihrer Gewissenlosigkeit.

Was sich aus der Agitation der Politik, der Militärs, der Publizistik und der Kirchen ergab – und aus der Wehrhaftigkeit jener Indianervölker, die dem gierigen Landraub der Weißen kriegerisch widerstanden –, war genau jene Pogrom-Stimmung, die in der ersten Hälfte des 20. Jahrhunderts im Land der Heil-Hitler-Menschen herrschen und dafür sorgen würde, daß aus dem Brand der Synagogen ein Akt völkischer Reinigung entstand, ein Symbol der Befreiung, ein nationaler Segen. Jede Synagoge, die ausbrannte, war, indem sie zusammensank, auf perverse Weise ein Stück Aufbau des neuen »Großdeutschlands«, ganz so wie im Jahrhundert zuvor auf der anderen Seite des Atlantischen Ozeans jede Indianersiedlung, die vernichtet wurde, mit ihrer Asche ein kleines, weiteres Stück auf dem Weg zur Vollendung der gloriosen »manifest destiny« bildete: Sie gingen über Leichen, beide und buchstäblich; was sie unterschied, waren nicht die Lebensraum-Phantasien und die Energien ihrer Brutalität, sondern nur, daß die weißen Amerikaner die SA und SS der Deutschen und ihr »Heil« und ihren Hitler nicht kannten.

Aber die »Schutzhaft« kannten auch sie, und die Internierung auch, auch das Konzentrationslager. Auch das Kriegsverbrechen kannten sie, den vielfachen Mord an Frauen und Kindern und die Auslöschung ganzer Orte; die Lidices und Oradours der Heil-Hitler-Menschen waren keine Novitäten. Sie kannten, das ist wahr, das Gas nicht, mit dem die Heil-Hitler-Menschen ihre Endlösung betrieben – wenigstens insoweit blieben die Deutschen in der Rangliste des Ekels ganz oben –, aber dafür kannten die zu Amerikanern gewordenen Europäer etwas anderes, das sich selbst der Braunauer nicht getraute, der seine Opfer bei Nacht und Nebel greifen und in verschlossenen Viehwaggons ins Gas transportieren ließ: Sie kannten den in aller Öffentlichkeit vollzogenen »Treck der Tränen« der aus den Gebieten östlich des Mississippi vertriebenen Indianer, Zehntausende quälten sich unter brutal gängelnder militärischer Aufsicht durch das Land nach Oklahoma, Tausende starben auf dem jammervollen Marsch und lagen am Wegrand, und das weiße Amerika sah dem zu und mochte wohl zustimmend gedacht haben, was später die Heil-Hitler-Menschen annahmen, als sie zusahen, wie der jüdische Kaufmann aus der Nachbarschaft von Hitlers Uniformierten abgeholt wurde: daß nämlich Führer immer wissen, was sie tun, daß der Exodus dort so seine Ordnung hatte wie später die Abholung des jüdischen Kaufmannes, daß man nicht widersprach, wenn schlechte und minderwertige Menschen einer neuen und guten und arischen oder doch wenigstens weißen Menschheit weichen mußten.

Hat das Werden der weißen Nation in dem geraubten Land, hat die Vollendung der »manifest destiny«, hat der Vorgang, in dessen Verlauf oft genug nicht Krieg geführt, sondern geschlachtet wurde, acht Millionen Indianer das Leben gekostet? Oder mehr? Oder doch vielleicht nur fünf Millionen? Wie blutig war die Flurbereinigung?

Ein Streit darüber ist so widerwärtig wie der über die Anzahl jener, die in Auschwitz im Gas starben, denn das Verbrechen gegen die Menschlichkeit bemißt sich nicht an der Zahl begangener Delikte. Das Bemühen, sich das Ende eines Menschen im Gas von Auschwitz vorzustellen – oder eben auch das Ende eines Menschen unter dem Bajonett eines amerikanischen Soldaten in irgendeinem Indianerdorf irgendwo in den amerikanischen »Great Plains« –, ist für das Begreifen des Unbegreiflichen viel wirksamer als die Multiplikation des Todes mit der Million. Im individuellen Tod spiegelt sich, was geschah, klar und schreckhaft, nicht aber in unvorstellbaren Bergen von Leichen. Wer die Toten vermasst und damit entpersonalisiert, macht im Umkehrschluß aus Mördern Anonyme und entläßt sie in die Gesichtslosigkeit.

Es waren Millionen, hier wie dort, die »Vorsehungen« zum Opfer fielen – aber darf man die Opfer vergleichen? Läuft nicht ein solcher Vergleich darauf hinaus, daß der Unmensch aus Braunau das historische Unikat gar nicht war, zu dem er von kompetenten Historikern ernannt wurde? Ist nicht vielleicht doch Hitlers Holocaust schon deshalb etwas gänzlich anderes als der Genozid in den Vereinigten Staaten, weil es immerhin – wenn auch längst nicht überall – bewaffneten Widerstand der Indianervölker gab, am Ende also doch so etwas wie einen Krieg oder viele Kriege, in denen Tötungen unvermeidlich und in der perversen Logik von Kriegen normal waren?

Die Wurzel der Unverzeihlichkeiten der Heil-Hitler-Menschen war ihr wahnhaft-bösartiger Rassismus, und die der Verfolger der »manifest destiny« war es auch. Die einen wie die anderen waren zur Toleranz, zur einander verstehenden Koexistenz der Rassen nicht willens. Die einen wie die anderen haßten das menschlich andere, und dann instrumentalisierten sie ihren Haß und erklärten ihn zu etwas Völkischem, und dann war der Mord eine patriotische Tat. Die einen wie die anderen wollten Lebensraum, wenn auch nur die einen sangen: »Was sich uns entgegenstellt, machen wir zunichte.« Das eine, kurz, war so infam wie das andere. Die Heil-Hitler-Menschen werden dadurch, daß es lange vor ihnen »manifest destiny«-Totschläger gab, nicht besser und diese nicht dadurch, daß ihnen jene auf dem Weg in die Unmenschlichkeit folgten, denn Schuld ist nicht aufwiegbar.

War es ein Wunder, daß die Erben der »manifest destiny«-Vollender, daß die Vereinigten Staaten der Zeit unmittelbar nach dem Zweiten Weltkrieg im Licht ihrer eigenen Geschichte eher zur Kooperation mit den Heil-Hitler-Menschen fähig waren als andere Völker? War da nicht etwas Gemeinsames in ihrer wechselseitigen Geschichte, das der amerikanischen Fluchthilfe aus der deutschen Vergangenheit einen Sinn gab? Teilten nicht die Söhne der »manifest destiny« mit den Machern des Holocaust das selbstbegütigende und verzeihende Wissen, daß so etwas passieren kann? Waren sie nicht in ihrer Stigmatisierung miteinander verwandt?

Die Erben der »manifest destiny«-Vollender haben nie eine Schuld am Genozid der Indianervölker anerkannt; sie mogelten sich so aus der Geschichte, wie sie den Heil-Hitler-Menschen später dazu verhalfen, sich aus der deutschen Vergangenheit mit ihrem Holocaust zu mogeln. Der triumphale materielle Erfolg der jungen amerikanischen Nation überlagerte schon bald die Tragik, die sich mit dem Werden der Union verband, ganz so, wie das von den Vereinigten Staaten kräftig geförderte »deutsche Wirtschaftswunder« rasch die Tragik zudeckte, die dem »Wunder« vorausgegangen war. Die »Unfähigkeit zu trauern« war hier wie dort notwendig, weil anders die »Dynamik« nicht möglich war, die in den Vereinigten Staaten wie später in Westdeutschland zu staunenswerten wirtschaftlichen Leistungen führte, zu Plätzen ganz oben in den Ranglisten der Produktivität, zu Weltführungspositionen.

Geschichtliche Aufarbeitung, redliche Vergangenheitsbewältigung, schmerzhafte Selbstprüfung, gar das Eingeständnis kollektiver Schuld – hier wie dort gab es dafür keinen rechten Anlaß, vor allem aber gab es dafür keine Zeit, denn man mußte die Ärmel aufkrempeln, hier nach dem Genozid den »rust belt« aufbauen und dort nach dem Holocaust das Ruhrgebiet neu errichten, hier Detroit und dort Wolfsburg, hier Eisenbahnlinien verlegen und dort Autobahnen. Sie ertränkten hier wie dort, was sie allenfalls an schlechtem Gewissen hatten, in einem Ozean hektischer Betriebsamkeit und Profitsuche, auf dem Bojen den Weg in den Wohlstand wiesen, der Lebenssinn war. Die Wiedergutmachung fand hier wie dort nicht für die Opfer statt, sondern für die Täter.

Das verband sie miteinander. Sie waren Verwandte nicht nur in dem Sinn, daß viele in die Vereinigten Staaten ausgewanderte Deutsche am Genozid der Indianervölker teilgenommen und sich insbesondere als Hersteller treffsicherer Gewehre verdient gemacht hatten. Sondern sie waren als Nationen im Geist verwandt. Ihre Moral war gemeinsam eine, die nur das »Jetzt« und »Hier« und »Morgen« und den »Produktionszuwachs« kannte und sich von der Vergangenheit nicht beschweren ließ. Sie konnten beide hoch aufsteigen, weil sie geschichtlichen Ballast abgelassen hatten. Man verstand sich – the past be damned. ▬▬▬▬▬▬▬

BÜCHER, DIE MAN IM KOPF BEHÄLT

Ein leidenschaftliches Plädoyer für den Pazifismus – die radikale Ablehnung jedes Krieges und jeder bewaffneten Streitmacht. Gleichzeitig ein einfühlsames Dokument der Humanität.

240 Seiten

Der Krieg gegen die Drogen ist verloren, die sogenannte Drogenpolitik ist gescheitert. Günter Amendt, Sozialwissenschaftler und Drogenexperte, beschreibt die Lage auf den Rauschgiftmärkten und plädiert für eine Entschärfung durch pragmatisches Vorgehen.

272 Seiten

RASCH UND RÖHRING VERLAG

GOLDMANN

Der Sachbuch-Verlag

Die Welt entdecken, das Unbekannte begreifen. Die Sachbücher von Goldmann eröffnen dem Leser das ganze Spektrum des Wissens – fremde Kulturen, Wissenschaft und Gesellschaft, Religion und Psychologie im Brennpunkt packender und sachverständiger Texte.

Die Spuren der
Außerirdischen   12392

Die sieben Todsünden
der Kirche   12356

Wo ist Dirk?   12351

Lust, Der Weg zum
kreativen Leben   11367

Goldmann · Der Taschenbuch-Verlag

GOLDMANN

Natur und Wissenschaft

Fülle und Nichts 12001

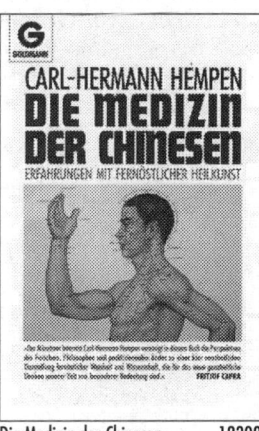

Die Medizin der Chinesen 12309

Prinzip Chaos 11469

Kritik des gesunden Menschen-
verstandes 11690

Goldmann · Der Taschenbuch-Verlag

GOLDMANN

Entdeckung anderer Kulturen

Asien 12323

Vier Drachen am Mekong 11695

Chico Mendes 12403

Das alte Ladakh 11402

Goldmann · Der Taschenbuch-Verlag

GOLDMANN

Politik, Zeitgeschichte

Meine Vision   12382

Deutschland, deine Kanzler   12311

Richard von Weizsäcker   12321

Die Alternative,
Demokratie statt Diktatur   12380

Goldmann · Der Taschenbuch-Verlag